DR. ELIZABETH TEISSIER

2020
DIE GROSSE VERÄNDERUNG

Vorhersagen für die Welt... und für Sie

MEDIEN
MARKETING
MEINSEN

1. Auflage Oktober 2019
© MMM Medien Marketing Meinsen in Zusammenarbeit
mit WOLFFPROMOTION, Oktober 2019
Chiemseering 11, 85551 Kirchheim bei München,
Telefon (089) 90 52 90 72, www.genussverlag.com
Übersetzung: Gerhard Hynek
Lektorat: Birgitt Wolff, Petra Lindenschmidt
Umschlaggestaltung, Satz, Layout: Heinz Putschies
Illustrationen: Bianca Faltermeyer
Titelfoto: Schneider-Press/Erwin Schneider
Druck/Verlagsservice: Kastner AG,
Schlosshof 2-6, 85283 Wolnzach
ISBN 978-3-945296-79-0

Für Gerhard

„*Zwanzig Jahre praktischer Studien*
haben meinen rebellischen Geist
von der Realität der Astrologie überzeugt."
(Johannes Kepler)

INHALTSVERZEICHNIS

ERKLÄRUNG DER WICHTIGSTEN SYMBOLE IN EINEM HOROSKOP

GEBURTSHOROSKOP: manchmal auch nur kurz HOROS-KOP genannt, ist der genaue Moment des ersten Schreis, bezogen auf den Ort, der die Positionen von Sonne, Mond und Planeten auf dem Tierkreis festhält. Dadurch kann man auch den ASZENDENT und die HIMMELSMITTE (M.C.) feststellen.

ASZENDENT: im Moment der Geburt geht am östlichen Horizont der Aszendent auf, ein fiktiver Punkt auf dem Tierkreis, der aber in der Folge die Unterteilung in 12 HÄUSER oder SEKTOREN ermöglicht.

HIMMELSMITTE oder MEDIUM COELI, abgekürzt M.C.: im Augenblick der Geburt der Punkt auf dem Tierkreis, der über uns im Zenit steht. Gilt in der Astrologie für Schicksal, Karriere, Ziele usw.

DEKADEN: Jedes Sternzeichen umfasst im Horoskop 30 Bogengrade auf dem Tierkreis. Da aber speziell die „langsamen" Planeten viele Jahre brauchen, um den Tierkreis zu durchlaufen: Jupiter (12 Jahre), danach Saturn (30 Jahre), Uranus (84 Jahre), Neptun (164 Jahre) und schließlich Pluto, der 248 Jahre braucht, um den Tierkreis zu umrunden, dauern diese Einflüsse auf ein ganzes Sternzeichen zwischen ca. einem Jahr bei Jupiter und bis zu etwa 20 Jahren bei Pluto, betreffen also in einem Monat nur einen kleinen Teil. Wenn man jedes Zeichen in drei Dekaden einteilt, sind die Prognosen eben präziser. Dazu kommt, dass ich immer wieder auf die Geburtstage in jeder Dekade eingehe, deshalb die häufige Einschränkung oder Präzision: „wenn Sie nach dem XX oder wenn Sie zwischen X und XX geboren wurden..."

SONNENZEICHEN: Die Sonne als wichtigster Faktor steht jeweils in einem der 12 Zeichen sowie in den drei Dekaden. Die Daten für die Zeichen und Dekaden kennen viele Leser(innen) z.B. aus den Horoskopen in Zeitschriften. Es sind aber nur durchschnittliche Daten, denn die Sonne wandert nicht unserem Kalender folgend in die verschiedenen Zeichen (und Dekaden), das kann sich, je nach Geburtsjahr, verschieben. Z.B. kann die Sonne manchmal schon am 20. März in den Widder kommen, in einem anderen Jahr aber erst am 22. März. Deshalb verwendet man den 21. März, was in 80 % der Fälle richtig ist.

Wenn Sie am ersten oder letzten Tag eines Zeichens oder einer Dekade geboren wurden, sollten Sie auch den Text in der Nachbardekade lesen. Und wenn Sie es genau wissen wollen, können Sie es auf einer der zahlreichen Astrologie-Webseiten nachprüfen, fast immer gratis (wie auf meiner Seite: www.eteissier.com), und können genau Ihr Sternzeichen und Ihre Dekade herausfinden.

TRANSITE: Das ist der Lauf der Planeten auf dem Tierkreis. Dabei bilden die Planeten untereinander gewisse Winkel (oder Aspekte), die unterschiedliche Wirkungen auslösen können. Wenn sich Planeten auf dem gleichen Punkt des Tierkreises treffen, nennt man es eine KONJUNKTION oder eine Überlagerung. Dadurch werden die Energien verstärkt.

PLANETENZYKLEN: Angefangen mit dem Mond, der 28 Tage benötigt, die Sonne ein Jahr, bis zu Pluto, der 248 Jahre braucht, um den ganzen Tierkreis zu umrunden, bilden diese Zyklen untereinander Aspekte, die in der Astrologie als überwiegend positiv oder negativ interpretiert werden.

VORWORT

Die Kriege der letzten Jahre (Syrien, Jemen, Ukraine, Sudan usw.), das schreckliche Schicksal der Flüchtlinge, die Zerstörung der Natur, all diese sichtbaren Zeichen des Niedergangs machen uns ratlos. Dazu eine fortschreitende Fanatisierung der Religionen. Dies waren die Gründe, mich nochmals mehrere Monate lang vor meinen Laptop zu setzen, nach 40 Büchern. Meine Kinder sind erstaunt, dass ich mir das in meinem Alter nochmals antue, anstatt den Sommer zu genießen. Aber die Konstellationen der nächsten Jahre drängten mich regelrecht dazu (mehr darüber im Kapitel über die Zyklen). Zwei Verleger waren interessiert, aber trotzdem zögerte ich noch. Und am 15. April brannte Notre-Dame in Paris und ich sah darin ein starkes Symbol, das vielleicht ein Umdenken auslösen könnte. Sollte Ende 2019 und das kommende Jahr 2020 schwerwiegende Ereignisse bringen, die uns alle zwingen werden, eine neue Richtung einzuschlagen? Bringen Saturn und Pluto (Cyber-) Krieg? Oder nukleare Katastrophen? Werden die Aufstände von Millionen Jugendlicher mehr Gewicht haben und unsere Machthaber zwingen, das Ruder herumzureißen? In der Mundan-Astrologie beschäftigt man sich mit kollektiven kosmischen Einflüssen auf die Horoskope von Staaten und deren Machthabern (für Deutschland der 3. Oktober 1990). Mein Spezialgebiet. Auch gute Astrologen können keine genauen Ereignisse voraussagen, aber man kann sehr präzise die Perioden von Krisen und deren Intensität prognostizieren und dann Hypothesen erstellen, welche Tendenzen bei früheren ähnlichen Konstellationen zu beobachten waren.

Werden wir wie einst die Hochkulturen Ägypten, Griechenland oder Rom untergehen? Oder wie die Indianer in Amerika ausgelöscht werden? Viele außergewöhnliche Persönlichkeiten auf den verschiedensten Gebieten sind überzeugt, dass wir einen Paradigmenwechsel vollziehen müssen, dass uns nur mehr Menschlichkeit, eher das Sein als das Haben, noch retten kann.

Dazu kommt natürlich der Einfluss dieser Konstellationen für jeden Einzelnen. Bereits die Position Ihrer Sonne in einem bestimmten Sternzeichen gibt hierzu Auskunft. Wie lassen sich starke Strömungen nutzen oder wie kann man sich auf Perioden mit Gegenwind vorbereiten? Die Zeichen und Dekaden, die mehr als andere betroffen sind, können derzeit auch über astrologische Webseiten mehr erfahren. Obwohl die Sonne der Hauptfaktor eines Horoskops ist, spielen auch der Aszendent und die Position der anderen Planeten im Moment der Geburt eine Rolle und sind eine individuelle Prägung. Denn für viele können diese außergewöhnlichen Konstellationen 2020 positive Umwälzungen und Fortschritte bringen.

Während der Arbeit an diesem Buch war ich häufig pessimistisch, aber es gibt auch einen Lichtblick: Schon ab Sommer 2025 und stärker noch 2026 sind harmonische Aspekte im „Uhrwerk" unseres Sonnensystems wirksam - und das könnte vielleicht das Ende des Tunnels sein. Eine wahre Renaissance wie vor 500 Jahren? Das hoffe ich ganz fest, für unsere Kinder und Enkel!

Und für Sie, liebe Leserinnen und Leser!

E.T.

Genf, Anfang August 2019

2020 - EIN JAHR DER VERÄNDERUNG UND DES WANDELS

„Die ultimative Autorität muss immer bei der eigenen Vernunft und der kritischen Analyse des Einzelnen bleiben." **(Dalai Lama, Krebs)**

Das globale Klima und die großen Planeten-Zyklen

„Ich bin langsam zu der Überzeugung gelangt, dass alle Gesetze einer bestimmten Evolution von Völkern, Nationen, Klassen und ihren Kämpfen größeren kosmischen Gesetzen untergeordnet sind, die die allgemeine Entwicklung der Menschheit bestimmen." **(Romain Rolland)**

2020 wird ein Ausnahmejahr sein. Und wir werden **Mitte Januar** bereits einen Vorgeschmack haben, wie sich der Jahrgang 2020 entwickeln könnte. Aufgrund der in den Vorjahren eingeleiteten vielfältigen Prozesse erwarten uns gleichzeitig die außergewöhnlichen planetarischen Begegnungen mit Jupiter/Pluto (13-Jahre-Zyklus), Saturn/Pluto (33-36 Jahre) und Saturn/Jupiter (20 Jahre) am Ende des Jahres. Hochfinanz, pragmatischer Materialismus, Autoritarismus und Diktaturen gedeihen, Machtkämpfe im Überfluss und religiöser Fanatismus triumphieren. Die Nietzsche-Ideen des Übermenschen, der Wille der Macht und der philosophische Nihilismus werden beliebter denn je in dem, was als neuer Zeitgeist bezeichnet werden muss. Aber was noch? Was werden die wichtigsten Bereiche und Themen sein, die in der Welt von Bedeutung sind? Wird es irreparabel sein und bedeutet es den Untergang unserer

Zivilisation, wie Propheten pessimistisch behaupten? Was sind die kritischsten Phasen und zu welchen Zeiten des Jahres und in welchen Bereichen werden Lösungsansätze gefunden? In diesem besorgniserregenden Kontext hoffe ich, dass z.B. Frankreich und die jetzige V. Republik, die 2020 vom harmonischen Jupiter/Neptun-Zyklus betroffen ist, es dennoch schaffen wird, nicht zu viele Federn zu verlieren. Bevor wir uns jedoch mit der Chronologie der wichtigsten planetarischen Aspekte des Jahres 2020 befassen, lassen Sie uns den Begriff eines planetarischen Zyklus definieren. Es ist der Lauf von zwei Planeten auf dem Tierkreis, von ihrer Begegnung (erste Konjunktion) zur nächsten. Mit bemerkenswerten Zwischenstufen, den sogenannten Aspekten. Die Aspekte sind daher, von der Erde aus gesehen, bevorzugte Winkel zwischen den Planeten. Die Zyklen spiegeln einen Prozess im Prozess des Werdens, dessen Geburt mit der ersten Konjunktion zusammenfällt, die sich durch die verschiedenen Phasen entwickelt, die verschiedene Kontexte markieren (widersprüchlich oder harmonisch), um dann die nächste Konjunktion zu erreichen. Oft mit einer Lösung des genannten Prozesses. Es ist das universelle Gesetz von Ebbe und Flut, von der kosmischen Atmung von „Inspiration" und „Exspiration", wie das Gesetz des Karmas (Aktion und Reaktion).

Im 17. Jahrhundert empfahl der große moderne Astrologie-Theoretiker Morin de Villefranche das Studium von Zyklen: „Die Verbindung der Planeten symbolisiert den Einfluss des Himmels auf unsere Erdenwelt, deren Wirkung bis zur nächsten Konjunktion andauert."

Der Saturn/Pluto-Zyklus (ca. 33 Jahre): Schon seit dem Frühjahr 2019 wirkt der Zyklus von Saturn/Pluto, obwohl die Konjunktion damals noch nicht exakt war und sich diese beiden Planeten-Riesen darauf beschränkten, in gewisser Nähe zu „flirten". Aber schon das war für die Welt bereits beunruhigend, u.a. durch das Damoklesschwert eines amerikanisch-iranischen Konflikts. Die Welt starrte auf die Straße von Hormus. Die Untergangsstimmung wurde stärker, Selbstmorde nahmen tendenziell zu, insbesondere bei der Polizei und verzweifelten Bauern. Eine ökologische Katastrophe erscheint mehr und mehr unausweichlich. Tod und das Gespenst eines Weltendes verankern sich im kollektiven Unbewussten.

Normal in den Augen des astrologischen Betrachters eines Zyklus, der die beiden Planeten verbindet, die u.a. als Symbol des Todes gelten.

Pluto, der Planet par excellence für Mutation, Metamorphose, Tod und Wiedergeburt symbolisiert unter anderem: Macht, Dominanz, Anschläge, bewaffnete Ausschreitungen, Vulkaneruptionen und Erdbeben, Hochfinanz (Plutokratie), das Atom (seltsamer „Zufall": die Atomspaltung fand 1930 statt, zur gleichen Zeit als Pluto entdeckt wurde).

In meinem im Oktober 1985 veröffentlichten „Horoskop 1986" (Ullstein) habe ich für den Zeitraum um den 22. April „Katastrophen durch Gas oder giftige Flüssigkeiten" vorhergesagt: am 26. April war die Tschernobyl-Katastrophe (Sonne in Opposition zu Pluto und Neptun in Spannung zu Mars).

Am **12. Januar 2020** wird die Konjunktion Saturn/Pluto bei 22° Steinbock exakt, begleitet von einer Konjunktion mit der Sonne, was die Gefahr drastischer Ereignisse im Zusammenhang mit der Pluto-Symbolik in sich birgt (siehe oben). **Ab September** wird die Konjunktion wieder wirksam bis zum Ende des Jahres. Erinnern wir uns an die Halbzeit dieses Zyklus, als die Opposition im August 2001 exakt war. Die Tragödie vom 11. September 2001 und das Bild des einstürzenden World Trade Center hatten weltweit Symbol-Charakter. Die Kriege in Jugoslawien 1993 fanden auch unter einer Saturn/Pluto-Dissonanz statt, die letzte Konjunktion war 1982 (Falklandkrieg und israelisch-libanesischer Krieg). Einen Zyklus früher, 1947, kamen Mao Zedong und der chinesische Kommunismus an die Macht; die Unabhängigkeit Indiens wurde, vier Tage bevor die Konjunktion exakt war, offiziell.

Müssen wir daher Angst vor einem Weltkrieg im Jahr 2020 haben?

Was den Zweiten Weltkrieg betrifft, so ist es unmöglich, nicht zu erwähnen, dass am 3. September 1939 der Krieg begann, begleitet vom Quadrat (90°) des gleichen Zyklus. Kein Kommentar...

In diesem Zusammenhang ist zu beachten, dass diese wichtigen Planetenzyklen eine Wirkungsdauer von mehreren Monaten haben. Aufgrund der Rückläufigkeit der Planeten auf dem Tierkreis können sie noch in einem engen Abstand bleiben, so dass ein Aspekt bis zu zwei Jahre lang aktiv sein kann.

Bei der letzten Konjunktion Ende 1982 sollten wir uns daran erinnern, dass wir nahe an einem Atomkrieg waren, als ein Fehlalarm beinahe einen sowjetischen „Gegenschlag" ausgelöst hätte; 1983 stand die Welt kurz vor einer Katastrophe! Und vergessen wir nicht die Opposition dieser beiden Planeten im Jahr 1931, als die Armut, vor allem in den Vereinigten Staaten, den Tiefstand erreichte. Denken wir an Steinbecks „Früchte des Zorns", eine literarische Reflexion der größten Wirtschaftskrise des 20. Jahrhunderts. Die Saturn/Pluto-Konjunktion von 1947/1948 begleitete den Indochina-Krieg und die Unabhängigkeit Indiens (Sommer 1947); im Mai 1948 wurde der Staat Israel gegründet.

Das nächste Treffen dieser beiden Titanen des Himmels wird erst 2053 stattfinden, ihre Opposition ist 2035. Diese Ereignisse sind gleichbedeutend mit Meilensteinen in der Geschichte, Schlüsselmomenten und Herausforderungen für die Welt.

Woraus wird diese neue Konjunktion vom Januar 2020 bestehen? Ein Weltkonflikt kann in der Luft liegen. Oder ein Börsenkrach? Oder ein spektakulärer Angriff? Eine Ölkrise? Mitte Januar werden wir die Antwort haben...

Es sei darauf hingewiesen, dass dieser Zyklus symbolisch mit der Zukunft Ost-Asiens und den arabischen Ländern ist, eng verbunden mit der Krise im Westen. Nicht zu vergessen, dass ein Cyberkrieg möglich wäre, mit schlimmen Folgen. Allein ein tagelanger Ausfall unserer Stromnetze könnte verheerende Folgen haben.

Symbolik des Saturn/Pluto-Zyklus (ca. 33 Jahre):

Saturn/Pluto ist gleichbedeutend mit willkürlicher Gewalt, „philosophischem Nihilismus, Massenangriffen, religiösem Fanatismus, aber auch wirtschaftlicher Rezession", wie ich im Sommer 2000 in meinem Jahresprognosen-Buch „Dein Horoskop 2001" schrieb.

In diesem Jahr 2020, insbesondere im **Januar** und dann **im letzten Quartal**, können wir alle Arten von Ereignissen in symbolischer Beziehung zu den genannten Stichworten vorhersagen, die von einem Börsencrash bis hin zu möglichen Massenanschlägen, einer neuen Ölkrise (wie 1973), Vulkanausbrüchen, Erdbeben oder auch Unfällen mit Kernenergie reichen können.

Kritische Phasen im Jahr 2020: nach **Mitte Januar** die **2. Märzhälfte**, **1. Septemberhälfte**, **Ende September/Anfang Oktober**, **Anfang November** (mehrdeutig), **3. Novemberwoche** (mehrdeutig).

Kontruktive Perioden: **Mitte März, Ende Oktober, 2. Novemberwoche, Mitte Dezember.**

14

Der Jupiter/Pluto-Zyklus (ca. 13 Jahre):

Im Jahr 2020 ist dies der aktivste Zyklus und er ist **ab April** wirksam. Die beiden Planeten werden sich **am 5. April** bei 24° Steinbock treffen, dann wieder am 30. Juni (wieder bei 24°) und schließlich am **12. November** bei 22° Steinbock. Die Konjunktion wird von der Saturn/Pluto-Konjunktion vom 12. Januar und vom Anfang Dezember (im Orbis) überlagert und Jupiter wird dann einerseits von Pluto (23° Steinbock) und andererseits von Saturn (28° Steinbock) umgeben sein. Ein heftiges Trio!?

In diesem Zyklus wird Jupiter, der Planet der Gesetze, der Politik und der Finanzen, von Pluto, dem Stern der Macht und der Metamorphose, überlagert. 2020 wird das Jahr der großen Konzerne, der Macht der Hochfinanz und eines verschärften Kapitalismus sein. Begleitet von einem wachsenden politischen Autoritarismus könnte sich die ebenfalls zunehmende Spaltung zwischen Arm und Reich in der Welt verstärken.

Eine kurze Geschichte des Jupiter/Pluto-Zyklus (12-13 Jahre):

Es ist zu beachten, dass generell positive Ereignisse mit negativen oder sogar katastrophalen Perioden koexistieren. Der Unterschied in der Qualität des Klimas zu einem bestimmten Zeitpunkt liegt in der Vielzahl von Zyklen, die miteinander interagieren und deren Synthese schwierig ist. Außerdem wiederholt sich eine bestimmte Konstellation in genau gleicher Art erst wieder in Millionen Jahren. Man kann nur versuchen, die Teile des Puzzles zu analysieren, daher kommt die Schwierigkeit der Prognose.

Zyklus 1919-1931: Geburt des Nationalsozialismus.

Zyklus 1931-1943: Die Ära des Dritten Reiches.

- **1931:** „Die große Depression" in den Vereinigten Staaten.

- **1918**: Ende des „Großen Krieges".

- **1943:** Wendepunkt im Zweiten Weltkrieg - der Anfang vom Ende des Dritten Reiches (Schlacht bei Stalingrad).

- **1956:** Aufstand in Ungarn; März 1957 Gründung der E.U. Rom-Vertrag.

- **1968:** April: Martin Luther King wird erschossen, im Juni Robert Kennedy; im Mai: Studentenrevolten in ganz Europa und USA; Revolte und Unterdrückung in Prag etc.

- **1981:** Politische Linkskurve in Frankreich (F. Mitterrand); Reagan regiert USA, dazu 1982 Israel-Libanon-Krieg; England-Argentinien Konflikt um Falkland-Inseln.

- **1994:** Beginn der ethnischen Massaker in Ruanda; erste multirassische Wahlen in Südafrika, gefolgt von der Ernennung von Mandela; tödliche Luftkatastrophen in Russland und den USA; heftiges Erdbeben in Los Angeles; Untergang der estnischen Fähre (852 Tote).

- **2007:** Bulgarien und Rumänien treten der Europäischen Union mit nunmehr 27 Mitgliedern bei; Steve Jobs präsentiert das erste iPhone; Wahl von Sarkozy in Frankreich, Shimon Perez in Israel.

KRITISCH 2020 durch Jupiter/Pluto: **im April** neue Gesetze/Regelungen im Wirtschafts-, Währungs- und Finanzbereich; heftige Turbulenzen an den Aktienmärkten (**um den 23.4.**), Risiko eines nuklearen Unfalls (Mars/Pluto). Ähnlich die **3. Novemberwoche**.

Kontruktive Perioden: **Ende März/Anfang April** (**um den 5.4.**), **Ende Juni**.

Der Jupiter/Saturn-Zyklus (20 Jahre):

Ein weiterer wichtiger Zyklus ist der **20-jährige Jupiter/ Saturn-Zyklus**, der **am 21. Dezember** bei 0° Wassermann (Luftzeichen) stattfinden wird. Letzte Konjunktion im Mai 2000, als dieses planetarische Treffen im Stier (Erdzeichen) stattfand. Daraus ergibt sich die seit damals wachsende Bedeutung von Problemen im Zusammenhang mit Nahrung, Landwirtschaft, Biosphäre, globaler Erwärmung. Alles Begriffe, die dem Zeichen Stier zugerechnet werden können. Ohne das andere wesentliche Symbol dieses Zeichens zu vergessen, nämlich Geld. Vielleicht gibt es ein Währungsbeben, die Rechnung für ausufernde Staats-Schulden.

Im Jahr 2020 wird die Jupiter/Saturn-Konjunktion noch verstärkt am **Ende des Jahres** durch die Jupiter/Pluto-Konjunktion im Steinbock. Dieser Zyklus war bis Ende des 18. Jahrhunderts für die astrologische Tradition der bedeutendste, da Uranus, Neptun und Pluto noch nicht entdeckt waren. Im Jahr 2020 kündigt dieses Trio tiefgreifende gesellschaftliche Veränderungen auf allen Ebenen an.

Der Jupiter/Neptun-Zyklus (13 Jahre):

Dieser Zyklus symbolisiert das Volk und seine Ziele, die Migration der Bevölkerung, die großzügigen Gesten der kollektiven Solidarität und den Sozialismus in seinem Wesen. Er symbolisiert auch die Ökologie und die Biodiversität. Die dreifache Dissonanz dieses Zyklus im Jahr 2019 (Mitte Januar, Mitte Juni und Ende September) war u.a. ein Spiegel des Problems der Migranten in Europa, ebenso wie für die alarmierenden Veränderungen in Ökologie und Klima.

Im Jahr 2020 bilden Jupiter und Neptun einen harmonischen Aspekt (60-Grad-Sextil) zwischen den 2. Dekaden Steinbock und Fische, der sich dreimal im Jahr wiederholt. Nämlich am **20. Februar**, **27. Juli** und **12. Oktober**. Die

Menschheit kann mit den positiven Energien der beiden Planeten im Jahr 2020 Chancen haben, um Lösungen zu finden - trotz der verzweifelten und scheinbar verzweifelten Situation in diesen Bereichen. Außerdem wird in einem globalen Kontext gnadenloser Härte, mit Autoritarismus, ja sogar Despotismus und Unterdrückung, „ein wenig Sanftmut in dieser Welt der Tyrannen" nicht überflüssig sein!

Synthese der Planetenzyklen im Jahr 2020:

Nach **Januar** sind sicherlich **März** und der **Herbst 2020** die beunruhigenden Perioden, mit der Dissonanz von Mars, des „Kriegers" im Tierkreis. In seinem Zeichen Widder und in Spannung zu Jupiter kann dies unüberlegte Entscheidungen und Aktionen bedeuten (ab dem Neumond **vom 20. Juli**), aber auch Erdbeben, Brandkatastrophen, sowie Börsen im Aufruhr. **Anfang August** könnte so ein Brennpunkt sein, wenn Jupiter zu Mars und Merkur dissonant ist. **Ende August**, **September und Anfang Oktober** können sich die Fronten verhärten (Mars in Spannung zu Saturn/Pluto). Und das wird bis zum **Ende des Jahres** dauern, denn der Neumond am **16. Oktober** verstärkt diese explosiven Energien bis zum **Vollmond am 31. Oktober**. Eine Konstellation, die an den Börsencrash von September 2008 und die Pleite der Bank Lehman Brothers erinnert. **Im November** wird sich Jupiter diesem explosiven Trio anschließen und Öl ins Feuer schütten. Dann, im November, wenn gleichzeitig mit Mars auch Merkur rückläufig sein wird, ist die Kommunikation blockiert. Glücklicherweise sollte der **Neumond vom 15. November** - im positiven Sextil zu Pluto, Jupiter und Saturn im Steinbock - die Auswirkungen dieser beunruhigenden Himmelslage mehr oder weniger mildern. **Der Dezember** wird jedoch auch nicht einfach sein, da Mars immer mehr oder weniger in Opposition zu Pluto steht und dieser Planet, wie wir wissen, auch Kernenergie symbolisiert, oft auch Diktaturen. Fast immer eine tiefgehende Wandlung, in allen Bereichen, sei es gesellschaftspolitisch, wirtschaftlich, gesundheitlich oder im Zusammenhang mit Moral, Multimedien, sozialen Netzwerken usw. Die Welt, die sich in einer schweren Krise befindet, hält den Atem an: Wird der einzige gute Aspekt des pazifistischen Neptuns sie vor sich selbst schützen? Es ist zu hoffen, dass die Weisheit dann über den Wahnsinn der Menschen siegt und dass die Erfahrung der Vergangenheit dabei nützlich sein wird.

Pluto ist sowohl eine Energie der Zerstörung als auch der Regeneration, einer möglichen Wiedergeburt. Man kann nur hoffen, dass dieser Prozess der Zersetzung nicht zu schmerzhaft wird und die folgende Renaissance eine bessere Zukunft verspricht!

PROGNOSEN 2020 FÜR STAATEN UND POLITIKER

„Ich kann mir nicht vorstellen, dass Gott mit dem Kosmos Würfel spielt." **(Albert Einstein)**

VORBEMERKUNG: Zuerst muss ich voranschicken, dass all diese Prognosen im August 2019 verfasst wurden, weshalb auch die letzten Monate des Jahres 2019 berücksichtigt werden müssen. Brexit, die Wahlen Ende Oktober in mehreren Ländern Deutschlands sowie in Österreich Ende September usw. werden schon Vergangenheit sein, wenn dieses Buch herauskommt.

Angesichts der allgemeinen Situation 2020 und insbesondere der außergewöhnlichen „großen Konjunktionen" (Verbindungen der Planeten mit langen Zyklen) von Jupiter, Saturn und Pluto im Zeichen Steinbock kann man mit Sicherheit sagen, dass dies neben politischen Persönlichkeiten auch die Staatshoroskope betrifft. Denn jedes Land hat einen „Geburtsmoment". Oft nimmt man als Datum die letzte gültige Verfassung oder Gründung des Landes. Bei Deutschland z.B. den neuen vereinten Staat im Oktober 1990, für die Schweiz den September 1842 usw. Denn all diese Horoskope sind mehr oder weniger positiv oder negativ von dieser seltenen Überlagerung dieses Planetentrios betroffen (siehe auch das Kapitel über die Zyklen im Jahr 2020). Aber auch die anderen Planeten haben eine Wirkung: z.B. Uranus, ein Vektor überraschender Ereignisse und Innovationen, die fast immer eine radikale Wende bringen.

In dem Überblick über die langsamen Planeten im Jahr 2020 sollten wir Neptun nicht vergessen, der als Planet der Fische gilt. Einer der wenigen Zyklen, der in diesem Jahr in einer positiven Zyklusphase ist, nämlich Neptun/Jupiter, was Hoffnung gibt, u.a. auf Fortschritte bezüglich unserer Umwelt.

PROGNOSEN FÜR DEUTSCHLAND UND ANGELA MERKEL

Analyse von Deutschland

Das neue Deutschland wurde am 3. Oktober 1990 um 00:00 Uhr in Berlin geboren: Sonne in der Waage, mit einem Aszendenten im Löwen. Dialoggefühl, Beziehungstalent und Freizeitgestaltung kennzeichnen die Venus-Waage, während der Aszendent Löwe (wie auch die Himmelsmitte im Widder) eine Führungsfähigkeit, natürliche Führungsqualitäten sowie einen gewissen Stolz zum Ausdruck bringt, der im Ausland als Arroganz (Dissonanz mit dem Mond im X. Sektor) ausgelegt werden kann. Dieser „königliche" Aszendent wird auch von Jupiter unterstützt, bringt Expansion, Wohlstand und ein gutes Image; er unterstreicht die natürliche Autorität des Landes (Jupiter ist im Trigon zur Himmelsmitte). Das fast exakte Sextil Jupiter/Sonne ist eine weitere Garantie für Wohlstand. Es ist ein Land, das sich zu schnellem Handeln und Entscheidungen verpflichtet hat. Wie wir beispielsweise bei seiner schnellen Reaktion auf die Nuklearkatastrophe von Fukushima gesehen haben.

Was die Anhäufung der Planeten im Steinbock betrifft, spiegeln sie den disziplinierten und hart arbeitenden Aspekt des deutschen Volkes wider, das ernst und ehrgeizig ist. Aber auch die in diesem Land ausgeprägte Gegensätzlichkeit der übermäßigen Vorliebe für Freizeit und Reisen (deutsche Touristen gehören zu den zahlreichsten der Welt) zeigt sich in diesem Fall im Horoskop des Landes.

Prognosen 2020 für Deutschland

Ein ereignisreiches und relativ ausgeglichenes Jahr erwartet Deutschland im Jahr 2020. Betrachten wir die Details in chronologischer Reihenfolge:

- Um den **13. und 18. Januar**: ein Wendepunkt, schwierige Entscheidung, Destabilisierung?

- Um den **23. Januar**: positive Phase für die Bevölkerung (sinkende Arbeitslosigkeit? positive Maßnahmen im Gesundheitswesen?).

- **Anfang Februar:** Beginn von Allianzen und Projekten, die gute Resultate zu Beginn des Herbstes versprechen.

- Um den **13. Februar**: Veränderungen in der Regierung.

- Um den **22. Februar**: Hindernisse bei Allianzen und Projekten mit Konsequenzen Anfang August und Mitte November.

- **Ende Februar** (**27.2.**): eine vielversprechende Phase im Zusammenhang mit der Außenpolitik, der Harmonisierung der ausländischen Bevölkerung, mit positiven Ergebnissen im **August** (**11.8.**) und **Oktober** (**14.10.**), trotz einer Krise oder Destabilisierung im letzten Quartal 2019.

- **Anfang März** (**6. und 8.3.**): eine seit 2019 geplante Änderung wird realisiert.

- Um den **16. März**: effektive Wende für Deutschland (vorzeitiger Rücktritt von Angela Merkel?).

Bilanz: Sehr positive Rahmenbedingungen für die Zukunft des Landes und seiner Allianzen (Pluto/Merkur) zwischen März und Juni, die sich bis 2021 auswirken! Gleichzeitig ein sehr konstruktiver Frühling mit Saturn in Harmonie zu

Venus, mit positiven Ergebnissen am Ende des Jahres, obwohl gleichzeitig, insbesondere im Mai, mit einer Krise oder
Spaltung in der Führung sowie einer stärker rebellierenden
Jugend, mit Auswirkungen Anfang Oktober und bis 2021,
zu rechnen ist. Dies wird Deutschland nicht daran hindern,
2020 mit einer positiven Bilanz abzuschließen.

Analyse von Angela Merkel

Angela Merkel, geboren am 17. Juli 1954, um 17:45 Uhr in
Hamburg, ist seit November 2005 an der Macht und ist ein
Krebs mit Aszendent Schütze (wie auch Lady Di). Mit vielen Widersprüchen: Zurückhaltung, Innerlichkeit, ja sogar
Schüchternheit und relativer Mangel an Selbstvertrauen,
kombiniert mit dem Bedürfnis, die eigene kleine Welt zu
bemuttern - das ist die Krebsseite. Relative Extrovertiert-
heit, Heiterkeit, großzügige Offenheit und ein Gefühl für
den eigenen Wert, ein Geschmack für Reisen und Handeln
auf internationaler Ebene, das ist der Schütze. Mit Sonne/
Uranus ist Angela Merkel in der Lage, innovativ zu sein,
neue Wege zu gehen, auch wenn sie bei ihren Feinden Widerstand gegen ihre Regierungsweise hervorrufen kann.
Sie steht in direktem Kontakt mit ihrer wahren Natur, ihrer
Intuition und Sensibilität. Der Mond im Wassermann symbolisiert Altruismus, Sinn für Gerechtigkeit; ihre Himmelsmitte in der Waage Dialog, Teilen und Frieden.

Mit einer starken, pragmatischen und intuitiven Intelligenz,
die sich an der Vision anderer - auch ihrer Feinde - orientiert,
die die richtigen Lösungen vorschreibt, hat sie ein Gefühl
für Geheimhaltung, sogar für Manipulation (Merkur/Pluto).
Empfänglich für die Bedürfnisse der meisten Menschen,
sollte sie dank eines großzügigen Neptuns, der auf der Himmelsmitte steht, den sozialistischen Gedanken, die Idee des
Teilens fördern - auch auf Kosten ihrer politischen Interessen. Sie hat den Instinkt der Macht und die Berufung, ihr
Land zu verändern, wird durch einen eisernen Willen (Mars/

Pluto) unterstützt, der die Grundlage für ihre herausragende politische Rolle bildet. Schließlich zeigt dieser Himmel ein Schicksal, das sich anderen zuwendet, der Öffentlichkeit, der Politik, dabei ihr Privatleben vernachlässigt. Schließlich hat Angela Merkel einen sehr guten Draht zu den USA: ihre Sonne im Krebs in Aspekt zur Position Jupiters im US-Horoskop zeigt ein gutes Verhältnis zu Amerika an.

Prognosen Herbst 2019-2020 für Angela Merkel

Mit Jupiter, der zum Zeitpunkt ihres Geburtstages 2019 mit ihrem Mond ein schönes Sextil bildete, hätte sich Angela Merkel keinen besseren Schutz vorstellen können. Im August wird er über ihren Aszendenten wandern und damit beginnt ein neuer Zyklus (von 12 Jahren). Oktober hingegen ist zweideutig: wird sie trotz Krankheit weiter mutige Initiativen und Reformen durchsetzen? Ende August kündigt Saturn gewisse Einschränkungen an. Das Gleiche gilt für die Pluto/Venus-Dissonanz zwischen Ende August und Anfang November. Eine tiefe und irreversible Transformation? Andere Spannungen in ihrem Horoskop sind gegen Jahresende spürbar, könnten das Ende ihrer politischen Karriere bedeuten. Wird sie den Rubikon überschreiten? Sicher ist, dass Pluto, der große Transformator des Tierkreises, seit dem Frühjahr 2019 mehrmals dissonant wirkte und es 2020 wieder im Frühling und schließlich im Dezember sein wird. Ein Jahr, das für Angela Merkel ein „annus horribilis" werden könnte angesichts der zahlreichen Dissonanzen von Pluto/Saturn/Jupiter gegenüber ihren verschiedenen Planeten im Krebs.

PROGNOSEN FÜR FRANKREICH
UND PRÄSIDENT EMMANUEL MACRON

Analyse von Frankreich

Grundlage für das Horoskop ist die letzte Verfassung, die der V. Republik (6. Oktober 1958, 18:21 Uhr, Paris). Frankreich hat die Sonne in der Waage mit dem Aszendenten im Widder und ist sehr Waage-betont (auch das wiedervereinte Deutschland ist Waage). Dies unterstreicht das Interesse Frankreichs nicht nur am Gesundheitssektor, sondern auch in der Luxusindustrie, Mode, Ästhetik und Kunst. Und der Aszendent Widder ist u.a. ein Symbol dafür, dass Sport wichtig ist usw.

Prognosen 2020 für Frankreich

Die Unzufriedenheit und Opposition der Bevölkerung wird bis Ende 2019 zu den Hauptthemen zählen, u.a. die Gelbwestenbewegung, die seit November 2018 aktiv ist. Die Dissonanz von Pluto (radikale Metamorphose) an den Mondknoten (ultimative Berufung oder Schicksal) der V. Republik war bereits ein Beispiel dafür, dass es zu tiefgreifenden Umwälzungen kommt. Noch verstärkt durch andere Aspekte, wie z.B. Neptun ein Spiegel der chaotischen Situation sein kann. Eine Suche nach Identität, die jetzt im Juli und dann wieder Ende November 2019 wirksam ist. Gute Nachrichten: Am 5. Oktober und bis Ende des Jahres sollten wichtige und begrüßenswerte Reformen zum Wohle der Allgemeinheit stattfinden (Uranus/Jupiter/Pluto-Trigone). Das Jahr 2019 sollte daher mit einer Welle des Optimismus für das Land enden.

Die Analyse der Solarrevolution 2019/2020 (Pluto, der Planet der Metamorphose und Uranus im Sektor IV, die Nation) zeigt u.a., dass revolutionäre Umwälzungen möglich sind. Dabei werden Themen wie Umwelt, Ernährung usw.

noch bedeutender, die Wasserknappheit wird zu einem echten Problem. Ohne näher die astrologischen Aspekte zu nennen, kann man folgern, dass nur harte und unpopuläre Maßnahmen der Regierenden gegen die rebellierende Bevölkerung der Bewegung Herr werden können, das Gewaltpotential könnte 2020 stark ansteigen, was schließlich die Wähler extremer (meistens rechts) wählen lässt.

Es gibt aber auch positive Elemente: ein positiver Jupitereinfluss lässt Frankreich auch glänzen (Außenpolitik?), während es sich aber der tiefgreifenden Mutation stellen muss, die das Land in seinen Grundfesten erschüttert. Der Sektor Jugend ist stark betroffen, einer (oder mehrere) Jugendliche werden aus der Anonymität auftauchen und gegen die Autorität protestieren, vielleicht grundlegende Veränderungen erzwingen. Gleichzeitig gibt es 2020 (am 30.4.?) einen Hoffnungsschimmer mit Uranus und seinen innovativen Reformen, deren Ergebnisse bis Ende des Jahres (Weihnachten?) vorliegen werden. Initiativen, die sich positiv auf die Truppenmoral auswirken werden. Kurz gesagt: paradoxerweise verspricht 2020, dass es a priori weniger dramatisch sein wird als 2019. Wir werden sehen, ob die planetarischen Transite diese Hypothese bestätigen.

Analyse von Emmanuel Macron

Dieser etwas rätselhafte Schütze/Steinbock wurde am 21. Dezember 1977, um 10:40 Uhr in Amiens, geboren. Wer steckt hinter Emmanuel Macron alias Jupiter? Jupiter, großartig und großzügig, regiert sein Sternzeichen Schütze. Unser nationaler Jupiter, ein wenig Dr. Jekyll und Mr. Hyde, macht die Dinge auf seine Weise (gleicher Aspekt wie François Mitterrand), aufgeteilt zwischen dem Idealismus des Schützen und dem Materialismus/Pragmatismus - der sich in Zynismus verwandeln kann - des Steinbocks. Und der Schütze kann auch sehr opportunistisch handeln.

Emmanuel Macron ist ein ehrgeiziger und realistischer, harter Arbeiter, pragmatisch und organisiert, der nichts dem Zufall überlässt. Etwas veränderlich, instabil durch seine Sonne und hartnäckig durch seinen Mond im Stier. Sein Aszendent im Steinbock zeigt seine Erdung in Bezug auf Geld, Bankgeschäfte und Immobilien.

Schließlich neigt er mit einem dissonanten Jupiter zu Exzessen und Überschätzungen, fühlt sich leicht in seinem Stolz verletzt. Ein Horoskop der Widersprüche, kurz gesagt: sensibel für Traditionen, für unsere Wurzeln, aber auch der Schütze als Rebell, der frei handeln will.

Prognosen 2020 für Emmanuel Macron

Beim Schreiben dieser Zeilen (Sommer 2019) kann man sagen, dass Macron Ende 2019 durch bestimmte positive Aspekte (Jupiter/Pluto, Saturn/Trigon-Mond) recht gut reüssieren kann, vor allem wird Jupiter im Dezember günstig für den französischen Präsidenten wirken (in Frankreich hat er den Beinamen „Jupiter").

Im Jahr 2020, bis Mitte Februar, stört eine Neptun-Dissonanz, Beziehungen zu verbündeten Ländern werden gebremst, er verliert einige seiner 1. Garde (um den 5.1.?). Ebenfalls kritisch um den 20. Januar (Ausland?), zwischen dem 4. und 7. Februar aber kann er dank geschickter Kommunikation Lösungen finden und diplomatische Fortschritte erreichen. Ganz allgemein wird er aber von März bis November ziemlich isoliert sein. Zwischen Juli und Anfang Oktober: unerwartete Angriffe oder Zusammenstöße mit Partnern? Mitte Dezember, mit Jupiter am Aszendenten, wieder Optimismus, Vitalität und Popularität, aber auch eine Tendenz zur Überschätzung. Positiv aber: Macron wird mehr Handlungsfreiheit haben, Innovationen und Reformen durchsetzen.

Nota bene: eine weitere Analyse verspricht ihm eine erhöhte Macht zu seinem 43. Geburtstag. Vielleicht bei den nächsten Präsidentschaftswahlen 2022?

PROGNOSEN FÜR DIE VEREINIGTEN STAATEN VON AMERIKA UND DONALD TRUMP (DIE PRÄSIDENTSCHAFTSWAHLEN VON 2020)

Analyse der USA

Um den Geburtshimmel der Vereinigten Staaten zu berechnen, wählen wir das Datum seiner Unabhängigkeit, den 4. Juli 1776, 17:10 Uhr, Washington. Sonne im Krebs, mit dem Aszendenten im Schützen (wie bei Angela Merkel). Der Krebs verkörpert Tradition, der Schütze weltoffene Haltung. Die USA, etwas chauvinistisch und paternalistisch, wollen auch die Boten der Freiheit in der Welt sein. In einer Art schizophrenem Paradoxon versuchen sie, ihren Panamerikanismus zu exportieren, ihre Lebensweise, auf die sie so stolz sind. Aber das ist ein Prozess der Überschätzung. Dazu ein dissonanter Mars in Opposition zu Neptun, der Verschwörungen symbolisiert und immer wieder tödliche Anschläge. Wir denken an die Tragödie des 11. September 2001, wo Neptun dissonant zu Mars/Neptun im USA-Horoskop stand.

Neptun in diesem Horoskop ist auch ein Spiegel der Sehnsucht nach den Wurzeln, die weit entfernt im Ausland liegen, das Durchtrennen der Nabelschnur mit den Wurzeln in Europa. Pluto im Sektor II (Finanzen) sowie die Verbindung der Sonne im Krebs mit Jupiter, dem Planeten der Expansion und des Wohlstands, zeigen deutlich die herausragende wirtschaftliche Position der Vereinigten Staaten, einer Nation, die für einen Lebensstandard steht, der ein Beispiel für frühere Generationen in der Welt war. Eine Konjunktion, die auch die materialistischen Tendenzen, die sich am Profit und dem Dollarkult orientieren, sowie ihre puritanische Mentalität widerspiegelt. Dieselbe Sonne im Krebs ist jedoch in Spannung zu Saturn, was für Kämpfe und Prüfungen steht, einer langen und harten Eroberung. Auch bei dem Attentat auf das World Trade Center wurde diese Konstellation Saturn/Sonne stark angegriffen.

Ebenso wird dies schon im September 2019 der Fall sein, einem Spätsommer, der, wie wir später sehen werden, für das Land dramatisch sein könnte.

Prognosen Ende 2019-2020 für USA

Ich muss zugeben, dass ich, beim Schreiben dieser Prognosen im Sommer 2019, für September 2019 nicht sehr optimistisch bin. Anfang September drohen Naturkatastrophen (Erdbeben? Erdrutsch?), Saturn auf dem südlichen Mondknoten des US-Horoskops steht oft für eine kollektive Katastrophe. Dann, Mitte September (zwischen dem 10. und 17. September), scheint ein großes Ereignis das Land und seinen Präsidenten stark zu treffen. Anschlag? Gesundheit? Naturkatastrophe? Der Aszendent und Mars im Löwen im Horoskop von Donald Trump, dissonant zur Himmelsmitte im Stier, schwächen sein Herz-Kreislauf-System. Zur Verifizierung und durch den Vergleich des Horoskops von Mike Pence, Vize-Präsident Trumps, ebenfalls Zwillinge (6.7.1959, Kolumbus, Indiana, unbekannte Zeit), können wir sehen, dass diese für das Land entscheidende Septemberwoche auch für Pence sehr bedeutend ist! Muss er als Vize Trump vertreten? Als Astrologin kann man nur auf eine besonders gefährliche Phase hinweisen, kann aber keine Ereignisse vorhersagen.

Und die Vereinigten Staaten? Vorwiegend schwierige Transite im USA-Horoskop zeigen für 2020 ein erhöhtes Gewaltrisiko an, sogar Anschläge um den 22. April herum, dann in der 1. Maihälfte. Wird ein positiver Pluto, der das ganze Jahr hindurch wirksam ist, stark genug sein, um diese dramatischen Ereignisse abzuschwächen oder zu verhindern? Es versteht sich von selbst, dass ich mich lieber irren würde... Die Opposition wird im Land besonders bis März mobilisiert. Das Volk wird das ganze Jahr über heftig rebellieren, ab Ende Januar, wenn zudem aufgrund der Opposition Plutos zu Merkur im VIII. Sektor der Krisen und Kriege eine mögliche militärische Auseinandersetzung nicht ausgeschlossen ist. Eine Gefahr, die das ganze Jahr über und vor allem Ende Februar, Ende Juni und bis Dezember besteht. Gleichzeitig wird zwischen Ende März und Ende Juni ein positiver Saturn aktiv sein, der die Grundlagen des Landes festigt, was aber wahrscheinlich nicht verhindern wird, dass die Gefahr eines Attentats um den 22. April und im Mai (13.5.) besteht. Dann wird es Anfang Dezember zu einer Spaltung des Landes kommen, die aber nicht verhindern kann, dass bedeutende wirtschaftliche Fortschritte erzielt werden, die die Macht der Vereinigten Staaten in der Welt stärken werden (Jupiter/Pluto im Sektor II, Finanzen). Mit der positiv wirkenden Jupiter/Saturn-Konjunktion am Beginn des Wassermanns sollte das Land das Jahr stilvoll abschließen.

Analyse der amerikanischen Wahlen

Das Horoskop vom 3.11.2020, um 20 Uhr in Washington D.C., könnte eine totale und endgültige Richtungsänderung und den Sieg der Opposition anzeigen. Wahrscheinlich durch die Jugend im Land, wo der zum Zeitpunkt dieses Manuskripts noch unbekannte demokratische Kandidat also gewinnen sollte. Eine Wahl, die stürmisch zu werden verspricht, mit dem dissonanten Mars im Widder, der sowohl die Sonne im Krebs als auch den Saturn im USA-Horoskop angreift. Kurz gesagt: diese Wahlen werden besonders turbulent, wobei Kontroversen und Gewalt auf der Tagesordnung stehen. Nicht zuletzt, falls Donald Trump tatsächlich wiedergewählt werden sollte, astrologisch nicht unmöglich, sind große juristische Hürden nicht ausgeschlossen. Das Gleiche gilt für Mike Pence, dessen Sonne im Zeichen Zwillinge ebenfalls von dem genannten Neptun (Enttäuschung, Auflösung) angegriffen wird. Dies für den Fall, dass der derzeitige Vizepräsident beschließt, sich für ein Amt zu bewerben.

Analyse von Donald Trump

Hier Auszüge aus dem Text, den ich am 18. März 2016 auf meiner Website und auf Facebook veröffentlicht habe, lange bevor Donald Trump Kandidat der Republikaner wurde: „DONALD TRUMP, EIN EXPLOSIVER COCKTAIL AUS KRÖSUS UND DON QUICHOTE! DER NÄCHSTE PRÄSIDENT DER USA???" Als Zwilling, wie u.a. auch JF Kennedy, besitzt er die List und die Schlagfertigkeit dieses Sternzeichens. Donald Trump wurde am 14. Juni 1946, um 10:54 Uhr in New York, geboren und ist Zwilling, Aszendent Löwe. Seine Geburt fand unter einem fast exakten Vollmond statt, der ein ursprüngliches elterliches Problem widerspiegelt (vgl. z.B. Romy Schneider). Sicherlich musste der kleine Donald ein Trauma (Trennung von seiner Mutter) im Alter von ein bis zwei Jahren erleben. Die Himmelsmitte im Stier, ein Zeichen für Finanzen, aber auch der Immobilien, passt zu Trump, pharaonische Projekte sind der Spiegel des Aszendent Löwe. Der Mond im Schützen macht ihn sensibel für Frauen ausländischer Herkunft (Ivana, Melania usw.). Sein Mars im IX. Sektor zeigt das Interesse für die Politik, während der Sektor II, der das Geld symbolisiert, vom „großen Gönner" Jupiter besetzt ist, Hinweis auf Erbschaft und Reichtum. Seine Freunde könnten seine Großzügigkeit missbrauchen, weil er leichtgläubig und leicht zu täuschen ist und sehr stimmungsschwankend (Merkur/Neptun), allerdings auch hartnäckig (Himmelsmitte im Stier und Aszendent Löwe). Für diesen Zwilling ist die Repräsentation - und damit die Politik - eine zweite Natur. Für ihn ist Aktion eine Therapie für sein Unbehagen in der Kindheit, das Mittel, um (wie bei vielen Politikern, z.B. Jacques Chirac oder Saddam Hussein) eine tiefe emotionale Frustration auszugleichen.

Prognosen Ende 2019-2020 für Donald Trump

Bereits Mitte September 2019 scheint Anlass zu besonderer Sorge zu geben. Ein größeres gesundheitliches Problem? Oder ein Attentat? Außerdem sollte das Alter von 74 mehrfach kritisch sein. Das Beunruhigende: Der Vollmond vom 14. September, bei 21° Fische/Jungfrau, wird in doppelter Dissonanz mit der Sonne/Mond-Achse in seinem Horoskop stehen. Aber auch und vor allem auf der kritischen Neptun/Mars-Achse im USA-Horoskop, ein Symbol für die zahlreichen Anschläge gegen Politiker in den USA! Diese Prognosen, die in diesem Sommer 2019 berechnet werden, werden erst im Oktober veröffentlicht. Es versteht sich von selbst, dass ich hier ein großes Risiko eingehe! Die Zukunft wird zeigen, ob ich Recht hatte oder nicht... Auf jeden Fall sollte der amerikanische Präsident speziell auf Reisen besondere Vorsichtsmaßnahmen treffen.

PROGNOSEN FÜR CHINA UND XI JINPING

Analyse von China

Die Volksrepublik China wurde am 1. Oktober 1949, 15:15 Uhr, in Peking gegründet. Mit seiner Planeten-Ballung in der Waage können wir sicher sein, dass nach 2019 auch das Jahr 2020 ziemlich stürmisch verlaufen sollte. Das Horoskop Chinas spiegelt das Dilemma wider zwischen einerseits einer Dominante in der Waage, eines friedlichen Zeichens par excellence, einem Hang zum Dialog, andererseits aber der Himmelsmitte im Skorpion, in Spannung zu Mars und Pluto, die dominierende, ja sogar aggressive starke Impulse reflektiert. Diese richten sich insbesondere an die chinesische Bevölkerung selbst. Der Wassermann-Aszendent, ein revolutionäres Zeichen, flankiert vom Mond, der im Moment der Gründung der Volksrepublik am Horizont aufging, wäre der Spiegel einer möglichen fortschreitenden Öffnung, wenn er nicht von Pluto/Mars gelähmt wäre. Was die harte Konjunktion von Mars und Pluto im Löwen betrifft, so offenbart sie, wie bereits erwähnt, den eisernen Griff der Macht, aber auch die mächtigen latenten Energien gegen sie. Schließlich ist ein sehr dissonanter Merkur das Bild einer unterdrückten Jugend. Bemerkenswerte Tatsache: Im Juni 1989 (Massaker auf dem Tian'anmen-Platz) wurde derselbe Merkur von Saturn/Neptun angegriffen, dem symbolischen Zyklus der ehemaligen UdSSR und des Marxismus! Die Symbole sprechen für sich.

In Bezug auf den Saturn/Pluto-Zyklus, in dem China schwingt, ist anzumerken, dass 1982, als die bisher letzte Konjunktion dieser beiden Planeten stattgefunden hat, die aktuelle Verfassung auf der Grundlage der Diktatur des Volkes und der Arbeiter beschlossen wurde, wobei das vorherige Treffen dieser beiden Planeten die Geburt der Nation selbst nach der maoistischen Revolution begleitet hat. Abschließend sei noch auf den 73. Geburtstag Chinas im Jahr 2024 hingewiesen, der auch ein Höhepunkt in seiner Entwicklung sein könnte, und zwar in Form eines großen Wendepunktes aufgrund der Opposition von Uranus zur Himmelsmitte im Skorpion.

Prognosen 2020 für China

Der 25. Januar 2020 ist in China der Beginn des Jahres der (Metall)-Ratte (bis Februar 2021). Jetzt im Sommer 2019 spricht man (in der französischen Wirtschaftszeitung „Les Echos") schon von einer Krise: „China verliert seit Jahresbeginn an Kraft. Das chinesische Wachstum ist auf rund 6% gesunken, den niedrigsten Wert seit der großen Finanzkrise 2009." Andererseits kommt es in diesem Sommer (2019) zu riesigen Demonstrationen in Hongkong und niemand weiß derzeit, wie weit das gehen könnte. 2020 nimmt diese wichtige Saturn/Pluto-Konjunktion wieder Gestalt an und markiert einen Höhepunkt für China. Andererseits ist zu beachten (durch den Jupiter/Neptun-Zyklus), dass die Öffnung zum Ausland erweitert werden könnte, was wirtschaftlich sehr günstig für das Land sein sollte. Diese Periode beginnt Ende Februar, ist dann wieder im Frühjahr sowie zwischen August und Oktober spürbar. Und das trotz größerer Turbulenzen: Ende Januar/Anfang Februar sowie im März (2.,3.3.) und Ende Juli wird es Versuche geben, die chinesische Jugend in einer chronischen Krise, wie das Land selbst, aufzuwiegeln (Sonne/Merkur im Sektor VIII der Krisen). Vor allem aber wird die Verbindung von Jupiter und Saturn im Steinbock, in positivem Aspekt zur Himmelsmitte im Skorpion, den Fortschritt des Landes ankurbeln und eine Konsolidierung vor dem Frühjahr (13.2.) skizzieren, was Ende des Jahres vollständig bestätigt werden sollte (um den 4.11.). Zeiten, in denen Xi Jinping sein Land, wenn nötig, mit eiserner Faust halten wird, auch wenn es durch Unterdrückung geschieht. Das Datum des 28. März sticht am chinesischen Himmel kraftvoll, aber widersprüchlich, hervor: Eine Massen-Demonstration, insbesondere im Zusammenhang mit einer Jugendrevolte, könnte mit Gewalt unterdrückt werden.

Auf wirtschaftlicher Ebene könnte 2020 angesichts der Dissonanzen Jupiters eine stärkere Inflation verzeichnet werden. Dennoch sollte dieser Zustand durch eine gewinnbringende Außenpolitik (Jupiter/Neptun auf Venus im Sektor IX, Ausland) mehr oder weniger neutralisiert werden. Darüber hinaus wird die Volksrepublik China im Jahr 2020 von neuen Allianzen profitieren, insbesondere im März, Juli und November, die ihren verschiedenen Unternehmen und Projekten zugutekommen werden. Unnötig zu sagen, dass, wenn Pluto vom Frühjahr 2021 bis Ende 2022 im Sextil derselben Himmelsmitte ankommt, wenn Neptuns seltenes Trigon seinen Einfluss bis 2024 verstärken wird, China weiter an Macht gewinnen wird. Anfang 2021 beginnt eine neue Ära, die durch eine größere Öffnung zur Welt gekennzeichnet ist.

Analyse von Xi Jinping

Geboren praktisch am selben Tag - aber nicht im selben Jahr - wie Donald Trump (14. Juni 1946), dieser Zwilling vom 15. Juni 1953, um 12:10 Uhr in Peking, mit dem Aszendenten in der Jungfrau. Er und sein amerikanisches Gegenstück bilden ein perfektes Paar feindlicher Brüder. Kein Wunder also, dass sie einen gnadenlosen Wirtschaftskrieg gegeneinander führen. Jinping hat, wie sein amerikanischer Kollege, ein ausgeprägtes Gespür für Kommunikation. Ein schöner Jupiter im Sektor IX verspricht glückliche Beziehungen zum Ausland, während die Sonne auf der Himmelsmitte Erfolg und Prestige garantiert und für eine lange und lohnende Karriere sorgt. Alles im Sextil, also in Harmonie, mit Pluto (der Macht).

Prognosen 2020 für Xi Jinping

Trotz der wertvollen Unterstützung eines mächtigen Pluto, der seinen Aszendenten (sein Selbst) das ganze Jahr über stärkt, wird 2020 sicherlich nicht das beste Jahr seines Lebens sein, sondern weit davon entfernt. Schon 2019 erwartet ihn eine Phase der Ernüchterung, ja sogar der Destabilisierung (vierfache Dissonanz mit seinem Horoskop). Sowohl in China als auch mit dem Ausland erwartet ihn ein „heißer" Frühling, gefolgt von einem herausfordernden Sommer. Ab April ein aufständisches Klima, dessen Wurzeln bis in den Sommer 2019 zurückreichen (problematisch für Hongkong?). Xi Jinping wird gezwungen sein, Zugeständnisse an das chinesische Volk zu machen. Und trotz der absoluten Macht aufgrund seiner Funktion könnte er ernste Probleme bekommen angesichts der Destabilisierung, die ihn erwartet. Dem Chef der Volksrepublik China steht daher eine kritische Phase bevor.

Analyse von Russland
(Gemeinschaft Unabhängiger Staaten)

Schwierigkeit bei der Analyse Russlands liegt heute in der Wahl des Datums. Ist es die Oktoberrevolution vom 8. November 1917 um 2:12 Uhr in Leningrad - es hat die gesamte Entwicklung der ehemaligen UdSSR begleitet - oder die Gründung der Gemeinschaft Unabhängiger Staaten (G.U.S.) am 8. Dezember 1991?

Die Erfahrung ist der Beweis. In diesem Fall meine bewährte Prognose, die sich auf das Horoskop der ehemaligen UdSSR stützte, für einen alles verändernden Sommer in den Tagen um die Sonnenfinsternis im August 1999: Es war die Ernennung Putins und kurz darauf der Ausbruch des 2. Tschetschenienkrieges. Offensichtlich funktioniert weiterhin das übliche Datum der Oktober-Revolution. Angesichts des Horoskops vom 8.12.1991, 15:22 Uhr, Minsk, das eine starke astrale Übereinstimmung mit dem Horoskop des „Zaren" Putin hat, möchte ich jedoch für meine Prognose diese zweite Möglichkeit befürworten. Aber wie immer gibt es einen gemeinsamen Faden, der die beiden Horoskope verbindet, ein Spiegel eines gemeinsamen Schicksals. Das Zeichen des Steinbocks ist in beiden Horoskopen stark besetzt. Das Horoskop der ehemaligen UdSSR ist sehr Skorpion-lastig, mit mehreren Dissonanzen. U.a. Uranus und Saturn, Symbol für die revolutionäre Entwicklung (besonders mit Uranus im Wassermann). Es ist auch bemerkenswert, dass viele Länder diese Konfiguration enthalten, z.B. Israel und die Vereinigten Staaten.

Prognosen 2020 für Russland

A priori scheint 2020 sehr gut zu beginnen. Fünf (von zwölf) Faktoren in diesem Horoskop werden durch Jupiter positiv verstärkt, besonders im ersten Quartal und ab der ersten Januarwoche. Vielleicht bessere Verbindungen zum Ausland, neue Allianzen? Ende Januar besser für Finanzen, während Putin gleichzeitig destabilisiert werden kann. Aber auch im ersten Quartal 2020 Blockaden von politischen Initiativen. Vor allem bei der Jugend entsteht eine mehr oder weniger offene Opposition. Im Monat Mai überwiegend positive Stimmung, vor allem bis Ende August, während Uranus zwischen Juli und Oktober durch willkommene Reformen einen neuen Hauch von Freiheit bringen könnte.

Analyse von Vladimir Putin

Unangefochtener Führer Russlands seit seiner Ernennung am 11. August 1999 (dem Tag einer denkwürdigen totalen Sonnenfinsternis). Vladimir Putin, geboren am 7. Oktober 1952, um 9:30 Uhr in St. Petersburg, ist eine atypische Waage. Obwohl in seinem Horoskop neben Sonne und Saturn auch Neptun und Merkur in diesem Zeichen stehen, bilden sie einen Spannungswinkel mit Uranus im Krebs. Die Waagewerte sind in gewisser Weise umgekehrt, zumindest stark verändert.

Putin ist sicherlich eine unberechenbare Person, die zu unerwarteten Handlungen fähig ist. Darüber hinaus zeigt sein Skorpion-Aszendent Ehrgeiz, Ausdauer und Kampflust an, mit einer gewissen Tendenz zur Manipulation sowie zu einer zurückhaltenden und introvertierten Gewalt. Kein Wunder, dass er der Chef des KGB war. Aber in Dissonanz mit dem Mars macht Putin nicht unbedingt den besten Gebrauch davon. Merkur/Neptun zeigt eine Tendenz zum Verbergen, Finesse und Humor. Pluto steht in Verbindung mit Lilith (Schwarzer Mond), diesem kosmischen Duo, das mit Jupiter uneins ist: Er ist jemand, der die Regeln ohne jegliche Skrupel verletzt. Oder er selbst macht die Regeln, wie er es im Zusammenhang mit der russischen Präsidentschaft gezeigt hat. Um dieses Porträt zu vervollständigen, ist der

Mond in diesem Horoskop dissonant. In Dissonanz sowohl mit Saturn als auch mit Uranus: das Spiegelbild eines Mutterproblems und einer Schwierigkeit, mit Frauen zu kommunizieren (außer wenn sie fremd sind) bis hin zu einer Misogynie. Seine Himmelsmitte im Löwen in Konjunktion mit Pluto und Lilith spiegelt einen Charakter mit natürlicher Autorität wider - wahrscheinlich geerbt aus einem früheren Leben -, ein beeindruckendes Selbstvertrauen und den Durst nach ungezügelter Macht (Himmelsmitte/Jupiter). Lassen Sie uns abschließend darauf hinweisen, dass diese beiden Entitäten aufgrund einer großen Resonanz von Vladimir Putins Horoskops mit dem Horoskop seines Landes gut aufeinander abgestimmt sind, in einer echten Symbiose.

Prognosen 2020 für Vladimir Putin.

Schon seit Anfang April fühlt sich Putin durch Uranus destabilisiert und durch Neptun stellt er sich die Frage, wie er weitermachen wird. Zwischen März und Oktober 2020 garantiert ihm Jupiter eine große Popularität, einen schönen Fortschritt. Und schon im Januar bringt ihn derselbe Jupiter gemeinsam mit seiner Venus im Skorpion ins Rampenlicht. Doch Uranus zeigt Veränderungen an: Nach 21 Jahren Herrschaft (ein Unterzyklus von Uranus) kommt eine Wende. Mit dem Widerstand von Uranus, ab Sommer 2020, wird sich sein Leben völlig verändern, ein neues Leben im März 2021? Hinweis: Man kann nicht das Risiko eines Unfalls (Gesundheit usw.) ausschließen, insbesondere nach dem Geburtstag 2020 (Reisen?).

PROGNOSEN FÜR ENGLAND UND BORIS JOHNSON

Analyse von England

Das verwendete Horoskop, der 1. Januar 1801, 0:00 Uhr in Westminster, England, spiegelt die turbulente Stimmung zu Beginn diesen Jahres (2019) wider. Aber schon der 23. Juni 2016, 20.00 Uhr, London (Brexit-Referendum) zeigte starke Aspekte zu diesem Horoskop.

U.a. wirkt in diesem England-Horoskop die Jupiter/Merkur-Dissonanz: ein Spiegel der Kommunikationsprobleme, Krisen mit dem Ausland, Missverständnisse, Verwirrung, falsche Versprechungen, mit einer Tendenz zur Überschätzung und sogar Spaltung. Die Beziehungen zu anderen Ländern sind jedoch ambivalent.

Prognosen 2019-2020 für England

Eine innovative und sehr vielversprechende Erholung ist Mitte Dezember in Sicht, nach Konfusion und Verwirrung in den Beziehungen zu den Nachbarländern (der EU). Hindernisse und Verzögerungen durch Saturn, die Allianzen und Beziehungen zu Partnerländern bis November behindern. Die ersten beiden Monate des Jahres 2020 sind turbulent, um den 22. Januar ist ein Durchbruch möglich (Uranus im harmonischen Sextil zu Pluto), ebenso zwischen Juni und November 2020. Andererseits kann Saturn die Beziehungen, insbesondere zu den Nachbarländern, zwischen April und Juli stören. Werden wir die Rückkehr der Isolation des Landes erleben?

Analyse von Boris Johnson

Der am 19. Juni 1964, um 14.00 Uhr in New York, geborene englische Premierminister ist ein politisches Tier, Zwillinge wie seine Kollegen Donald Trump und Xi Jinping. Er ist wie sie begabt in der Kommunikation, schlagfertig und durchtrieben. Mit einem Mond im Skorpion, pragmatisch, hasst er verbale Rauferei nicht und lässt nicht los, auch nicht, um Harakiri zu begehen, wenn es die Umstände erfordern. Eine Mars-Dissonanz verschärft seine Neigung, brutal mit seinen Freunden oder Verbündeten zu brechen. Weitere Aspekte zeigen Johnsons Zynismus und einen Mangel an

Glauben an die Menschheit an. Aber das Bemerkenswerteste an diesem Horoskop ist im Vergleich zu dem seines Landes die fast genaue Übereinstimmung zwischen dem Aszendenten des England-Horoskopes und dem seines Premierministers, beide in der Waage nahe beieinander, sowie der Himmelsmitte der beiden im Krebs. Eindeutiger Beweis für Johnsons Identifikation mit seinem Land und seinen Zielen, aber auch mit seinen inneren Konflikten (Waage steht in Spannung zu Krebs).

Prognosen 2019-2020 für Boris Johnson

Boris Johnson, der am 23. Juli 2019 an die Spitze der Konservativen Partei gewählt wurde, hatte starke Unterstützung von den Planeten. Dies trotz einer latenten Destabilisierung durch eine Pluto-Dissonanz über seinen Uranus, die sowohl für seine Projekte als auch für seine Anhänger negativ wirken könnte. Ein Aspekt, der bis Ende des Jahres (2019) andauern wird. Interessante Konvergenz, die nichts dem Zufall zu verdanken hat: der 31. Oktober, der sich als Konsolidierung im Horoskop von Johnson abzeichnet, während der 1. November einen starken und positiven Moment für das Land widerspiegelt.

2020 sollte der britische Premierminister dank Jupiter, dem großen Wohltäter, und auch dank Uranus vor einem starken Gegenwind geschützt werden. Dies trotz eines dissonanten Saturns, was seine Popularität von Juli bis Dezember bremsen könnte, seine Pläne behindern und seine Verbündeten vertreiben wird. Sicherlich wird die 2. Hälfte des Jahres 2020 keine angenehme Zeit für den britischen Premierminister sein. Dennoch sollte Boris Johnson 2021, wenn Uranus auf dem Tierkreis auf seinen Pluto trifft, was sowohl seine Projekte als auch seine Allianzen symbolisiert, a priori bis März 2022 ruhig schlafen können.

Analyse von Österreich

Österreich in seiner heutigen Form wurde am 12. November 1918, um 16 Uhr in Wien geboren. Mit der Sonne und Venus im Skorpion (2. Dekade) im Sektor VII, der für Partnerschaften im Horoskop steht, gilt auch für diese neue Republik die alte Devise: Tu felix Austria nube (Kriege führen mögen andere, du, glückliches Österreich, heirate), denn Partnerschaften und Allianzen sind die Basis. Dazu der Aszendent im Stier, ein Venus-Zeichen, Symbol für die wichtige Stellung von Kultur und Kunst, aber auch für Genuss, eine positive Lebensphilosophie usw.

Prognosen 2020 für Österreich

Diesem Horoskop zufolge, mit der Himmelsmitte im Steinbock (20 Grad), ist eine tiefgehende Wandlung im Gange, die gleich im Januar spürbar wird, dann wieder im August. Man kann annehmen, dass diese Umstellung nicht mit Begeisterung von der Bevölkerung aufgenommen wird. Der konservative Stier, der unter den Sternzeichen wohl das naturverbundenste ist, könnte enttäuscht sein von den wenigen Fortschritten zum Thema Ökologie. Und nicht nur von Seiten der zahlreicheren Landbevölkerung. Das Image von Österreich, speziell im Ausland, könnte ebenfalls schwächeln. Auch andere Dissonanzen (z.B. Mars im Widder) zeigen einen sehr heißen August an: Rechtsfragen (E.U.?) belasten mehr als sonst, besser dann Mitte November bis Mitte Dezember: neue Allianzen? Versöhnung mit Gegnern?

Analyse von Sebastian Kurz

Mit der Sonne in der besonnenen Jungfrau und dem Aszendenten im Löwen, das u.a. für Streben nach Macht und

Anerkennung, aber auch für Loyalität, Offenheit und ausgeprägten Stolz steht, hat Sebastian Kurz (27. August 1986, 4:30 Uhr in Wien geboren) nur wenige Schattenseiten. Seit seiner Geburt ist Erfolg vorprogrammiert. Mit Venus in der Waage ist Charme seine beste Waffe im Kampf um die Wählergunst. Dabei kommt er bestens bei der Jugend an. Zu seinen Schattenseiten (Sonne in Spannung zu Saturn) gehört vielleicht die Tatsache, dass er ausgerechnet im eigenen Land als bremsend erscheinen kann und nicht verstanden wird. Das zeigt aber auch seine unglaubliche Beharrlichkeit.

Prognosen 2020 für Sebastian Kurz

Beim Schreiben dieser Zeilen (Ende August) muss man natürlich die Wahlen Ende September berücksichtigen. Obwohl die Einflüsse für ihn vorwiegend positiv sind, könnte der Wahlausgang Überraschungen bringen. Da Wahlprognosen zu den zweischneidigsten Vorhersagen gehören, ist es schwer, einen klaren Schluss zu ziehen. Trotz der vorwiegend günstigen Einflüsse muss das nicht heißen, dass er siegt. Falls er nicht mehr Kanzler wird, könnte dies trotzdem - zumindest auf dem privaten und auch finanziellen Sektor - ein großes Plus für ihn sein. Leider habe ich in den vielen Jahren gerade bei Wahlprognosen Überraschungen erlebt. Denn die Wahl selbst kann in der Folge eine sehr holprige und schwierige Regierungsphase werden, wenn man mit schlechten Einflüssen gewonnen hat. Ein Beispiel dafür war die Wiederwahl von Reagan 1984: er hatte wohl gewonnen, aber die 2. Legislaturperiode war für ihn ein einziger Abstieg: die Iran-Contra-Affäre usw., privat auch Krebs an der Nase.

2020 sollte in jedem Fall ein sehr gutes Jahr werden. Mit neuen Partnern, vielleicht einer neuen Koalition. Wird es einen Rechtsruck geben wie in anderen Ländern? Der Übergang von Uranus in Opposition zu seinem Pluto, aber auch mit einem günstigen Saturn-Aspekt, sollte jedenfalls heißen, dass er langfristig gesehen eine positive Wende erleben wird. Mit starker Medienpräsenz, aber nicht gerade glänzend im März/April sowie später nochmals im August. Besser wird für ihn Ende September/Anfang Oktober, u.a. dank guter Ergebnisse in der Wirtschaft. Kurz: mit positiven Aspekten zum Sektor II (Geldgewinn, Fortschritte) seines Horoskops macht er 2020 echte Fortschritte, die sich auch finanziell als großes Plus erweisen könnten.

PROGNOSEN FÜR DIE SCHWEIZ

Analyse von der Schweiz

Die Schweiz ist Jungfrau, geboren am 12. September 1848, um 11:12 Uhr in Bern. Mit einem harmonischen Sextil Sonne zum Skorpion-Aszendent ein Zeichen außergewöhnlicher Vitalität und viel Pragmatismus; ein Zeichen für Komfort, Finanzen, Bankwesen. Aber lassen Sie sich nicht von der Erscheinung täuschen: Die ruhige und vernünftige Jungfrau kann auch ehrgeizig und kämpferisch sein. Organisiert und erfinderisch, konservativ und eine Freundin von technischen Innovationen und avantgardistischen Ideen. Ein weiteres kitzliges Thema ist ihr internationales Image (Jupiter im IX. Sektor, Ausland). Die Uhrmachertradition und der Ruf der Schokolade gehören zu den üblichen Klischees. Die Verbindung mit Neptun spiegelt einmal mehr den grundlegenden Pazifismus der Nation wider, sogar ihr Einfühlungsvermögen, ihre mitfühlende Haltung gegenüber anderen.

Prognosen 2020 für die Schweiz

Die Ankunft des mächtigen Pluto im Frühjahr 2017 im Einklang mit der Sonne der Schweiz, dann, wie seit Anfang 2019, mit dem Schweizer Aszendent im Skorpion, hat diesem Land sicherlich zusätzliche Macht gebracht. Eine Art Wiedergeburt, die bis November 2020 andauern sollte. Angesichts des schönen Sextils von Uranus auf dem Mond des Landes können wir auf eine bereichernde Erneuerung hoffen, materiell gesehen, u.a. auf einen wachsenden Immobiliensektor. Zudem wird die Schweizer Politik im Allgemeinen auf Innovation ausgerichtet sein (Uranus im Trigon zur Himmelsmitte). Auf der anderen Seite könnte sie Ende März (24.3.) und im Frühjahr (15.4.) von Naturkatrastrophen bedroht sein, dann im Herbst (4.9.) von Überschwemmungen. Angesichts des positiven Jupiters, vor allem im März, Juli und November, kann eine neue und positive Ausrichtung des Landes im Mai (18.5.) und am Ende des Jahres (22.11.) schöne Fortschritte versprechen. Kurz: für die Schweiz bleibt die Prognose für 2020 überraschend erfreulich. Zumal die Weihnachtszeit 2020 dank des Jupiter/Venus-Aspekts von beneidenswerten Projekten und Allianzen begleitet wird.

PROGNOSEN FÜR DEN IRAN

Analyse vom Iran

Ist es ein Zufall, dass die Sonne des modernen Iran genau in Opposition zu den USA (Krebs vom 4.7.1776), Frankreich (V. Republik, 5.10.1958) und Deutschland (3.10.1990) steht? Die Islamische Republik Iran wurde am 1. April 1979, um 15 Uhr in Teheran, geboren, mit der Sonne im kriegerischen Widder und dem Aszendenten im stolzen Zeichen Löwe. Ein Horoskop in starker Dissonanz mit dem Israels, wie man vermuten könnte, aber auch mit dem der Vereinigten Staaten: Im Horoskop des Iran steht Neptun, der Konflikte regiert (Sektor VIII), in fast genauer Opposition zum Mars der Vereinigten Staaten. Es genügt ein Funke durch einen negativen Transit.

Das Horoskop des Iran mit einer schwierigen Mars/Saturn-Konstellation zeigt eine Bevölkerung, die durch viele Prüfungen leiden muss. Speziell die Frauen und seine Jugend. Außerdem spiegelt sie im Sektor VII den permanenten Widerstand der Frauen gegen das Regime wider. Neben anderen Aspekten, die das Schicksal des Landes regieren, eine dissonante Venus, Symbol für Liebe, Kunst und Vergnügen im Leben. Hinweis auf frustrierende Verbote, die diese Bevölkerung belasten (Musik und Unterhaltung u.a.).

Prognosen 2020 für den Iran

2020 könnte die despotische Macht eine Metamorphose erleben, durch eine mehr und mehr rebellische Bevölkerung. Von Anfang des Jahres bis Anfang März ist der Iran in einer schweren Krise (Ausland) und um den 20.1. kann sich dies zuspitzen. Dann, Anfang Februar (6.2.) und November (9.11., 17.11.), zeigt der Iran eine starke Entschlossenheit, sich in einen Konflikt einzumischen. Anfang April kommt Uranus wieder auf die gleiche Stelle im Tierkreis zurück wie im Sommer 2019, zudem ein aggressiver Mars im Wassermann, der einen Brand auslösen könnte. Ende April/Anfang Mai verspricht ebenfalls sehr kritisch zu werden (Sonne und Merkur ebenfalls dissonant). Sollte ein Konflikt ausbrechen - und das ist keineswegs unmöglich -, würde er auf jeden Fall bis Anfang 2021 dauern. Gleichzeitig wäre das Land geteilt und die weibliche Bevölkerung (Jupiter/Venus) sehr aktiv. Aber gleichzeitig herrscht zwischen Mitte März und Mitte September eine besonders ausgeprägte kriegerische Stimmung: Pluto Sextil Mars in VIII, Sektor der Konflikte und Krisen. Von Anfang Juli bis Anfang Oktober (27.7., 3.10.) Überraschungen und Enttäuschungen. Gegenüber dem iranischen Staatsoberhaupt zeichnet sich Ende Juni eine Wende ab, mit Auswirkungen auf Mitte November (10.11.). Anscheinend schwankt die Regierung unter dem Druck von Uranus, Veränderung ist 2021 in Sicht.

PROGNOSEN FÜR DEN ISLAMISCHEN STAAT (I.S.) UND ABU BAKR AL-BAGHDADI

Analyse vom I.S.

Laut Wikipedia ist „der islamische Staat eine islamistisch-terroristische, bewaffnete Organisation mit dschihadistisch-salafistischer Ideologie, die am 28. Juni 2014 die Errichtung eines Kalifats auf dem irakischen und syrischen Territorium unter ihrer Kontrolle proklamierte". Den gleichen Quellen zufolge geht die Gruppe auf ihre Wurzeln im Jahr 1999 zurück.

Dennoch ist es sicherlich notwendig, diese Pluto/Saturn-Dissonanz mit den barbarischen Handlungen des I.S. zu verbinden. In der Tat: mit einem sehr dissonanten Pluto und weiteren schwierigen Aspekten zeigt dieses Horoskop, dass dies die ultimative Berufung und Daseinsberechtigung des I.S. in unserer Welt ist.

Interessantes Detail, das kein Detail ist: Die Venus (Frauen, Vergnügungen, Bevölkerung im Allgemeinen) im Sektor V, der u.a. für Kinder, Kreativität, Unterhaltung usw. steht, spiegelt, neben anderen Aspekten, die unter Vormundschaft gestellte, vernachlässigte, entwertete Frau wider, innerhalb einer Organisation puritanischer Inspiration, die dem Vergnügen feindlich gesinnt ist (Musik, Tanz usw.).

Prognosen 2020 für den I.S.

Mit dem stimulierenden Einfluss von Uranus auf seinen Aszendenten wird der I.S. im Sommer 2020 versuchen, aus seiner Asche wieder aufzusteigen. Der belebende Uranus kommt dann zwischen November 2020 und März 2021 mit neuen Energien, um diese Entität zu stärken.

Die seltene und mächtige Dissonanz von Pluto/Saturn auf den des I.S. und den Islam im Allgemeinen (seit dem Frühjahr 2019), signalisiert eine tiefgehende Metamorphose, die sich auf die folgenden Jahre auswirken wird. Und 2020? Bis Mitte Juli und dann wieder im Januar 2021 wird dieses mächtige Planeten-Trio, das den Mond und den Mondknoten des islamischen Staates angreift, einen wichtigen Wendepunkt markieren. Auf jeden Fall können wir aufgrund dieser drastischen und außergewöhnlichen Einflüsse Ende 2020 sagen, dass es ein Vorher und ein Nachher gegeben haben wird.

Analyse von Abu Bakr Al-Baghdadi

Zufall? Die ersten biografischen Spuren von Baghdadi konnten während der Finsternis vom 11. August 1999 gefunden werden, exakt als Vladimir Putin an die Macht kam. Al Baghdadi, der bereits von einem islamischen Kalifat träumte, rief in Dagestan (Nachbar Tschetscheniens) einen Islamischen Staat aus. Putin, erst seit einigen Stunden der neue Staats-Chef in Russland, startete daraufhin den 2. Tschetschenien-Krieg.

Abu Bakr Al-Baghdadi ist am 28. Juli 1971, 6 Uhr morgens (ungefähre Uhrzeit) in Samara, Irak geboren. In beiden Horoskopen ist die Sonne im Krebs und im I.S.-Horoskop fällt die Konjunktion Mond/Jupiter, die Erfolg und Ruhm verspricht, genau auf die Sonne der Hegira. Es ist schwer zu glauben, dass dies ein Zufall ist. Die Opposition Mars/Uranus beschreibt einen brutalen Proselytismus im Ausland und/oder Nachbarländern. Und der dissonante Pluto ist zweifellos der Spiegel einer gnadenlosen Gewalt bei der Eroberung dieser Macht.

Erst im Juni 2014 verwirklichte Al Baghdadi seinen Traum in Form des Kalifats des Islamischen Staates, dessen Kalif er wurde. Normal für diesen „doppelten" Löwen, ein geborener Führer mit einem natürlichen Charisma. Sonne und Aszendent im Löwen (natürliche Bereitschaft zur Herrschaft) und andere Aspekte im Horoskop prädestinieren ihn für ein außergewöhnliches Schicksal.

Prognosen 2020 für Abu Bakr Al-Baghdadi

In der Vergangenheit hieß es mehrmals, dass er getötet wurde bei Bombenangriffen, aber schließlich soll er noch immer am Leben sein (sagen diverse Geheimdienste in USA, Frankreich).

Falls die ungefähre Geburtszeit stimmt, wird Uranus eine Konjunktion mit der Himmelsmitte in seinem Horoskop bilden, eine seltene Konstellation (nur alle 84 Jahre), die außerdem dissonant zur Sonne von Baghdadi steht. Dies sollte eine unerwartete und radikale Wende für ihn bedeuten. Mit einer ersten gefährlichen Welle im Sommer 2020 und einem Tsunami Ende 2020/Anfang 2021. Baghdadi wird nicht nur seine Macht verlieren, sondern auch körperlich leiden.

Die Zukunft wird uns mehr darüber sagen...

PROGNOSEN FÜR ISRAEL

Analyse von Israel

Geboren wie Indien und China unter der mächtigen Konjunktion Pluto/Saturn, die 2020 zurückkehren wird, ist Israel (14. Mai 1948, 15:20 Uhr in Tel Aviv) Stier, ein Erdzeichen. Der Aszendent in der Waage macht es zu einer politischen Einheit, die zum Dialog, zum Austausch neigt, mit einer ausgesprochen idealistischen - utopischen - Note (Neptun auf dem Aszendenten). Die vielen Planeten im Löwen machen dieses Land sowohl fortschrittlich als auch innovativ, dominierend, ja sogar imperialistisch, anfällig und stolz. Es ist wahr, dass das Doppelquadrat zwischen Sonne und Mars/Saturn die Härte, Strenge und Anstrengung, Prüfungen und Kriege widerspiegelt, ein Bild seiner schwierigen Ursprünge.

Prognosen 2020 für Israel

Mit Pluto in Spannung zum Aszendenten in der Waage im Jahr 2020 wird Israel eine echte Metamorphose seiner Ziele - und vielleicht auch seiner Regierung - erleben. Fazit: Ein Orientierungswechsel könnte ein notwendiger Schritt sein, der seiner Identität und Zukunft zugutekommt. Eine Prognose, die sich bereits um den 20. Januar herum bestätigen könnte, dann wieder Anfang Februar. Diese Transformation wird einen Höhepunkt gegen den 8. Februar, dann im Sommer um den 18. Juli markieren und Ende des Jahres abgeschlossen sein (um den 15.12.). Aber gleichzeitig wird sich Israel zwischen März und Juli und dann am Ende des Jahres einem rauen und frustrierenden Klima - vielleicht in Bezug auf sein Territorium - unterwerfen müssen. Hoffen wir jedoch, dass das positive und starke Trigon zur Sonne des Landes, Israel vor dem Schlimmsten schützt.

Widder

21.03. – 20.04.

WIDDER

1. DEKADE (21.3. - 31.3.)

JAHRES-ÜBERBLICK:
2020 verspricht, mehr oder weniger ein Übergangsjahr zu werden. Jupiter könnte in der **1. Januarhälfte** die Dinge ein wenig komplizieren. Stress? Eine professionelle Entscheidung nervt? Mit Mars, dem Planeten Ihres Zeichens, beginnen Sie das Jahr dynamisch und entschlossen. Aber Gegenwind in der **2. Februarhälfte** und in der **1. Julihälfte** wandert er durch Ihre Dekade, stärkt Ihre Power; es kann aber auch hektische Phasen mit mehr Druck bedeuten (je nach Ihrem persönlichen Horoskop). Vermeiden Sie also überstürzte Gesten und denken Sie daran, dass 2020 besser endet und der **Dezember** exzellent wird: Jupiter wandert in ein befreundetes Zeichen, verspricht Erfolg und Optimismus.

WINTER (21/12 - 21/3)

LIEBE/FREUNDSCHAFT: Das Jahr beginnt mit einem Feuerwerk der Gefühle, Ihr Charme ist unwiderstehlich. Alte (oder neue?) Leidenschaften erwachen wieder, Mars und Venus bringen Ihre Gefühle in Schwung. Ähnlich auch die **2. Februarwoche**: Sie sprühen vor Charme, beeindrucken alle. Allerdings sind Sie zu Beginn des Jahres ziemlich exzessiv (durch den dissonanten Jupiter) und tanzen auf mehreren Hochzeiten gleichzeitig (**8.1.**). Speziell **nach dem 25. März Geborene** sollten nicht zu sehr über die Stränge schlagen!

BERUF/ GELD: Nach Komplikationen **Ende Dezember** (**27. 12.**) hilft Mars, Ihr Planet, **bis zum 18. Januar** und schiebt Ihre Karriere an, steigert Ihr Selbstvertrauen. **Mitte Januar** kurbelt er Ihre Projekte an, Freunde sind hilfreich (**8. 1.**). Allerdings signalisiert Jupiter in den **ersten zwei Wochen** administrative Probleme, mehr Papierkram. Oder Sie sind im Clinch mit Vorgesetzten? Aber ab **Mitte Januar** begünstigt Merkur Geschäfte und Kontakte, man hört auf Ihre Argumente. Exzellent auch für Reisen, Studien, wichtige Termine **(bis Ende Januar)**. Etwas schwieriger dann wieder die **1. Februarhälfte**: man legt Ihnen Steine in den Weg, Sie sind mehr im Stress.

FITNESS: Mars stimuliert Sie **bis zum 18. Januar**. Genießen Sie es, im Sport werden Sie unschlagbar sein. Seien Sie andererseits in der **2. Februarhälfte** vorsichtig: Hüten Sie sich vor Stürzen, Verstauchungen, schonen Sie Ihre Gelenke, und Vorsicht beim Sport (Skipisten?), speziell wenn Sie ein Fan von Extremsportarten sind **(25.2.)**. Oft sind Sie auch anfälliger für Entzündungen und Infektionen.

FRÜHLING (21/3 - 21/6)

Gute Nachrichten: Jupiter lässt Sie in Frieden und **im April** geht es bergauf! Und Saturn ist vorübergehend in einem „positiven" Zeichen für Sie (speziell für **die Geburtstage vom Beginn, vor dem 24. März**).

LIEBE/FREUNDSCHAFT: Ein super Frühling. Sie machen das Beste draus, **gleich ab dem 21. März**. Sie stehen im Rampenlicht und **ab dem 4. April** beschert Venus, Planet der Liebe und Schönheit, aufregende Begegnungen. Oft mit positiven Konsequenzen **Ende Juni bis Anfang Juli**. Sie gewinnen neue Sympathien, senden positive Schwingungen aus. Eine Frühlingsromanze? Oder Sie machen etwas für Ihr Aussehen, Madame Widder? Gleichzeitig, besonders wenn Sie **vor dem 24. geboren sind**, festigt Saturn freundschaftliche Beziehungen oder frühere Bindungen werden wieder aktuell?

BERUF/GELD: Vom **22. März bis Mitte April** Fortschritte bei spannenden Projekten, die manchmal Geschäfte mit Herzensangelegenheiten verbinden **(7.,8.,11.,15.4.)**. Dann,

ab 12. Mai - und bis Monatsende, interessante Termine, wertvolle Kontakte. In der **ersten Maihälfte** können Sie Gewinne verbuchen. Was will man mehr?

GESUNDHEIT/FITNESS: In der **1. Aprilhälfte** sind Sie vital und dynamisch, lieber Widder. Mars spornt Sie an, ideal für sportliche Hobbys, Aktivitäten (mit Freunden) oder Ihren Kindern. Auch **Ende Mai** sind Sie gut in Schuss, günstig, um etwas für Körper und Seele zu tun. Bei (chronischen?) Beschwerden außerdem gute Chancen auf Besserung.

SOMMER (21/6 - 21/9)

Kaum Gegenwind, alle langsamen Planeten sind neutral.

LIEBE/FREUNDSCHAFT: Venus beschert **von Ende Juni bis Mitte Juli (10.7.)** und **zwischen dem 8. und 20. August** Superlaune, Sie gewinnen alle Sympathien, sehen außerdem blendend aus. Oder ein Wiedersehen berührt Sie, manchmal wird aus einer freundschaftlichen Beziehung eine tiefere Bindung. In der **2. Septemberwoche** werden alte und neue Leidenschaften wach und Ihr Charme ist unwiderstehlich. Und kreative Widder sind gut inspiriert, beschäftigen sich mit musischen Arbeiten, oder künstlerische Highlights (Konzertbesuch mit Freunden?) sind unvergesslich (**13.9.**).

BERUF/GELD: Merkur bringt Verzögerungen (Reisen, Verhandlungen, Geschäfte) **bis etwa 20. Juli**, und Mars verleitet zu überstürzten Aktionen. Eine turbulente Phase. **Ab dem 20. Juli** wird es besser, mit der Sonne im Löwen haben Sie die Lage wieder gut unter Kontrolle, sind kreativer. Und Merkur wirkt in der **1. Augusthälfte** günstig für Verhandlungen, Kontakte und Reisen, Sie könnten gute Geschäfte machen. Auch die **2. Septemberwoche (10./11.9.)** könnte günstig sein für Besprechungen, wenn Sie im «teamwork» arbeiten.

GESUNDHEIT/FITNESS: Mit Mars in Ihrer Dekade in **der 1. Julihälfte** sind Sie energiegeladen, aber manchmal können Sie übers Ziel hinausschießen; Sie sollten Ihre Kräfte nicht überschätzen! Disziplinen wie Yoga, Meditation usw. könnten sehr positiv sein. Nach dem **20. Juli** sind Sie vital und fit, weniger übermütig. In der **letzten Juni- und 1. Juliwoche** fühlen Sie sich rundum wohl, sind psychisch ausgeglichen. Ähnlich auch in der **1. Septemberhälfte**: Sie fühlen sich schwerelos, manchmal durch Freude, durch Kinder oder Kunstgenuss.

HERBST (21/9 - 21/12)

Sie gehören zu den Glückskindern: Abgesehen von den schnellen Planeten, die für die kleinen Variationen unseres täglichen Lebens verantwortlich sind, ist Ihr Himmel wolkenlos, die langsamen Planeten lassen Sie in Frieden, sind überwiegend neutral.

LIEBE/FREUNDSCHAFT: Nach einem relativ neutralen Ende **September und Oktober**, signalisiert Venus in der **letzten Oktober- und 1. Novemberwoche** und dann nochmals **in der letzten Woche des Jahres** Sternstunden: ein Plus in Ihren Beziehungen, reizvolle Begegnungen, eine Romanze, ein berührendes Wiedersehen. Liebesgott Amor könnte sich auch im Laufe einer Reise, geschäftlich oder anderweitig, melden. Und für **Widder vom Anfang (geboren vor dem 24. März)** könnte eine Begegnung vom Frühjahr angenehme Folgen haben, Beziehungen festigen. Ein schönes Weihnachtsgeschenk.

BERUF/GELD: Das Jahr wird vorwiegend positiv enden. Nur **Ende September/Anfang Oktober** sollten Sie mehr auf andere hören, am gleichen Strang ziehen, Ihr Ego zurückstellen. Die beste Phase wird die **2. Novemberhälfte** und die **1. Dezemberwoche**: exzellent für Reisen, Prüfungen, Konferenzen, Medien usw. **Ende Dezember** werden

Sie, wie jedes Jahr, ein wenig gebremst sein, aber Ihre Basis sollte solide sein. Wenn Sie **vom Anfang des Zeichens sind (vor dem 24. März geboren),** können Sie sich über den positiven Einfluss von Saturn und Jupiter freuen, die um den **20. Dezember** in ein „freundliches" Sternzeichen, den Wassermann, wandern: für die einen wird es eine Beförderung sein, für die anderen ein größeres Projekt, das Wirklichkeit wird.

GESUNDHEIT/FITNESS: Fit und vital sind Sie in der **letzten September-** und **letzten Novemberwoche**, mit dem Eintritt der Sonne in den Schützen. Spaß und gute Laune in der **letzten Oktober- und 1. Novemberwoche**, bei einigen herrscht Flirtalarm. Sie fühlen sich psychisch besser, verbreiten positive Schwingungen. Gute Nachricht zum Schluss: **im Dezember (ab 20.12.)** wirken Jupiter und Saturn positiv, was langfristig Ihr Immunsystem stärkt (vorwiegend für die **vor dem 25. März Geborenen**). **Bis Februar 2021** gute Chancen, bei chronischen Problemen Fortschritte zu machen und die Zukunft optimistischer zu sehen.

WIDDER 2. DEKADE (31.3. - 9.4.)

JAHRES-ÜBERBLICK:
Bremsen Sie ungestüme Aktionen, halten Sie überschüssige Energien in Zaum! Besonders in der **ersten Märzhälfte**. Andernfalls ist von **Mitte Juli bis Ende Oktober** eine dissonante Konstellation wirksam (Mars/Jupiter). Auf der anderen Seite sollten Sie die Möglichkeiten **der 1. Aprilhälfte** nutzen, wo Sie alle Hürden meistern. Viel besser **Mitte April bis Mitte Juli**: Venus verwöhnt Sie mit zusätzlichen Streicheleinheiten, Ihr direkter Charme kommt gut an.

WINTER (21/12 - 21/3)

LIEBE/FREUNDSCHAFT: Nach einem wolkenlosen **Ende Dezember** und einer schönen **1. Januarwoche** stehen

Liebe und Freundschaft in der **2. Februarhälfte** auf dem Programm. Venus steigert Ihr Charisma, Sie sind euphorisch gestimmt. Aber das Duo Mars/Jupiter macht Ihr Leben komplizierter: vielleicht tanzen Sie auf zwei Hochzeiten gleichzeitig? Oder Sie sind voll auf Ihren Job konzentriert und vernachlässigen Partner und Familie? Kurz: Sie sind nicht immun gegen Angriffe, Differenzen, besonders im Familienkreis (**Anfang März**).

BERUF/GELD: Zwischen **Mitte Januar und Anfang März** signalisiert Jupiter Komplikationen, schwierige Entscheidungen, rechtliche, finanzielle oder administrative Probleme (**23.2.**). Außerdem bringt das Duo Sonne/Merkur in der **1. Januarhälfte** Hindernisse in Ihren Kommunikationen, bei Meetings, Verhandlungen und Reisen (**um den 10.1.**). Sie müssen Ihre Planung kurzfristig ändern, Verspätungen oder Absagen nerven. **Ab 15. Januar** sind Sie aber dynamisch und effizient und gewinnen an Boden (**bis Anfang Februar**). Aber **Mitte Januar** und in den **ersten zwei Märzwochen** (**3.3.**) können Komplikationen mit Vorgesetzten oder Papierkram stören. Planen Sie sorgfältig, um Stress so weit wie möglich zu vermeiden, überlegen Sie Ihre Entscheidungen (Investitionen?) gründlich, andernfalls werden Sie diese **zwischen August und Ende Oktober** bereuen! Kurz: gehen Sie lieber auf Nummer Sicher!

FITNESS/GESUNDHEIT: Von **Mitte Januar bis Mitte Februar** beneidet man Sie um Ihre Vitalität. Eine exzellente Phase, um gesünder zu leben, um Ihre guten Vorsätze zu befolgen (mehr Sport, eine Diät, Outdoor-Aktivitäten usw.). Aber vermeiden Sie Exzesse und voreilige Schritte in der **1. Märzhälfte**, überschätzen Sie Ihre Kräfte nicht! Weniger Süßigkeiten, Alkohol usw. Denn Jupiter verleitet zu Exzessen (Kalorien usw.). Oder Sie sind überlastet, nervös, weniger widerstandsfähig. Ein Ratschlag: machen Sie einen Gesundheits-Check! **Ab Mitte März** haben Sie wieder bessere Karten.

FRÜHLING (21/3 -21/6)

Für die **zwischen 3. und 8. April Geborenen** zeichnen sich größere Veränderungen ab, manchmal eine echte Metamorphose. Oder Sie fühlen sich destabilisiert, müssen schwierige Entscheidungen treffen, oft mit konkreten Auswirkungen am Ende des Jahres.

LIEBE/FREUNDSCHAFT: Ein großartiger Frühling. Venus beschert in der **2. Aprilhälfte** (unvergesslich **18.-19.4.**) heiße Flirts, leidenschaftliche Gefühle und **zwischen dem 2. und 11. Juni** erfreuliche Begegnungen, Harmonie mit Partner oder Kindern. Ideal für eine Traumreise, ein großes Fest. Beziehungen vertiefen sich, aus Freundschaft könnte mehr werden. Gleichzeitig versöhnliche Stimmung mit Eltern, Geschwistern, Nachbarn? Aber Missverständnisse und Verzögerungen bei Abmachungen (Reisepläne?) in **der 2. Junihälfte**.

BERUF/ GELD: Ab **Mitte April** stimuliert Sie Mars, Ihre Projekte haben Rückenwind. Vielleicht können Sie mit Freunden ein neues und spannendes Projekt starten? Für Meetings, Geschäftstreffen, Verhandlungen oder Reisen hilft Merkur **Mitte April** und dann wieder in der **2. Maihälfte**. Leichter Gegenwind in Ihren Kommunikationen aber **ab dem 7. Juni**: Verhandlungen sind mehr oder weniger blockiert, Termine werden verschoben. Mit viel Flexibilität und Diplomatie können Sie Hürden überwinden, sonst müssen Sie **Ende Juli** mit Konsequenzen rechnen.

GESUNDHEIT/FITNES: Mars beschert stimulierende Impulse, speziell **in der 1. Aprilhälfte**: Sie sind in Bestform, sollten die Gelegenheit nutzen, Sport (Jogging, Bodybuilding, Boxen, Kampfsport usw.) auszuüben. Bei Krankheit außerdem günstig für Besserung. Bilanz: ein super Frühling, mit Ausnahme von **Ende Juni**, wenn die Sonne bremst, denn alle anderen Planeten sind positiv und fördern Ihre Vitalität. Auch seelisch sind Sie ausgeglichen, fühlen sich wohl.

SOMMER (21/6 - 21/9)

Wie schon **im Februar** ist auch **im August und Septembe**r Jupiter der „Störenfried". Dadurch könnte eine Problematik wieder zur Sprache kommen (Familie, Wohnung?), die Sie mehr als sonst beschäftigt.

LIEBE/FREUNDSCHAFT: Venus verspicht **im Juli** reizvolle Begegnungen, Spaß mit Freunden, harmonische Beziehungen (**27.7.**). Ihr Charme bezaubert, Sie sind im Flirtmodus. Gehen Sie aus, laden Sie Freunde und Familie ein, Sie sind der strahlende Mittelpunkt. In der **2. Julihälfte** zeigen Sie sich leidenschaftlich und stürmisch, Venus und Mars bringen Ihre Hormone in Schwung. **Mitte August** ziehen Sie sich ein wenig zurück oder familiäre Verpflichtungen bremsen? **Mitte September** beschert Venus wieder Sternstunden und Sie amüsieren sich blendend. **Nach dem 6. April Geborene** sind **ab Anfang August** wieder ein wenig unter Druck, eine Entscheidung von Februar könnte wieder zur Sprache kommen.

BERUF/GELD: Sie müssen auf günstige Einflüsse **Anfang August** warten: in den **zehn ersten Tagen** haben Sie alles im Griff. **Mitte August (9. bis 17.8.)** kurbelt Merkur Ihre Geschäfte an, Sie überzeugen bei Besprechungen mit klugen Argumenten. Dennoch ist **von Mitte Juli bis Anfang August** Vorsicht geboten, wenn Sie **nach dem 6. April geboren** sind: Sie könnten leichtsinnig handeln (Dissonanz Jupiters) oder zu exzessiv (**übrigens bis Anfang Oktober**).

GESUNDHEIT/FITNESS: Die seltene Präsenz von Mars (nur alle 2,5 Jahre etwa) in Ihrer Dekade **von Mitte Juli bis Anfang August** bringt mehr Power, ermutigt zu sportlichen Bestleistungen, einschließlich Extremsport. Aber Vorsicht, speziell **Ende Juni** und **Ende Juli** verleitet Merkur zu übermütigen Aktionen (u.a. im Umgang mit Feuer, Messern usw.). Umgekehrt wird Merkur **Mitte August** helfen, das richtige Maß zu finden. Dazu kommt in der **letzten Juniwoche und der 1. Julihälfte** eine seelische Ausgeglichenheit, Sie sehen vieles optimistischer.

HERBST (21/9 - 21/12)

Der rückläufige Mars sollte **ab Mitte Oktober** überwiegend positiv wirken. Speziell **Ende Oktober/Anfang November und Ende November**.

LIEBE/FREUNDSCHAFT: Nach einigen Komplikationen im Sommer geht es wieder bergauf. Reizvolle Kontakte in der **1. Novemberhälfte**, aber auch hitzige Diskussionen (Budgetfragen?), wenn Sie zu viel vom anderen erwarten. Interessante Gespräche oder versöhnliche Töne dann **in der 1. Dezemberhälfte** und eine Traumwoche **am Ende des Jahres**. Sie feiern ausgelassen, Ihr Charisma wirkt und man liegt Ihnen zu Füßen. Oder interessante Diskussionen, Hobbys (mit Kindern und Freunden?). Sie haben mehr Zeit für Ihre(n) Liebste(n). Daraufhin: ein schönes Fest!

BERUF/GELD: Von **Mitte Oktober bis Mitte November** schiebt Mars Ihre Karriere an. Allerdings kann dies auch zweischneidig sein, wenn Sie zu forsch oder brüsk sind, Ihre zusätzlichen Energien nicht gut kontrollieren. Auf jeden Fall wird der Energieplanet par excellence in dieser Phase ein echtes Plus für Ihre Unternehmen (vor allem im Ausland), für Ihre Reisen oder auch für Prüfungen, Vorträge usw. Legen Sie aber **in den letzten Dezembertagen (ab 20.12.)** den Schongang ein, machen Sie eine Pause!

GESUNDHEIT/VITALITÄT: Ähnlich wie **zwischen Mitte Juli und Anfang August** signalisiert Mars mehr Kraft, mehr Begeisterung **vom 25. Oktober bis Mitte Dezember**. Je nach Ihrem Horoskop entweder eine außergewöhnliche Vitalität oder Beschwerden (Migräne, Gelenke oder Sehnen überbeansprucht?). Überaus vital sollten Sie aber in der **1.**

Dezemberhälfte sein und euphorisch gestimmt in der **1. Novemberhälfte**. Genießen Sie es!

WIDDER 3. DEKADE (10.4. - 20.4.)

JAHRES-ÜBERBLICK:

2020 steht im Zeichen einer großen Metamorphose, wenn Sie **zwischen dem 11. und 16. April** geboren sind. Der Grund dafür ist das starke und außergewöhnliche Planetentrio Pluto/Saturn/Jupiter, das Sie unter Druck setzen könnte. Zusätzlich zur Pluto-Dissonanz kommt im ersten Quartal auch Saturn dazu (**für die gesamte Dekade**) und Sie sehen das Leben aus einer ernsteren Perspektive. Man wird sich bewusster, wie die Zeit vergeht (Saturn = Chronos), noch offene Fragen warten auf eine Lösung, Sie werden sich Ihrer wahren Ziele im Leben bewusst. Diese Phase dauert **vom Sommer bis Mitte Dezember**.

WINTER (21/12 - 21/3)

LIEBE/FREUNDSCHAFT: Einige Widder (speziell die **um den 13./14. April Geborenen**) könnten tiefgehende Veränderungen auf dem Gefühlssektor erleben (**20./21.1., Februar und Ende Februar**). Andererseits hat die **ganze Dekade Anfang Januar** Venus auf ihrer Seite, zeigt sich charmant und verliebt. Auch vom **10. bis 20. Februar** ergreifen Sie die Initiative. Unvergesslich werden nach **Anfang Januar** auch die **letzte Februar- und 1. Märzwoche**: Sie gewinnen neue Freunde (u.a. durch gemeinsame Aktivitäten und Hobbys), machen reizvolle Begegnungen. Vermeiden Sie aber in **der 2. Märzhälfte** Missverständnisse und Konfrontationen, akzeptieren Sie **Anfang Februar** einen Waffenstillstand!

BERUF/GELD: Ihr Status quo und Ihre Ziele könnten neu definiert werden, speziell wenn Sie **vor dem 17. geboren** wurden. Wie diese Veränderung aussehen wird, hängt von Ihrem persönlichen Horoskop ab, aber sicher ist, dass Sie

bis Mitte Mai eine neue Richtung einschlagen, ein neues Kapitel beginnen. Für die einen kann es Ruhestand sein, für die anderen eine entscheidende berufliche oder persönliche Entscheidung, die ihr Leben verändern wird. **Ab Mitte Januar** könnten Ihre Kontakte, Verhandlungen, Reisen durch einen dissonanten Merkur (**um den 10.1.**) gestört und verspätet werden und Sie müssen kurzfristig improvisieren. Gute Nachrichten **für alle**: Mars schiebt Ihre Karriere und Projekte an (**in der 1. Februarhälfte**), Sie sind unternehmungslustig und handeln entschlossen (**2.2.**). Andererseits müssen Sie sich **Ende März** sehr anstrengen, um Hürden zu meistern. Vermeiden Sie Konfrontationen mit Behörden, Ihrem Boss, überlegen Sie juristische Schritte gründlich! Ansonsten blühen Konsequenzen am Ende des Jahres.

GESUNDHEIT/FITNESS: In der **1. Februarhälfte** sind Sie in Bestform. Oft durch neue Sportarten oder Hobbys mit Freunden. Schwieriger wird die **2. Märzhälfte**: Sie handeln überstürzt, sind anfälliger für Zerrungen, manchmal Verletzungen (scharfe Gegenstände?). Vorsicht beim Sport (auf den Pisten), auf den Straßen usw. (**23.3.**). Typisch für Widder: Migräne, Ohrenschmerzen, Zahnprobleme oder ähnliches. Mein Rat: um Ihre Abwehrkräfte zu unterstützen und Ihr Immunsystem zu stärken, vergessen Sie nicht Vitamine, Mineralstoffe, gesunde Kost! Da die Nieren häufig ein Schwachpunkt des Widders sind, vergessen Sie nicht zu trinken, aber bremsen Sie beim Genuss von Alkohol!

FRÜHLING (21/3 - 21/6)

Wenn Sie **zwischen dem 13. und 18. April** geboren wurden, zwingt Sie Pluto, unterstützt von Jupiter, die Grundlagen Ihres Lebens zu überdenken. Berufliche Entscheidungen, Restriktionen, Differenzen oder die gesundheitlichen Probleme in diesem Frühjahr können **Ende des Jahres** Folgen haben oder zu einem Abschluss kommen.

LIEBE/FREUNDSCHAFT: Liebe oder Freundschaften sind derzeit auf einer Warteliste. Außer vielleicht **Mitte Mai**, exzellent für reizvolle Begegnungen, Treffen mit Freunden oder Familie. Nehmen Sie Einladungen an oder organisieren Sie selbst ein Fest! Schwieriger sind emotionale Entscheidungen im **April (15., 17.4.)**. Besonders **zwischen dem 13. und 18. April Geborene** haben Jupiter und Pluto gegen sich, machen eine tiefgehende Wandlung durch. Selbst berufliche Umwälzungen oder eine neue finanzielle Situation wirken sich auch auf Ihr Gefühlsleben aus.

BERUF/GELD: Herzlichen Glückwunsch zum Geburtstag, lieber WIDDER! Verhandlungen und Reisen entwickeln sich günstig **ab dem 10. April**. Sie arbeiten schnell und effizient, exzellent für wichtige Termine. Wenn Sie **zwischen dem 13. und 18. April geboren** sind, legt Ihnen das Duo Jupiter/Pluto Steine in den Weg, zwingt Sie häufig, Ihre Pläne zu ändern (**26./27. 3., 14./15. April**). Schwierige Entscheidungen oder juristische und administrative Probleme bremsen; vermeiden Sie Konflikte mit Vorgesetzten, Ämtern oder Behörden! **Gute Nachrichten**: In der **1. Maihälfte** ein Plus auf Ihrem Konto, in der **2. Maihälfte** erfolgreiche Verhandlungen, trotz Jupiter/Pluto. Denn Mars stimuliert Sie ebenfalls in der **1. Maihälfte (12. 5.)**, und Sie meistern eventuelle Hürden besser. Auch **vom 10. bis 20. Juni** haben Sie gute Karten für Kontakte, Reisen und geschäftliche Verhandlungen.

GESUNDEHIT/FITNESS: In der **1. Maihälfte** sind Sie in Bestform, können Berge versetzen. Exzellent für Abenteuerreisen, sportliche Hobbys (mit Freunden). Mit Mars, Ihrem „Herrscherplanet", steigert auch die Sonne Ihre Power. Angesichts der Dissonanz von Pluto/Jupiter, die für Widder, die **zwischen dem 13. und 18. April geboren** wurden, spürbar ist, sollten Sie sich gesundheitlich schonen, vielleicht einen vorbeugenden Check-Up machen!

SOMMER (21/6 - 21/9)

Es wird kaum ein ruhig dahinfließender Sommer werden. Schuld daran ist das Trio Pluto/Saturn/Jupiter. Je nach Ihrem persönlichen Horoskop kommt es zu großen Umwälzungen in verschiedenen Lebensbereichen.

LIEBE/FREUNDSCHAFT: Von **Mitte August bis Mitte September** schmollt Venus, Sie müssen familiäre Fragen und Komplikationen klären. Beziehungen können in einer Krise sein, Altlasten müssen abgebaut werden. Oft können Umwälzungen im Beruf oder ein Umzug zu neuen Situationen führen. Diese kosmische Krise bessert sich **ab Mitte September**. Venus beschert Herzklopfen, Sie fühlen sich wieder besser, erleben Momente voller Leidenschaft, Ihr direkter Widdercharme wirkt Wunder.

BERUF/GELD: Für einige Widder könnten Komplikationen vom **Beginn des Jahres** (Aussicht auf Pensionierung oder neuer Job usw.) **Mitte Juli** mehr Klarheit bringen. Wenn Sie **nach dem 16. geboren** sind, könnte es mit Restriktionen verbunden sein, die im **Herbst oder Anfang 2021** spürbar sind. Zwischen **Mitte August und Ende September** könnte es hart auf hart gehen. Wenn Sie **vor dem 15. April geboren** sind, sind u.a. Probleme mit der Hierarchie, Behörden, der Bank usw. möglich (**im Juli**). Gehen Sie Schritt für Schritt vor, vermeiden Sie Konfrontationen! Der positive Neumond **am 19. August** könnte eine Erleichterung bringen (bis zum nächsten Neumond). Die beste Zeit für Besprechungen, eine Reise oder Auslandskontakte liegt **zwischen dem 10. und 24. August**.

GESUNDHEIT/FITNESS: Mars in Ihrer Dekade bringt wohl mehr Energie, aber oft sind Sie zu impulsiv. Seine Wirkung kann das Schlimmste und das Beste sein, je nach der Qualität der Sonne bei Ihrer Geburt. Im Positiven kann es Ihre Kräfte steigern, bei Dissonanzen aber auch zu voreiligen

Aktionen verleiten, zu leichtsinnigen Gesten (z.B. im Verkehr, Hantieren mit Feuer usw.), dadurch der Funken im Pulverfass werden. Mein Rat: bremsen Sie Ihre übermütigen Tendenzen in diesem Sommer, speziell wenn Ihre Dekade gleichzeitig von Pluto, Saturn und Jupiter angegriffen wird! Genauer gesagt wird der Mars **zwischen Mitte August und Ende September** die Widder betreffen, die **vor dem 18. April geboren** sind. Nachlässigkeit vermeiden, ggf. einen Check-Up durchführen, das Immunsystem stärken, den Zahnarzt aufsuchen!

HERBST (21/9 - 21/12)

Die gute Nachricht: Jupiter, der in diesem Jahr einige Komplikationen brachte, wandert endlich weiter und lässt Sie für längere Zeit in Ruhe. Aber das störende Duo Saturn/Pluto wirkt weiterhin und kann Ihr Leben umkrempeln. In diesem Sinne freuen wir uns auf 2021 und die Chancen durch Jupiter.

LIEBE/FREUNDSCHAFT: Für so manche **Widder der 3. Dekade** kam es seit Jahresbeginn zu Umwälzungen, die oft auch Ihr Gefühlsleben betroffen haben. Pluto kann oft Eifersucht in Beziehungen symbolisieren, Probleme durch Veränderungen finanzieller Bedingungen oder ähnliche neue Situationen, gemeinsam mit Saturn sind Enttäuschungen oder Einschränkungen möglich. Auf jeden Fall wird **Mitte November** in dieser Hinsicht aufschlussreich sein und viele Widder werden den gordischen Knoten durchschneiden. Exzellent hingegen werden die **letzte September- und die 1. Oktoberwoche**, interessante Begegnungen auch **zwischen 13. und 22. Dezember**, ideal für eine Reise zu zweit, mit Familie oder Freunden.

BERUF/GELD: Die Stunde der Wahrheit könnte im Oktober kommen, besonders wenn Sie **vor dem 17. April geboren** wurden. Neue Partner, privat oder beruflich, denn durch das Trio Pluto/Saturn/Mars dürfte der Status quo erschüttert werden. Oft eine Entscheidung **vom Frühjahr** mit Folgen **im Dezember** (u.a. aufgrund rechtlicher oder administrativer Probleme). Aber **im Dezember** haben Sie auch gute Karten, speziell **zwischen dem 10. und 22. Dezember**: günstig für Verhandlungen, Verträge, Studium, Reisen oder Auslandskontakte.

GESUNDHEIT/FITNESS: Nach einigen möglichen Komplikationen bessert sich die Lage **im Dezember (zwischen dem 10. und 20. Dezember)**. Ihre seelische Verfassung ist in der **letzten Septemberwoche** und **Anfang Oktober** blendend. In den **ersten zwei Oktoberwochen** könnten Sie anfälliger sein (Entzündungen, Zähne, Zerrungen usw.), und besonders im Sport sollten Sie nichts riskieren! Oft könnten sich chronische Beschwerden wieder melden, was psychisch belastend sein kann (**Mitte November**). Die gute Nachricht: ab Mitte Dezember wechselt Jupiter das Zeichen und lässt Sie in Frieden das Jahr beenden.

21.04. – 21.05.

STIER

1. DEKADE (21.4. - 30.4.)

WINTER (21/12 - 21/3)

JAHRES-ÜBERBLICK:
Uranus, symbolisch für unerwartete Veränderung und Innovationen, wandert nach 84 Jahren Abwesenheit wieder durch Ihr Zeichen. Wer dieses ehrwürdige Alter erreicht hat, kann daher zum zweiten Mal diesen Übergang erleben. Bis zum Sommer wird Uranus eine größere Wende ankündigen, die im letzten Trimester Form annimmt, meist überraschend.

LIEBE/FREUNDSCHAFT: Seit dem Frühjahr 2019 haben Stiere **vom Beginn der Dekade (vor dem 26. April Geborene)** einen mehr oder weniger abrupten Wechsel erlebt. **Anfang 2020** nimmt diese wichtige Wendung in Ihrem Leben deutlicher Gestalt an. Eine Wende, ähnlich wie vor etwa 21 Jahren, oft bedingt durch einen Wunsch nach mehr Unabhängigkeit, mehr Freiheit. Vielleicht eine Trennung, oder ein ganz neues Kapitel in einer Beziehung (auch freundschaftlich?). Mit einer harmonischen Venus in der **2. Januarhälfte** und der **1. Märzhälfte** könnte es eine unvergessliche Begegnung sein, wenn sie nicht bereits im Frühjahr letzten Jahres stattgefunden hat. Es ist nicht ausgeschlossen, dass **im März** neue (und alte?) Leidenschaften wieder wach werden, oder die Liebe auf den ersten Blick schlägt ein. Auf jeden Fall werden vor **dem 25. April Geborene** diese wichtige Veränderung **bis Ende März** erleben.

BERUF/GELD: Nutzen Sie den positiven Einfluss von Jupiter **bis Mitte Januar**! Gleich in **den ersten Januartagen** bieten sich echte Chancen auf unerwartete Angebote, einen Aufstieg (z.B. durch neuen Boss) oder gute Geschäfte.

Gewinn durch Investitionen sind ein echtes Plus. Oft auch ein besseres Image. Fortschritte auch in der **2. Februarhälfte**, dank Ihrer Einsatzfreude und Ihrer entschlossenen Haltung. Dank Merkur haben Ihre Projekte Rückenwind, Ihre Argumente kommen speziell **Ende Februar/Anfang März** besser als erwartet an und zeigen konkrete Ergebnisse **Ende März**.

GESUNDHEIT/FITNESS: Bis **Mitte Januar** sind Sie in Bestform, physisch und seelisch. Ihr Optimismus wirkt ansteckend auf Ihre Umgebung, bei Krankheit außerdem gute Heilungschancen. Dann übernimmt Mars von **Mitte Februar** und bis **Anfang März** das Kommando, steigert Ihre Vitalität. Ideal u.a. für sportliche Hobbys (Ski, Gymnastik, Wandern usw.). Vermeiden Sie aber **Ende Januar** überstürzte Gesten, besonders wenn Sie **vor dem 24. April geboren** wurden: Sie sollten sich mehr schonen (Kreislauf, Gelenke)! **Ende Februar** sind Sie gut in Schuss und Venus beschert schöne Stunden (zu zweit? mit Freunden?). **Ab dem 6. März**, wohltuend für Ihre Seele, mehr Lebensfreude.

FRÜHLING (21/3 - 21/6)
Uranus wandert weiter durch Ihre Dekade, weckt einen starken Drang nach Unabhängigkeit und Freiheit. Unerwartete Veränderungen zeichnen sich ab. Derzeit sind die **nach dem 24. April Geborenen** an der Reihe, gehen ganz neue Wege, manchmal kommt es zu einem radikalen Bruch. Nur Saturn am Beginn des Wassermanns kann störend wirken, fast **das ganze Frühjahr** hindurch. Restriktionen? Oder Sie machen Ordnung in Ihrem Leben?

LIEBE/FREUNDSCHAFT: Nach dem 24. April Geborene spüren den direkten Einfluss von Uranus, der unerwartete Ereignisse (Begegnungen?) verspricht, die Ihr Leben verändern können. Von **Ende März** bis **Mitte April** könnte dies einen Funkenflug auslösen, je nach Ihrer Sonne, eine positive Wende bringen, bei Dissonanzen zu Ihrer Sonne aber auch Trennungen und Konfrontationen. Besonders **um den 23. Geborene** sind durch einen hemmenden Saturn in Verbindung mit einem aggressiven Mars im Zugzwang (**1. Aprilhälfte**). Sie werden Ihre legendäre Ruhe brauchen, um die Situation zu kontrollieren. Sie müssen Geduld haben! Vermeiden Sie voreilige und definitive Entscheidungen, kappen Sie nicht Bande der Freundschaft oder Liebe! Noch einmal: **für die gesamte Dekade** könnte die **1. Aprilhälfte** am explosivsten sein. Sie fühlen sich wie in einem Karussell, sollten sich nicht aus der Bahn werfen lassen und Ihre sprichwörtliche Ruhe nicht verlieren!

BERUF/GELD: Nach erfolgreichen Diskussionen (Ausland?) in der **letzten Märzwoche** (Projekte mit Freunden funktionieren), wird die **1. Aprilhälfte** explosiver. Aber in der **2. Maihälfte** haben Sie wieder die Nase vorn. Und den **ganzen Juni** haben Sie wieder gute Karten für Verhandlungen, Schreibarbeiten und Kontakte. Saturn im Wassermann kann für die **vor dem 23. April Geborenen** eine Verzögerung bedeuten, manchmal einen Einschnitt in Ihrer Tätigkeit. Oder Einschränkungen in Ihren beruflichen Perspektiven, manchmal Beginn des Ruhestands, mit Folgen **bis Ende des Jahres**. Generell müssen Sie die Rechnungen der Vergangenheit im wörtlichen und übertragenen Sinne bezahlen. **Nach dem 25. April Geborene** könnten durch Uranus eine Überraschung erleben, Veränderungen (z.B. neue Gesetze oder Regeln), die Ihren Job betreffen.

GESUNDHEIT/FITNESS: Gleich vorweg: bleiben Sie in der **1. Aprilhälfte** vorsichtig, wenn das Dreigespann Uranus/Saturn/Mars ungünstig wirkt! Chronische Beschwerden, Stürze und andere gesundheitliche Probleme können die Folge sein, wenn Ihr Geburtshoroskop dies bestätigt. Ihre empfindlichen Bereiche in diesem Fall: Hals, Herz-Kreislauf-System, Unterleib. Dies gilt vor allem für die **vor dem 27. April Geborenen**. Umgekehrt - und das betrifft die **gesamte Dekade** - wird Ihre Vitalität in der **2. Maihälfte**

ihren Höhepunkt erreichen. Eine Phase, die u.a. exzellent ist für Sport, für eine Diät Richtung Traumfigur, bevor sie sich im Badeanzug am Strand zeigen, Madame Stier!

SOMMER (21/6 - 2/9)

Uranus lässt Sie jetzt im Sommer in Ruhe, aber **die letzte Juniwoche** und die **ersten drei Juliwochen** versprechen Abwechslung, u.a. ideal für Reisen, Studium, geistige Interessen. Und Venus verschönt die **1. Augusthälfte**, Ihr sprichwörtlicher Charme wirkt. Fazit: Es liegt an Ihnen, diesen Sommer klug zu nutzen!

LIEBE/FREUNDSCHAFT: Ihr bester Monat wird **August**: Venus verspricht reizvolle, amüsante Begegnungen, verdoppelt Ihren Charme (**speziell 1. Augusthälfte**). Dazu kommen den **ganzen Juli** hindurch und **in der 2. Augusthälfte** interessante Kontakte, ein Treffen, ein Besuch oder Reisen machen Spaß. Obwohl Ihre Stier-Natur Sie ermutigt, sich stärker und dauerhafter zu verbinden als zu flirten - im Gegensatz zu z.B. den Zwillingen - werden Sie **im August** strahlen und neue Sympathien gewinnen.

BERUF/GELD: In der **letzten Juniwoche** und den **ersten drei Juliwochen** knüpfen Sie wertvolle Kontakte und Ihre Argumente überzeugen bei Verhandlungen (manchmal eine Folge **von Anfang Juni**). Sie ziehen die richtigen Fäden, analysieren die Lage klug. Auch Reisen stehen unter einem guten Stern, Sie entdecken neue Horizonte. Missverständnisse oder Verzögerungen aber in der **1. Augusthälfte**. Halten Sie Abmachungen so genau wie möglich ein! In der **2. Augusthälfte** klappt es besser, man lobt Ihre Analyse. Ideal für Studium, Reisen, eine offene Aussprache.

GESUNDHEIT/FITNESS: In der **letzten Juniwoche** sind Sie gut in Schuss, dann nach einem kleinen Leerlauf auch **in der 2. Augusthälfte** (u.a. exzellent auch für eine Kur, für mehr Sport und Bewegung). In der **2. Julihälfte** hingegen sollten Sie kürzertreten, Ihren Kreislauf schonen!

HERBST (21/9 - 21/12)

Wie Sie bereits wissen, kann seit einiger Zeit Uranus größere Veränderungen (positiv oder negativ je nach Ihrem persönlichen Horoskop) in Ihr Leben bringen. In diesem Herbst sind besonders die Stiere, die **nach dem 25. April geboren** sind, davon betroffen (oft hat sich diese Wende schon im vergangenen Frühjahr abgezeichnet).

LIEBE/FREUNDSCHAFT: Gab es im Frühjahr eine unerwartete Begegnung? Liebe oder Freundschaft auf den ersten Blick? Oder ein neues Kapitel in Ihren Beziehungen, die dem typischen Stier gegen den Strich ging? Ob positiv oder negativ, **Anfang Oktober** werden Sie Konsequenzen der Ereignisse vom Frühjahr spüren. Ein starkes Bedürfnis nach mehr Unabhängigkeit, nach neuen Horizonten lässt Sie eine neue Richtung einschlagen, manchmal ausgelöst durch äußere Umstände (z.B. Umzug). Aber die **1. Oktoberhälfte** (auf Reisen?) und die **letzte Novemberwoche** werden romantisch: Venus beschert intensivere Gefühle, vielleicht Liebe auf den ersten Blick.

BERUF/GELD: In der **1. Oktoberhälfte** und den **letzten zwei Wochen des Jahres** haben Sie gute Karten für eine radikale Wende. Speziell wenn Sie **nach dem 25. April geboren** sind. Obwohl Sie im Allgemeinen eher Ihre Gewohnheiten schätzen, sind Sie in diesem Herbst offen für Veränderungen. Achten Sie auf Vorschläge oder Begegnungen **Anfang und Ende Oktober**, die **Mitte November** Folgen haben. Außerdem erfolgreiche Tage für wichtige Termine, Geschäfte, Kontakte (Ausland?), Verträge und Reisen. Und das Jahr endet voller schöner Überraschungen.

GESUNDHEIT/FITNESS: Uranus kann sehr unterschiedlich

wirken: positiv kann er eine unerwartete Besserung bedeuten oder eine völlig neue und gesündere Lebensweise. Optimal in der **2. Oktoberhälfte** und **Mitte November**, sowie **Ende Dezember**. Außerdem sind Sie auch seelisch sehr ausgeglichen oder sogar euphorisch **in der 1. Oktoberhälfte**. Vermeiden Sie aber Exzesse, überwachen Sie Ihren Kreislauf! Sie werden das Jahr sicherlich in Bestform beenden, körperlich und seelisch.

STIER 2. DEKADE (1.5. - 10.5.)

WINTER (21/12 – 21/3)

JAHRES-ÜBERBLICK:
Von **Mitte Januar** bis **Anfang März** werden Sie von Jupiter verwöhnt und sollten die Früchte Ihrer Vorhaben zwischen **Anfang August und Anfang November** ernten. Ein weiterer Trumpf ist das harmonische Sextil von Neptun, Planet der Inspiration und Intuition, der speziell für die **zwischen dem 5. und 9. Mai geborenen Stiere** schöne Erfolge verspricht.

LIEBE/FREUNDSCHAFT: Eine günstige Konstellation vertieft ab **Mitte Januar** Ihre Beziehungen, Freunde zeigen sich verlässlich. In der **2. Märzhälfte** spüren Sie Frühlingsgefühle, sind leidenschaftlich und charmant, man kann Ihnen nichts abschlagen. Und Jupiter eröffnet neue Horizonte. Vielleicht machen Sie eine Traumreise? Begegnungen und Aktivitäten in dieser Periode könnten positive Folgen **von Mitte August** bis **Ende Oktober** haben (Familienfest? Verlobung?).

BERUF/GELD: Herzlichen Glückwunsch zum Geburtstag, lieber Stier! Mit Jupiter auf Ihrer Seite sind Sie auf Erfolgskurs. Ab **Mitte Januar** und **bis Anfang März** können Sie ein Plus auf Ihrem Konto verzeichnen, einigen winkt eine Beförderung, andre freuen sich über gute Nachrichten (z.B. von Behörden). Exzellent auch für Verträge, Studium, Publikationen usw. und Ihr Image. Oder Sie bestehen ein wichtiges Examen. **Februar** sollte ebenfalls nach Ihren Wünschen laufen. Außerdem sind Sie dynamisch und effizient, stecken andere mit Ihrer Begeisterung und Ihrer Einsatzfreude an.

GESUNDHEIT/FITNESS: Ihr Optimismus ist eine gesunde Basis, Sie fühlen sich rundum wohl. Der positive Jupiter könnte u.a. bei chronischen Problemen Besserung bringen, z.B. durch neue Heilmethoden. Außerdem können neue Freunde, neue Disziplinen wie Meditation usw. ein echtes Plus für Sie sein. **Anfang März** stimulierende Projekte: gemeinsame Hobbys oder sportliche Aktivitäten sind gut für Körper und Seele. Kurz: Alles im grünen Bereich.

FRÜHLING (21/3 - 21/6)

In diesem Frühling wirkt Neptun weiter positiv, was Ihre Intuitionen und künstlerischen Ambitionen fördert, aber auch andere Projekte und Freundschaften. Was Sie jetzt beginnen, bringt **Ende August bis Ende des Jahres** Erfolg. Davon sind vorwiegend die **Geburtstage vom Ende der Dekade (nach dem 7. Mai Geborene)** betroffen, die seit letztem Jahr in einer Lebensphase sind, in der sie neue Horizonte entdecken; oft ein höheres Niveau (z.B. philosophische, religiöse Themen) oder künstlerische Aktivitäten?

LIEBE/FREUNDSCHAFT: Ende März und Anfang April sind Sie mitteilsam, knüpfen interessante Kontakte (z.B. auf Reisen), erweitern Ihren Freundeskreis. Liebesdinge sind aber derzeit in Klammern, vielleicht sind Sie anderweitig zu sehr beschäftigt. Schwieriger dann in der **2. Aprilhälfte**: Sie sind nicht gerade ein Herz und eine Seele, manchmal sogar aggressiv. Oder berufliche Komplikationen belasten Ihre Beziehungen? In der **1. Maiwoche** und der **2. Junihälfte** machen Sie reizvolle Begegnungen, treffen interessante Leute. Günstig u.a. für eine Reise zu zweit oder mit Freunden, gehaltvolle Gespräche. **Nach dem 5. Mai Geborene** könnten ihren Idealen näherkommen, vielleicht durch (neue) Freunde?

BERUF/GELD: Um es ganz offen zu sagen: rechnen Sie mit Gegenwind **in der zweiten Aprilhälfte**. Es geht um professionelle Rivalitäten, Machtkämpfe oder Auseinandersetzungen mit Ihren Vorgesetzten. Auf der anderen Seite, **Ende Mai** und **die ersten zwei Wochen im Juni** konzentrieren Sie sich auf Projekte, vor allem solche die mit einer freundschaftlichen Beziehung zu tun haben, sowie Reisen. Bereits in der **1. Maihälfte** sind Sie sehr beschäftigt. **Ab dem 7. Juni** günstige Einflüsse für Treffen, Verhandlungen, Auslandskontakte.

GESUNDHEIT/FITNESS: Hüten Sie sich **in der 2. Aprilhälfte** vor Belastungen, schonen Sie Ihr Herz-Kreislauf-System, vermeiden Sie Exzesse (Alkohol!), überschätzen Sie sich nicht bei sportlichen Aktivitäten! Aber **ab Ende Mai** sind Sie in Bestform, kaum zu bremsen **bis Mitte Juni**. Während Sonne und Merkur Ihre Vitalität **in den ersten zwei Maiwochen** stärken.

SOMMER (21/6 - 21/9)

Jupiter steht Ihnen im **August und September** zur Seite (und weiter bis **Ende Oktober**) und verspricht ein finanzielles Plus, mehr Selbstvertrauen und Optimismus. Das gilt besonders für die **nach dem 5. Mai Geborenen**, die auch privat eine Sternstunde erleben könnten.

LIEBE/FREUNDSCHAFT: Mit Venus als Komplize in der **2. Augusthälfte** machen Sie reizvolle Begegnungen, freuen sich über Besuche, Flirts, ein Wiedersehen. Und ab **Anfang August bis Oktober** verspricht Jupiter ein Liebeshoch, Spaß mit Freunden und Hobbys. Oder ein Traumurlaub findet unter den besten Vorzeichen statt? Oder ein tolles

Fest (Familie? Nachwuchs?) wird unvergesslich. Lediglich in der **letzten Septemberwoche** ziehen Sie sich ein wenig aus dem Trubel zurück oder die Stimmung ist angespannt (Angehörige?).

BERUF/GELD: Ein arbeitsreicher **Juli**. Sie kommunizieren clever, knüpfen interessante Kontakte. Reisen, Termine, Verträge usw. sollten Sie in der **2. Julihälfte** organisieren und nicht **zwischen dem 16. und 21. August**, wenn Merkur schlecht gelaunt ist. Eine ausgezeichnete Zeit auch für Glücksspiele, wenn Sie ein Spieler sind. Warten Sie am besten die **1. Septemberwoche** ab, dann haben Sie mehr Power! Wenn Sie **nach dem 6. Mai geboren sind**, bringt Jupiter Gewinn und Erfolg ab **Anfang August**, mit schönen Erfolgen **in der letzten Augustwoche und Anfang September**. Oder Sie ernten gute Resultate Ihrer Vorhaben von Februar.

GESUNDHEIT/FITNESS: In den **ersten zehn Julitagen** und der **ersten Septemberhälfte** sind Sie vital und dynamisch, **in der ersten Augusthälfte** aber abgespannt. Und mit Ihrem Planeten Venus in Harmonie **in den letzten zehn Augusttagen** sollten Sie körperlich und psychisch gut in Schuss sein. Und das gilt umso mehr, wenn Sie **nach dem 6. Mai geboren** sind, denn Jupiter lässt Sie auf Wolken schweben. Außerdem gilt er oft als „Heilplanet", kann bei Krankheit eine echte Besserung bringen (z.B. durch neue Heilmethoden).

HERBST (21/9 - 21/12)

Supereinflüsse. Bis **Ende Oktober** verspricht Jupiter Erfolg und Optimismus und Neptun steigert Kreativität und Intuition **bis Jahresende** (vorwiegend für die **Geburtstage nach dem 6. Mai**). Sie kommen Ihren Idealen näher, nicht nur im Job, oft auch Erfolg mit musischen Ambitionen und Hobbys. Vielleicht hat dies schon in den ersten Monaten des Jahres begonnen und jetzt ist Erntezeit? Jupiter beschert Expansion und Lebensfreude, Entscheidungen von **Februar/März** bringen gute Resultate. Sicherlich wird **Oktober** der beste Monat im Herbst.

LIEBE/FREUNDSCHAFT: Begegnungen oder größere Vorhaben (u.a. ein Baby, Heirat, Familienfest) **im Februar/März** bringen schöne Resultate, leiten vielleicht eine neue Phase in Ihrem Leben ein? **Im Oktober** schweben Sie auf rosa Wolken, in Ihren Gefühlen herrscht Schönwetter. Oft erweitern Sie auch Ihren Freundeskreis durch neue Aktivitäten (Musik, Gesang, aber auch bildende Kunst, Malerei, Skulptur, Schmuck und Kunsthandwerk usw.) und aus Freundschaft könnten tiefere Gefühle entstehen (vor allem, wenn Sie **nach dem 6. Mai geboren** sind). Kurz: das Jahr endet mit neuen Horizonten, für einige geht ein Traum in Erfüllung.

BERUF/GELD: Auch auf diesem Gebiet sollten die Auswirkungen **von Februar/März im letzten Quartal des Jahres** positiv sein. Ein Auslandsgeschäft, Projekte, die sich vorzugsweise auf Politik, Ökologie oder Kunst beziehen, könnten exzellente Ergebnisse versprechen (besonders wenn Sie **nach dem 6. Mai** geboren sind). Für Termine, Verhandlungen und Kontakte wird die **2. Oktoberhälfte** sicherlich fruchtbar sein, ebenso die **2. Novemberhälfte** und **Anfang Dezember**. Mein Rat: denken Sie daran, dass Sie vielleicht besser Hand in Hand mit Ihren Partnern agieren, sich gut beraten lassen (z.B. bei Investitionen, die gute Resultate erzielen sollten)! Noch eine gute Nachricht: **2021** beginnt bestens.

GESUNDHEIT/FITNESS: Wenn Sie **Anfang und Ende November** kurze Durchhänger haben oder wenn chronische Probleme (Gelenke, Kreislauf usw.) akuter werden, haben Sie durch den schützenden Einfluss Jupiters und Neptuns wahrscheinlich eine gute Nase für erfolgreiche Heilverfahren, oder Sie leben disziplinierter? Auch günstig für eine Kur (Heilfasten kann ich selbst empfehlen, aber der typische Stier kann nur schwer auf gutes Essen verzichten). Optimal dafür sollte **Mitte Oktober (vom 10.10. bis 20.10.)** sein. Neue Therapien? Besser verträgliche Medikamente? Dazu bessert sich Ihr Immunsystem, Sie schweben in höheren Sphären.

STIER 3. DEKADE (11.5. - 20.5.)

WINTER (21/12 - 21/3)

JAHRES-ÜBERBLICK: Rückblickend könnten Sie später einmal **das Jahr 2020** als Schicksalsjahr ansehen, mit schönen Erfolgen. Unterstützt von dem seltenen Trio Pluto/Saturn/Jupiter werden Sie Ihrem Leben einen neuen Impuls geben. Einzigartig. Bis **Mitte Mai** legen Sie den Grundstein dafür und im **letzten Trimester** können Sie ernten, vielleicht auch schon früher.

LIEBE/FREUNDSCHAFT: Für Sie sollte 2020 ein besonderer Jahrgang werden, denn vier langsame Planeten (Jupiter, Saturn, Neptun und Pluto) wirken streckenweise gleichzeitig positiv. Vielleicht machen Sie DIE Begegnung, oder Sie treffen DIE Entscheidung, erweitern Ihren Freundeskreis oder haben Erfolg mit musischen Aktivitäten. Optimal sollte die **1. Februarhälfte** und **die letzte Märzwoche** werden. Manchmal könnte auch aus Freundschaft ein tieferes Gefühl werden. In der **2. Märzhälfte** bringt Mars Ihre Hormone in Schwung, Sie stürzen sich regelrecht ins Abenteuer. Und in bestehenden Beziehungen entfacht Pluto große Leidenschaften, Saturn eine Konsolidierung und Jupiter Freude, durchweg positive Schwingungen. Bei Paaren wieder mehr Feuer, dazu mehr Vertrauen, die Ihre Bindung beleben, sie fast unzerstörbar machen.

BERUF/GELD: Wir können Ihnen nur einen Rat geben: Springen Sie auf den Super-Zug 2020! In der Tat eine aussergewöhnliche Konstellation, ziemlich einzigartig in einer

Existenz, so dass es darum geht, sie zu nutzen! **Vor dem 15. Mai Geborene** erhalten durch Pluto mehr professionelle, finanzielle oder politische Macht. Sie klettern auf der Erfolgsleiter höher, indem Sie endlich spüren, dass Sie sich selbst erfüllen. Mit Saturn wird **die gesamte Dekade** ihre Gewinne konsolidieren. Die Anerkennung erfolgt **Ende dieses Jahres**. Und mit Glücksplanet Jupiter stehen alle Ampeln **ab Anfang März bis 10. April** auf Grün. Sie treffen die richtigen Leute, den ganzen **März** hindurch. Reisen, Termine und Verhandlungen verlaufen wunschgemäß. Freunde können oft eine Hilfe und Stütze sein.

GESUNDHEIT/FITNESS: Jetzt haben Sie alle Trumpfkarten in den Händen, um etwas für Geist und Körper zu unternehmen, Sie fühlen sich besser. Jupiter (**ab Anfang März**) kann heilen, Saturn gibt Ihnen mehr Ausdauer (um z.B. eine Diät durchzuziehen oder um mehr Sport zu treiben). Auch chronische Beschwerden bessern sich (z.B. Gelenke, Wirbelsäule, Knie, Magenerkrankungen, Zahnprobleme usw.). Dazu verdoppelt Mars **in der 2. Märzhälfte** Ihre Energien, Sie sind in Topform. Also ist alles zum Besten in der besten aller möglichen Welten.

FRÜHLING (21/3 - 21/6)

Was Sie im **ersten Quartal** begonnen haben, trägt **von Juli bis Ende des Jahres** Früchte, insbesondere wenn Sie **nach dem 13. Mai geboren** wurden. Das ist der Erfolgsplanet Jupiter und die konstruktive Arbeit von Saturn (eigene Firma, neuer Lebensabschnitt?). Außerdem (besonders wenn Sie **vor dem 13. Mai geboren** wurden) kann Neptun positiv für Freundschaften und Projekte sein, u.a. künstlerische.

LIEBE/FREUNDSCHAFT: Ende März und Anfang April verwöhnt Sie Venus, Liebe und Freundschaft werden großgeschrieben, Sie sind unwiderstehlich. Oder aus einer Freundschaft entwickeln sich zartere Bande? Und

Jupiter beschert **den ganzen Frühling hindurch** mehr Lebensfreude. Sie gehen offener auf andere zu, gewinnen viele (neue) Sympathien. Manchmal auch einen neuen Freundeskreis durch musische Hobbys und Erfolge. Oder außergewöhnliche Bekanntschaften (auf Reisen?), gemeinsame geistige Aktivitäten (**exzellent 2. und 3. Maiwoche**). Und **in der 2. Junihälfte** sind Sie leidenschaftlich und unternehmungslustig.

BERUF/GELD: Sie sollten **in den ersten zwei Maiwochen**, in denen Mars zu voreiligen Schritten verleitet, an Ihre legendäre Ruhe in kritischen Situationen denken! Aber Jupiter schützt Sie vor überstürzten Reaktionen, Sie haben Glück in heiklen Momenten. Hindernisse können durch finanzielle Hilfe und dank guter Kontakte gelöst werden. In der **zweiten Junihälfte** zeigt sich Mars dann von der positiven Seite, verleiht zusätzliche Energien und Ihre Unternehmen gelingen. Auf jeden Fall wird das mächtige Paar Pluto/Jupiter Ihren Aktionen einen tollen Schub geben und Ihre gesellschaftliche Situation verändern (speziell für **nach dem 24. Mai Geborene**). Am Ende des Jahres werden Sie erkennen, wie entscheidend 2020 für Ihre Karriere und langfristige Weichenstellung war.

GESUNDHEIT/FITNESS: Nach einem euphorischen Frühlingsbeginn **Ende März und Anfang April** wird es in der **1. Maihälfte** hektischer: Sie sollten Ihre Kräfte nicht überschätzen, sind leichtsinnig oder anfälliger als sonst (Stürze, Entzündungen, Unterleib?). **Im Juni** finden Sie wieder Ihre Bestform, exzellent für Sport und Bewegung. Auch Chancen auf Heilung bei chronischen Problemen sind besser denn je. Was Sie beginnen (Kur, andere Ernährung, Abo in einem Fitnesscenter usw.), bringt in den **letzten Wochen des Jahres** gute Resultate. Eine echte Renaissance speziell für die **zwischen dem 13. und 18. Mai Geborenen**.

SOMMER (21/6 - 2/9)

Nicht weniger als vier langsame Planeten (von fünf im Sonnensystem) stehen Ihnen in diesem Sommer zur Seite und für viele bedeutet dies eine Art Neugeburt. Gleichzeitig mehr Sicherheit, oft ein neues Bewusstsein. Positive Umwälzungen vom Jahresbeginn eröffnen ganz neue Möglichkeiten. Machtkämpfe gehen zu Ihren Gunsten aus, speziell wenn Sie **zwischen dem 11. und 15. Mai geboren** sind. Wenn Sie **vor dem 13. geboren** sind, genießen Sie den positiven Neptun, erweitern Ihren Horizont (Religion, Kunst?). Schließlich wird der „Große Wohltäter" Jupiter echte Chancen bescheren, speziell wenn Sie v**or dem 16. Mai geboren** sind. **Bis Anfang August** sind alle Ampeln auf Grün, meist mit guten Ergebnissen **im November/Dezember** (Gewinn, ein politischer Erfolg oder private Highlights?).

LIEBE/FREUNDSCHAFT: Venus lässt Sie strahlen, bringt unvergessliche Momente, harmonische Beziehungen **Ende August und in der 1. Septemberhälfte**. Gleichzeitig festigt Saturn Ihre Beziehungen, besonders wenn Sie **nach dem 15. geboren** sind (heiße Liebesschwüre, verlässliche Freunde?). Und **im Juli (vom 10. bis 23.7.)** nimmt Sie Jupiter unter seine Fittiche, signalisiert glückliche Begegnungen. Oder Entscheidungen **vom April** werden wieder aktuell, mit endgültigen Ergebnissen **im November** (schicksalhafte Begegnung, Riesenfest, Nachwuchs?). Alle Hoffnungen sind erlaubt. Ebenso könnten Sie sich **zwischen dem 12. und 23. September** entscheiden, eine Bindung zu legalisieren.

BERUF/GELD: Merkur begünstigt **Ende Juli und in der 1. Augustwoche** Reisen und Kontakte: exzellent u.a. für Verhandlungen, einen Vertrag, sowie Studium. Wie auch **in der 1. Septemberwoche**. Auf der anderen Seite kommt es **in der 2. Augusthälfte** zu Verspätungen, Absagen, Ihre Kommunikationen sind schwieriger (oder Komplikationen auf Reisen?). Und kreative Stiere sind bis **Ende August** gut inspiriert, verdanken Neptun eine erstaunliche Intuition, fast einen 6. Sinn, speziell **wenn Sie vor dem 14. geboren** sind. Bilanz: ein super Sommer insgesamt mit langfristigen positiven Folgen. Sie sind konstruktiv und machen Nägel mit Köpfen (z.B. Hausbau).

GESUNDHEIT/FITNESS: Abgesehen von einem kurzen Leerlauf **zwischen dem 10. und 21. August** ein Traumsommer. Saturn und Pluto stärken Ihr Immunsystem, bei eventuellen chronischen Beschwerden haben Sie exzellente Karten, um eine Besserung zu erzielen (z.B. mit einer Fastenkur oder regelmäßigem Sport usw.). Oft tragen neue Lebensumstände dazu bei, dass Sie mehr Zeit für sich haben, gleichzeitig auch seelisch ausgeglichener sind. **Juli** sollte ein Traummonat werden, für die **vor dem 15. Geborenen** eine Art Renaissance. (Freude durch Kinder oder Enkel, Liebeshoch?) Kurz: **der Sommer 2020** könnte ein positiver Wendepunkt in Ihrem Leben werden.

HERBST (21/9 - 21/12)

Dieses **letzte Quartal** sollte der Höhepunkt eines außergewöhnlichen Jahres werden, mit klaren Fortschritten. Die Chancen stehen gut, dass einige Ihrer Wünsche in Erfüllung gehen: für die einen auf dem Gefühlssektor, für die anderen im Job oder ihren persönlichen Aktivitäten. Oft verbunden mit einem gesellschaftlichen Aufstieg, zumindest einer tiefgehenden Metamorphose, die mit mehr Macht verbunden ist. Manchmal auch eine spektakuläre Genesung, zumindest eine erstaunliche Besserung bei Krankheiten.

LIEBE/FREUNDSCHAFT: Wenn es Amor ist, der Sie 2020 auf seiner Zielscheibe hat, mein lieber Stier, wird die **2. Oktoberhälfte und Anfang November** turbulent werden und Sie schweben auf Wolken. Haben Sie im Frühling unter der Ägide von Jupiter eine Beziehung begonnen oder vertieft? Dann könnten **Ende Oktober und bis Jahresende** (besonders **zwischen dem 8.12. und 16.12.**) die Glocken läuten. (Standesamt, Notar oder ein Baby, ein(e) Enkel(in)?). Zusätzlich vertieft Saturn Ihre Bindungen, neue Beziehungen zeigen sich solide. Und das Jahr endet mit einem Feuerwerk.

BERUF/GELD: Die Konstellation war seit Anfang des Jahres ziemlich einmalig im Leben. Pluto steht u.a. für mehr Macht, Saturn für Dauer und Anerkennung, Jupiter für Glück und Entfaltung. Sie kommen Ihren Zielen näher, verändern oft ihre Denkweise. Oder Chancen von **März** bringen gute Ergebnisse. Investitionen, Partnerschaften (für Gründung einer eigenen Firma?) haben **Mitte und Ende November und dann in der zweiten Dezemberhälfte** die besten Chancen, Sie können die Früchte der ersten Monate des Jahres ernten.

GESUNDHEIT/FITNESS: Bei den günstigen Einflüssen in diesem Jahr wäre es überraschend, wenn Ihre körperliche Fitness nicht optimal wäre. Zumal Jupiter und Pluto die beiden Heilplaneten sind, die bei Krankheiten oder Schwächen Hoffnung machen. So sind Sie **Ende Oktober** und **bis Mitte Dezember** in Höchstform. Lediglich **Mitte November** ein kleiner Leerlauf, mit vorübergehendem Rückgang der Vitalität, der aber, dank Ihrer guten Konstitution, schnell überwunden ist. Oft sind Reisen, neue Aktivitäten der Auslöser für Glückshormone. Aber auch ein kleiner Schatten: Jupiter bringt vorwiegend Glück, fördert aber auch Tendenzen zum Feiern, zu Exzessen bei Genüssen, was sich in zusätzlichen Pfunden niederschlagen könnte.

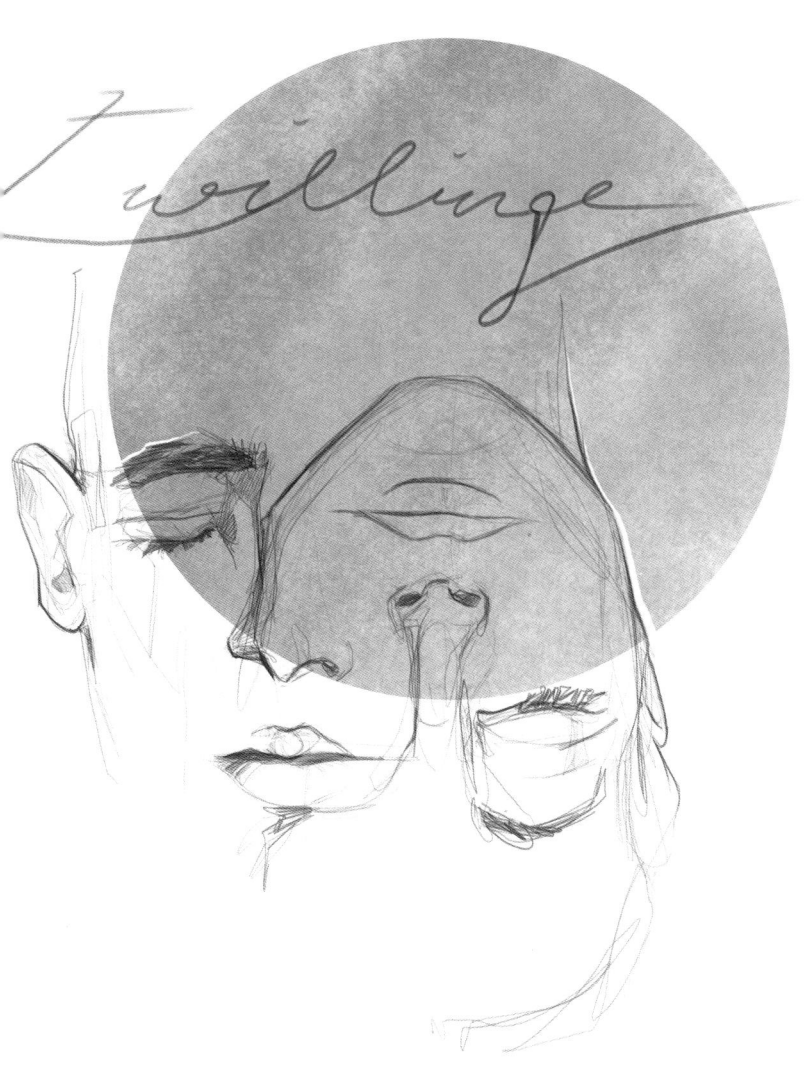

Zwillinge

21.05. – 21.06.

ZWILLINGE

1. DEKADE (21.5. - 1.6.)

WINTER (21/12 - 21/3)

JAHRES-ÜBERBLICK:
2020 sollte Ihr Status Quo nicht erschüttert werden, lieber Zwilling. In der Tat, abgesehen vom positiven Einfluss Saturns **zwischen Ende März und Anfang Juli** für die **vor dem 25. Geborenen**, sind in diesem neuen Jahr keine signifikanten kosmischen, langsamen Planeten in Sicht. Saturn bringt mehr Ordnung, mehr Sicherheit in Ihr Leben, Sie sehen die Dinge mit mehr Abstand. Aber davon abgesehen haben Sie **in der 2. Jahreshälfte** Mars auf Ihrer Seite, der mehr Energie und mehr Stehvermögen verspricht. Und Merkur, Venus und Sonne sind in bestimmten Phasen exzellent.

LIEBE/FREUNDSCHAFT: Wahrscheinlich werden Sie das Ende 2019 genießen, mit Venus auf Ihrer Seite, romantischen Eskapaden, Harmonie bei Paaren und mit Freunden, oft auf Reisen. Aber auch mit neuen Horizonten oder einem guten Buch, einem tollen Konzert, was Sie auf ihre eigene Weise reisen lässt. Der **21. Dezember** ist sicherlich ein exquisiter Tag. Ähnlich auch **zwischen dem 8. und 17. Februar**, wenn der Liebesplanet für reizvolle Begegnungen sorgt, Ihnen alle Sympathien zusichert. Liebe und Freundschaft werden großgeschrieben. Weniger aufregend wird die **3. Januarwoche**: Sie ziehen sich ein wenig zurück oder Sie sind ansonsten zu sehr beschäftigt. Besonders der **21.1.** könnte so ein Tag „ohne" werden, vor allem, wenn Sie **Ende Mai geboren** sind.

BERUF/GELD: Das Jahr beginnt auf der Überholspur, **in den ersten drei Wochen** sind Sie kaum zu bremsen. Noch weniger als sonst. Mars kann Sie stimulieren, aber auch überempfindlich oder aggressiv machen, Ihren Widerspruchsgeist fördern. Versuchen Sie, möglichst locker und cool zu bleiben, besonders um den **10.1.** (speziell, wenn Sie **um den 25. Mai herum geboren** wurden). **Ab 16.1. (und bis Ende Januar)** verspricht Merkur erfolgreiche Reisen, fruchtbare Verhandlungen, gute Nachrichten in Ihrer Korrespondenz. **Ab 20.1.** sind Sie außerdem effizient, günstig für Kontakte (Ausland?), Schreibarbeiten usw. Komplizierter dann die **1. Februarhälfte**: Merkur verzögert Termine, Ihre Haltung kann falsch interpretiert werden, mit Wirkung auf die **letzte Februar-** und **1. Märzwoche**.

GESUNDHEIT/FITNESS: Wenn Mars **bis 18. Januar** im gegenüberliegenden Zeichen Schütze in Opposition steht, sollten Sie besser den Fuß vom Gas nehmen! Vermeiden Sie Geschwindigkeitsüberschreitungen, auch wenn Sie es immer eilig haben! Vermeiden Sie jede Eile - besonders **um den 10.1.**, um Stürze oder ungestüme Reaktionen zu vermeiden! Hände, Arme, Schultern könnten Schwachstellen sein! Auch **Ende Februar** werden Sie weniger fit sein, gut in Schuss aber **Ende Januar oder Ende März**.

FRÜHLING (21/3 - 21/6)

Herzlichen Glückwunsch zum Geburtstag, lieber Zwilling! April sollte exzellent werden, mit Herzklopfen und neuen Energien, dazu bringt Saturn mehr Stabilität (zumindest **für die Geburtstage vom Beginn, vor dem 24. Geborene**).

LIEBE/FREUNDSCHAFT: Der **April** beginnt unter den besten Vorzeichen: Venus und Mars bringen Ihre Hormone in Schwung. In der **1. Aprilhälfte** sind Sie unwiderstehlich, leidenschaftlich und einfallsreich. Aufregende Begegnungen, Sternstunden zu zweit und im Freundeskreis. Oft mit positiven Folgen von **Mitte Juni bis Mitte Juli.** Wenn Sie **vor dem 24. geboren** sind, könnten Beziehungen tiefer und fester werden, neue Freunde zeigen sich sehr verlässlich, in einigen Fällen könnten große Entscheidungen (Baby?) Ende **2020/Anfang 2021** gute Ergebnisse bringen. Sie gehören in diesem Frühjahr zu den Favoriten, Reisen und Kontakte eröffnen neue Horizonte (z.B. **in der 2. Maihälfte**). Und niemand wird Ihrem Charme und Ihrem Humor widerstehen können.

BERUF/GELD: In der ersten Aprilhälfte sind Sie unternehmungslustig, kaum zu bremsen. Ihre Projekte kommen gut voran, **Mitte April (10. bis 18.4.)** sind Ihre Argumente aus Beton. Erledigen Sie wichtige Termine, Schreibarbeiten (Ansuchen usw.!), unternehmen Sie geschäftliche Reisen etc.! Denn **in der 2. Maihälfte** gibt es Gegenwind, Sie brauchen Ihre sprichwörtliche Diplomatie, um Verspätungen einzuholen. Es hängt von Ihrem persönlichen Horoskop ab... Dasselbe gilt für **Ende Mai** - trotz einiger Turbulenzen haben Sie **nach dem 27. Mai** wieder alles im Griff.

GESUNDHEIT/FITNESS: Mars gibt Ihnen **im April** neue Kräfte, Sie erinnern sich an Ihre guten Vorsätze, schreiben sich in einem Fitnesscenter ein, wandern mit Freunden. Bei Beschwerden gibt es schnelle Besserung. Zusätzlich sind Sie auch fröhlicher gestimmt, sehen gut aus und diese innere Harmonie wirkt sich positiv auf Ihren Organismus aus. Speziell **vor dem 24. Mai Geborene** können chronische Probleme (Gelenke, Schulter, Arme und Hände sind typische Zwillingsschwachstellen) besser in den Griff bekommen, mit guten Resultaten Ende des Jahres Aber „kosmischer Gegenwind" **in der 2. Maihälfte** durch den schlechtgelaunten Mars. Yoga usw. wäre ideal, um Ihre Nervosität zu beruhigen.

SOMMER (21/6 - 21/9)

Wahrscheinlich bleibt es beim Status Quo. Nur Venus verwöhnt Sie in der **letzten Juni- und 1. Juliwoche**, Sie fühlen sich wohl, verbreiten Superlaune. Und Mars verspricht neue Energien und ein gutes Stehvermögen in der **1. Juli-hälfte**.

LIEBE/FREUNDSCHAFT: Der Sommer beginnt traumhaft: Venus signalisiert unvergessliche Stunden in der **letzten Juni- und 1. Juliwoche**. Sie strahlen regelrecht, sehen blendend aus. Dazu der positive Mars **in der 1. Julihälfte**, der Ihren Charme verdoppelt. **Bis zum 12. Juli** sprühen Sie vor Charme, erleben Stunden knisternder Erotik, andere fühlen sich wohl im engsten Kreis, Sie strahlen positive Schwingungen aus. Auch **die 1. Septemberhälfte** sollte ganz im Zeichen der Liebe stehen (zärtliche Begegnungen, heiße Flirts, Harmonie mit Kindern?).

BERUF/GELD: Ab **Mitte Juli** haben Sie alles unter Kontrolle, treffen die richtigen Leute (**bis Mitte August** und in der **2. Septemberwoche**). Exzellent für Verhandlungen, Kontakte, Reisen, Weiterbildung. Außerdem sind Sie **im Juli** dynamisch und effizient (**bis 15.7.**), stimulieren damit Ihre Umgebung, haben Rückenwind. Kleine Komplikationen dann **in der 2. Augusthälfte**: Verzögerungen bei Projekten (Reise?), Missverständnisse.

GESUNDHEIT/FITNESS: In den ersten zwei Juliwochen sind Sie in Bestform, energiegeladen und unternehmungslustig. Ideal für sportliche Aktivitäten, einen Abenteuerurlaub. Mars wirkt stimulierend, auch in der l**etzten Juliwoche**, Sie sind fit und ausgeglichen. In der **2. Augusthälfte** sollten Sie Ihre Batterien wieder aufladen. Und in der **1. Septemberhälfte** blühen Sie richtig auf, fühlen sich ausgeglichen und euphorisch. Ideal, um etwas für Körper und Geist zu unternehmen (Yoga-Kurs, Tai-Chi, Tennis-Club, Golf usw.).

HERBST (21/9 - 21/12)

Der positive Einfluss von Venus **Ende Oktober/Anfang November**, symbolisch für freundschaftliche Kontakte,

Harmonie bei Paaren und familiär oder auch Kunstgenuss sowie interessante Begegnungen und Verhandlungen in der **1. Dezemberwoche** sind so ziemlich die einzigen Einflüsse. Noch eine gute Nachricht: **Am 20. Dezember** tritt Jupiter ins Zeichen Wassermann und wirkt günstig **bis Frühling 2021**.

LIEBE/FREUNDSCHAFT: Nach einer ziemlich neutralen Periode **bis Ende Oktober** beschert Venus in der **letzten Oktober- und 1. Novemberwoche** Spaß und Superlaune. Ihr Charme zeigt Wirkung, Sie verstehen sich blendend mit Ihrem Partner, Kindern oder Freunden. Für Singles herrscht Flirt-Alarm. Gemeinsame Hobbys erweitern nicht nur Ihren Horizont, sondern auch Ihren Freundeskreis. Oft auch gute Kontakte zum Nachwuchs. Ähnlich auch **ab 23. Dezember** mit einem Feuerwerk der Gefühle in der **letzten Woche des Jahres**. Günstig für eine Aussprache, ein Treffen, einen Besuch, eine Reise wird die **1. Dezemberwoche**. Und für die **Geburtstage vor dem 24. Mai** endet das Jahr mit einer Glücksphase: neue Freunde? Oder aus Freundschaft entwickeln sich zarte Bande? Manchmal auch Heirat, ein Baby, ein großes Familientreffen.

BERUF/GELD: Kosmische Ruhepause in diesen letzten Wochen des Jahres? **Ende September** sind Sie effizient und aktiv, können die Lage gut kontrollieren. Ähnlich auch **die letzte November- und 1. Dezemberwoche**, wenn Sie mit Ihrem Partner am gleichen Strang ziehen. Suchen Sie auch bei Diskussionen mit Ihrer Hierarchie oder mit Kollegen eher den Konsens. **Ab 23. Dezember** sind Venus und Jupiter gut gelaunt, vielleicht winkt **zum Jahresende** eine positive Überraschung, ein tolles Angebot, mehr Geld? Oder ein neues Einkommen durch künstlerische Arbeiten? Viel Glück!

GESUNDHEIT/FITNESS: Wenn **Ende September/Anfang Oktober** gesundheitliche Probleme auftauchen, sollten Sie sich gleich darum kümmern (ansonsten eine zweite Phase

Mitte November)! Gut in Schuss sollten Sie **in der letzten Septemberwoche** sein (Sonne Anfang Waage): ein guter Zeitpunkt, um sich mehr um sich selbst zu kümmern. **Ende November/Anfang Dezember**, mit Sonne und Merkur im Schützen, können Sie Erfolge im „teamwork" verbuchen. In der **letzten Oktober- und 1. Novemberwoche** fühlen Sie sich wohl, erleben Momente voller Harmonie mit Ihrem(n) Liebsten. Auf rosa Wolken fliegen Sie in den letzten Tagen des Jahres, voller Selbstvertrauen und Optimismus. Ein guter Grund, Champagner rechtzeitig kalt zu stellen.

ZWILLINGE 2. DEKADE (1.6. - 11. 6.)

WINTER (21/12 - 21/3)

JAHRES-ÜBERBLICK:

Neptun betrifft in diesem Jahr die **nach dem 6. Juni Geborenen**. Meistens bewirkt diese Dissonanz weniger Durchblick, Missverständnisse oder Sie sind zu vertrauensvoll. Dieser Einfluss dauert bis **Anfang Mai**, die Folgen (Komplikationen, Enttäuschungen?) sind dann **in den letzten vier Monaten des Jahres** spürbar. Sehr positiv ist aber in der **2. Jahreshälfte** der stimulierende Mars, der die nötige Energie bringt, mit interessanten Ergebnissen **am Ende des Jahres**.

LIEBE/FREUNDSCHAFT: Nach einem eher ruhigen Start in den **Januar** wird es **am Ende des Monats** komplizierter: Missverständnisse und Szenen mehren sich, manchmal belasten professionelle Enttäuschungen Ihre Liebesbeziehungen oder umgekehrt. Und der Mars setzt dann das Pulver in Brand, unterdrückt Geduld und Toleranz auf beiden Seiten. Kurz: **bis zum 3. Februar**, dann wieder **Anfang März (5., 8. und 9.3.)** haben Sie nicht den richtigen objektiven Durchblick. Ob enttäuscht, geheimnisvoll oder distanziert, Sie müssen Geduld haben (**27. und 28.1.**). Mit der Ankunft von Venus auf dem Sektor Freundschaft ab **17. Februar**

scheint für Sie wieder die Sonne, Sie bezaubern mit Ihrem Charme und Humor **bis Ende Februar**. Danach neutraler, abgesehen von kleinen Missverständnissen, **Ende März**.

BERUF/GELD: Mit Klugheit und Diplomatie können Sie undurchsichtige Situationen entschärfen, speziell in der **2. Januarhälfte**. U.a. wäre es clever, sich nicht auf Intrigen einzulassen (speziell **am 17., 22. oder 28.1.**)! Aber ab **Ende Januar** hilft Zwillinge-Planet Merkur und Sie können schwierige Situationen wieder klären. In der **1. Februarhälfte** Rückenwind, exzellent z.B. für Auslandskontakte, wichtige Termine, aber auch Examen usw. Von **Mitte Februar bis Mitte März** müssen Sie sich wieder mehr anstrengen, und wenn Sie **in der 1. Juniwoche geboren** wurden, wundern Sie sich nicht über Verzögerungen und Konflikte **Mitte Februar und am 23. Februar**. Erst **Ende März/Anfang April** klappt es wieder problemlos. Geduld! Geduld! Geduld!

GESUNDHEIT/FITNESS: Nicht gerade der beste Jahresbeginn: in der **2. Januarhälfte** schlagen Sie zu sehr über die Stränge, handeln ziemlich leichtsinnig. Vorsicht auf den Pisten oder am Steuer, beim Hantieren mit Feuer usw.! Speziell **nach dem 6. Juni Geborene** sollten einen Check-Up machen lassen, falls Sie müde und lustlos sind oder zu aggressiv mit Ihrer Umgebung (z.B. im Straßenverkehr)! Kleiner Trost: der Frühling wird wieder besser.

FRÜHLING (21/3 - 21/6)

Abgesehen von Neptun, der aber nur die am Ende der Dekade **um den 10./11. Juni Geborenen** betrifft und Ihren Durchblick vernebeln könnte, gute Nachrichten für **die ganze Dekade**. Venus stattet Ihnen einen Besuch ab und bringt gemeinsam mit Mars Ihre Beziehungen in Schwung, **von Mitte April bis Mitte Juni**.

LIEBE/FREUNDSCHAFT: In der **2. Aprilhälfte** strahlen Sie Charme und Humor aus, sind unwiderstehlich. Oft flammen alte (oder neue?) Leidenschaften wieder auf, neben reizvollen Begegnungen funkt es in Beziehungen gehörig. Oder eine Reise mit Ihren(m) Liebsten lässt Sie strahlen, besonders **in der 2. Maihälfte**. Die Chancen stehen gut, dass ein wichtiges Treffen zustande kommt, vorzugsweise auf Reisen, mit Sternstunden **Ende Mai/Anfang Juni**. Aber Mars nervt **in der 1. Juniwoche**: Bleiben Sie cool, denn **ab Mitte Juni** klappt es wieder besser.

BERUF/GELD: Beste Aussichten **in der 2. Aprilhälfte**: ausgezeichnete Ergebnisse durch die Hilfe von Merkur (Planet der Zwillinge) sowie von Sonne und Mars. Organisieren Sie also Ihre wichtigen Termine in diesen zwei Wochen, starten Sie Ihre Projekte! Auch **in der 2. Maihälfte** hilft Merkur, günstig für Ihre Reisen, Verhandlungen, Ihre Kommunikation im Allgemeinen. **In der 1. Junihälfte** aber bremsen Hindernisse, man legt Ihnen Steine in den Weg.

GESUNDHEIT/FITNESS: Traumtage **im April**. Mit dem harmonisch wirkenden Trio Sonne/Merkur/Mars werden Sie die Nase vorn haben, ob beim Tennis, bei Radtouren usw. und Venus nimmt Sie **von Mitte April bis Mitte Juli** unter Ihre Fittiche. Die alte Weisheit „nur in einem gesunden Körper steckt ein gesunder Geist" trifft in dieser Phase auf Sie zu, Sie strahlen Sympathie und Charme aus. Andererseits kann Mars **in der 1. Junihälfte** dazwischenfunken, zu impulsiven oder leichtfertigen Manövern verleiten. Zerrungen, Entzündungen sind möglich (Hände und Schultern). Sie sollten besser auf Nummer sicher gehen (z.B. beim Sport)!

SOMMER (21/6 - 21/9)

Mars in Ihrer Dekade verdoppelt Ihre Energien und Sie schalten den Turbo ein. Zwischen **Mitte Juli und Mitte Au-**

gust haben Sie mehr Power, in der **1. Augusthälfte** bringen Sie Glanzleistungen, sollten hingegen in der **1. Septemberhälfte** die Bremse ziehen und kürzertreten!

LIEBE/FREUNDSCHAFT: Tolle Neuigkeiten: Von **Mitte Juli bis 5. August** gewinnen Sie alle Sympathien, lernen neue Freunde kennen, einige freuen sich über ein unerwartetes Wiedersehen. Oder gemeinsame Hobbys machen Freude, sind stimulierend. Und Mars facht Ihre Gefühle an, alte Leidenschaften flammen wieder auf (**bis Ende Juli**). Oft übrigens eine Folge von **Mitte April** (Begegnung? Nachricht?). **Zwischen dem 12. und 25. September** wird Merkur reizvolle Kontakte bringen, Gott Amor könnte Sie wieder ins Visier nehmen, Ihr gewinnender und fröhlicher Charme tut das Übrige. Außerdem eine schöne Periode, um etwas mit Kindern (Enkeln?) zu unternehmen. Sie sind kreativ, könnten etwas schreiben, schöpferisch tätig sein.

BERUF/GELD: Eine kleine Auszeit? Der Sommer beginnt eher mit angenehmen Dingen, oder Sie setzen im Job Ihren geistvollen Charme ein (**im Juli**). Aber **ab Mitte Juli** nehmen Sie richtig Fahrt auf, Ihre Projekte haben **bis Mitte August** Rückenwind. Und **zwischen dem 16. und 21. August** sowie **zwischen dem 12. und 20. September** verwöhnt Sie Zwillinge-Planet Merkur mit wertvollen neuen Kontakten, Ihre kluge Analyse wird gelobt. Ideal für Termine, Verträge, Weiterbildung oder größere Geschäftsreisen. Sand im Getriebe (Verspätungen, Absagen usw.) **Ende August bis Anfang September**, aber nur vorübergehend.

GESUNDHEIT/FITNESS: Zwischen **Mitte Juli und Mitte August** ist Ihre Vitalität beneidenswert, ideal für Trekking, Wander- oder Radtouren. Vielleicht haben Sie das Bedürfnis, etwas für Ihre Gesundheit zu unternehmen: Aktivitäten mit Freunden, Mitglied in einem Fitnessclub usw. Mit Venus in Ihrer Dekade sind Sie **im Juli** außerdem auch psychisch stark und Ihr Spaß an Spielen (Badminton, Ping-Pong,

Schach oder Kartenspiele) ist wohl das beste Mittel gegen Stress und Nervosität, oft typisch für Ihr Sternzeichen.

HERBST (21/9 - 21/12)

Ab Oktober sind Sie dynamisch und effizient, **bis Jahresende** in Bestform. In der **1. Novemberhälfte** sind Sie unwiderstehlich, feiern die Feste wie sie fallen.

LIEBE/FREUNDSCHAFT: Eher eine ruhige Phase **bis Ende Oktober**, aber in den **ersten zwei Novemberwochen** amüsieren Sie sich glänzend und stehen im Mittelpunkt. Laden Sie Freunde ein, gehen Sie aus, Ihr spontaner Charme wirkt Wunder. Oder Begegnungen **vom Juli** kommen wieder zur Sprache, ein Wiedersehen macht große Freude. In der **1. Dezemberhälfte** kann es zu hitzigen Diskussionen kommen und Sie sollten diplomatischer vorgehen!

BERUF/GELD: Besonders wenn Sie **nach dem 6. Juni geboren** wurden, könnten Projekte **von Ende Juli/Anfang August** und von **Mitte Oktober bis zum 12. Dezember** erste Resultate bringen. Nutzen Sie diese dynamische und fruchtbare Phase. **Mitte Oktober**, in der **1. Novemberhälfte** und **in den ersten zwei Dezemberwochen** sind Sie auf der Überholspur, bauen Ihren Vorsprung klug aus. Nur die **Geburtstage vom Ende der Dekade (nach dem 8. Juni Geborene)** sind durch Neptun in einer Phase, in der Sie sich mehr als sonst aus Klatsch und Intrigen heraushalten sollten! Oder Sie blicken nicht so richtig durch (speziell **Anfang Dezember**).

GESUNDHEIT/FITNESS: Glückwunsch, lieber Zwilling, die Rückkehr des revitalisierenden Mars von **Mitte Oktober bis Mitte Dezember** garantiert Ihnen eine gesteigerte Vitalität. Vielleicht eine Folge der Periode von **Mitte Juli bis 5. August**. Beginn einer sportlichen Phase? Dazu kommt **in der 1. Novemberhälfte** eine besonders günstige Periode für Ihr Seelenleben, Sie fühlen sich unwiderstehlich, was Ihnen einen starken Auftrieb gibt. Mit der Sonne im Schützen **im Dezember** könnten Sie auch ab und zu über die Stränge schlagen.

ZWILLINGE 3. DEKADE (11.6. - 21.6.)

WINTER (21/12 - 21/3)

JAHRES-ÜBERBLICK:
Eine überwiegend neutrale Konstellation bei den langlaufenden Zyklen, aber ein sehr positiver Mars **Anfang des Jahres** und der in **1. Februarhälfte** sowie später **von Mitte Juli bis Mitte August** und verstärkt **in den letzten Wochen des Jahres** katapultiert Sie ins Spitzenfeld, Sie sind dynamisch und lassen nicht locker.

LIEBE/FREUNDSCHAFT: Nach einem eher ruhigen Jahresauftakt dürfte das **erste Februarwochenende** eher explosiv sein. Die Funken fliegen, Sie können ziemlich aggressiv sein, in Ihren Beziehungen nur schwer Ihr Temperament zügeln. Trinken Sie beruhigende Tees, meditieren Sie, bevor Sie Aktionen starten! **Am 26. Februar** verziehen sich die Wolken und Venus beschert **bis Mitte März** glänzende Laune, stimulierende freundschaftliche Beziehungen, aber auch alte und neue Leidenschaften. **Ende März** ist eher eine Periode diskreter Treffen, aber Geduld, denn im Frühling kommt Venus in Ihr Zeichen, wo sie ausnahmsweise mehrere Wochen lang bleibt, Sie unwiderstehlich macht.

BERUF/GELD: In der **1. Februarhälfte** taktieren Sie geschickt, ziehen an den richtigen Fäden. Günstig für Besprechungen, Verträge oder geschäftliche Reisen. Kleiner Durchhänger dann **Mitte März (zwischen dem 10. und 20.3.)**, vielleicht sind Sie weniger vital? Kurz: Geduld, denn ab Frühlingsbeginn klappt es wieder besser, **ab April** Rückenwind!

GESUNDHEIT/FITNESS: Das Jahr beginnt ziemlich ruhig, abgesehen von der **1. Februarwoche**: Sie sind leicht reizbar, schlagen ganz schön über die Stränge. Vermeiden Sie leichtsinnige Gesten (am Steuer? beim Sport?), beruhigen Sie sich in kniffligen Situationen! **Mitte Februar (vom 10. bis 20.2.)** aber sind Sie wieder vital und **Ende Februar und in der 1. Märzwoche** sind Sie euphorisch gestimmt, amüsieren sich blendend.

FRÜHLING (21/3 - 21/6)

Mai dürfte der beste Monat werden. **In den ersten zwei Wochen** verleiht Mars zusätzliche Energien und **in der 2. Hälfte** sind Sie dank Merkur scharfsinnig und kontaktfreudig oder auch reiselustig. Hindernisse aber **in der 2. Junihälfte**, oft durch Komplikationen (Job?) oder zu impulsiven Reaktionen.

LIEBE/FREUNDSCHAFT: In den **ersten zwei Maiwochen** tolle Begegnungen, Sternstunden mit Partner und Freunden. Neue Leidenschaften? Oder Hobbys (Kunsthandwerk, Singen usw.) stimulieren, Sie gewinnen alle Sympathien. Nach dem Motto: „Im Mai tu, was dir gefällt!". Vermeiden Sie **in der 2. Junihälfte** Diskussionen, warten Sie bessere Einflüsse ab (z.B. **August**)!

BERUF/GELD: Kurz zusammengefasst können Sie **in der 1. Maihälfte** Gas geben, aber in der **2. Junihälfte** sollten Sie auf Schongang schalten, direkte Konfrontationen besser vermeiden! Mars schiebt **im Mai** Ihre Karriere an, Ihr Schwung reisst andere mit, während er dann im Juni zu einer aggressiveren Tonart verleitet. Sonne und Merkur fördern Ihre Projekte **ab dem 10. April**, unterstützt von Merkur dann **in der letzten Aprilwoche**, günstig für Abmachungen, Examen, Reisen usw.

GESUNDHEIT/FITNESS: Zwischen Mitte April und Mitte Mai sind Sie dynamisch und fit. Besonders die **1. Maihälfte**

wäre ideal für mehr Sport und Bewegung oder eine gesündere Lebensweise! Nehmen Sie frühere sportliche Aktivitäten wieder auf, schließen Sie sich Freunden an, die etwas für Ihren Körper tun! Auf der anderen Seite, **ab Mitte Juni**, wenn Mars dissonant wird, sind Sie anfälliger für Verletzungen (Sport?) oder für Infektionen und Entzündungen. Einige sind nervös oder im Stress, andere neigen zu exzessivem Verhalten. **Ab Ende Juni** aber Entwarnung, denn Mars wandert weiter.

SOMMER (21/6 - 21/9)

Spaß und gute Laune mit Partner und Familie **im Juli**, interessante Kontakte **Mitte August** und **Mitte September**, u.a. beste Reiseperioden, der Sommer sollte abwechslungsreich und angenehm werden. Gönnen Sie sich ein paar Ruhepausen, schalten Sie Ihr(e) Handy(s) aus!

LIEBE/FREUNDSCHAFT: Seit **April** wandert Venus durch Ihr Zeichen und in der **letzten Juli- und 1. Augustwoche** beschert der Liebes-Planet Sternstunden. Ihr Charme bezaubert, Sie schweben auf Wolken, Begegnungen **vom Mai** könnten wieder aktuell werden. Und den **ganzen August und September** hindurch bringt Mars Ihre Gefühle in Schwung und macht Sie unwiderstehlich, Sie erweitern Ihren Freundeskreis. Gemeinsame Hobbys oder Reisen usw. (**vom 21.8. bis 20. 9.**) vertiefen Ihre Beziehungen.

BERUF/GELD: Ihre Energie und Ihre Begeisterung spornen Kollegen oder Mitarbeiter an, **im August und September** haben Ihre Projekte Rückenwind. Dazu kommt **Mitte August** und **in der 2. Septemberhälfte** der positive Merkur, exzellent für wichtige Termine, Reisen, Verträge, Ihre Weiterbildung usw. Ihre Argumente fallen auf fruchtbaren Boden, manchmal können Sie Geschäft und Vergnügen verbinden. Außerdem sind Sie kreativ und dynamisch, können sich dadurch einen schönen Vorsprung sichern.

GESUNDHEIT/FITNESS: Ab **Anfang August - und bis Ende September**, geben Sie so richtig Gas. Ideal u.a. für Ihren Lieblingssport, aber auch für eine gesündere Lebensweise! Freunde sind in dieser Phase stimulierend, eine gemeinsame Kur könnte eine Menge Kalorien purzeln lassen. Oder Tage in einem Spa bringen mehr Ruhe und neue Lebenskräfte. In der **1. Septemberwoche** sind Spannungen (Familie?) möglich, aber **ab Monatsmitte** sind Sie wieder ein Herz und eine Seele.

HERBST (21/9 - 21/12)

Bis Jahresende haben Sie Mars, Planet der Energie, der Lebensfreude, auf Ihrer Seite. Eine seltene Konstellation aufgrund der Rückläufigkeit auf dem Tierkreis. Während die anderen Planeten ziemlich neutral sind, machen Sie in Ihrem Leben so richtig Tempo.

LIEBE/FREUNDSCHAFT: In der **letzten September- und 1. Oktoberwoche** bringt das Duo Venus/Mars Ihre Gefühle so richtig in Schwung, macht Sie unwiderstehlich. Beziehungen werden intensiver, mehr Sex steht auf Ihrem Programm. Mit dem Versprechen für ein Dacapo, **vom 12. Dezember bis Ende des Jahres** oder sogar **Anfang 2021**. Sternstunden **z.B. um den 23. Dezember**, ideal, um die Feiertage in zärtlicher Begleitung zu verbringen, wenn möglich bei ebenso intensiven sportlichen Aktivitäten. Mit Freunden lange Wanderungen, Radtouren usw. Kurz gesagt, Sie sollten das Jahr stilvoll beenden und sich wie im siebten Himmel fühlen.

BERUF/GELD: Zu Ihren Trumpfkarten in diesem Herbst gehört Ihr Unternehmungsgeist, der Kollegen und Freunde stimuliert, **bis zum Jahresende**. **Ab 12. Dezember** sind Sie dann verpflichtet, Ihrem Unternehmen den letzten Schliff zu geben, was vorzugsweise in Zusammenarbeit oder Partnerschaft geschieht. Exzellent wird außerdem **Mitte Oktober (10. bis 22.10.)**: Sie sind effizient und verlässlich.

GESUNDHEIT/FITNESS: Bis zum **Ende des Jahres** signalisiert der positive Mars mehr Power, ideal um sich mehr als sonst sportlich zu betätigen oder sich gesünder zu ernähren! Auch seelisch fühlen Sie sich besser, speziell **Ende September** und **Anfang Oktober** sowie **in der 2. Oktoberhälfte** schweben Sie in höheren Sphären, fühlen sich geliebt und geschätzt. Manchmal füllen Hobbys und musische Aktivitäten vorteilhaft Ihre Freizeit aus.

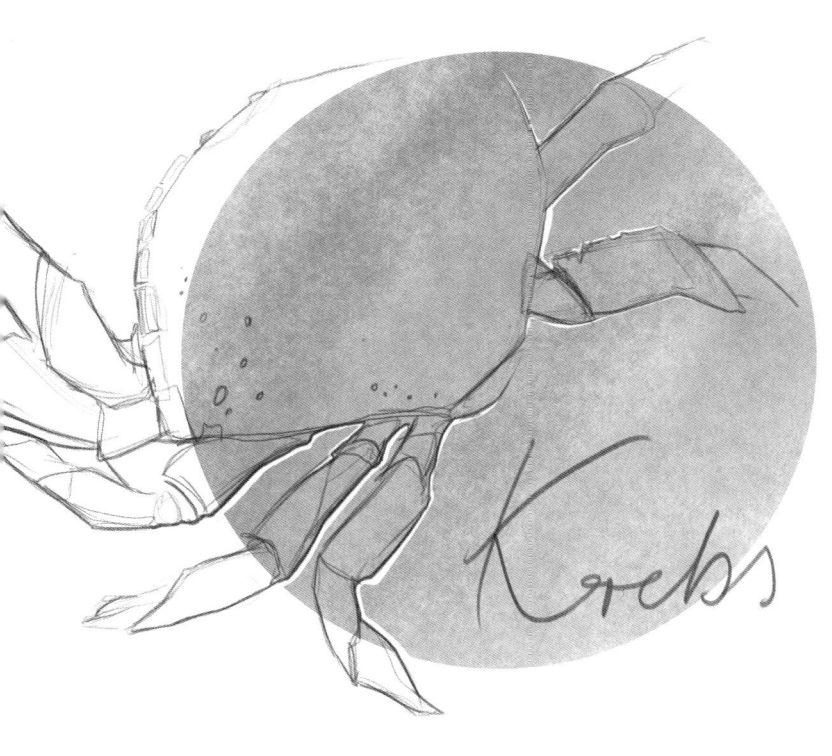

Krebs

22.06. – 22.07.

KREBS

1. DEKADE (22.6. - 1.7.)

WINTER (21/12 - 21/3)

JAHRES-ÜBERBLICK:

Nach einem Ende 2019 mit Jupiter in Opposition sind Sie noch bis **Mitte Januar** im Entscheidungsdruck (Beziehungsfragen?), aber Uranus wirkt günstig (**das ganze Jahr hindurch**) und verspricht unerwartete Angebote und Begegnungen, Sie können eine neue Richtung einschlagen.

LIEBE/FREUNDSCHAFT: Geboren vor dem 26. Juni wird Sie Jupiter **bis zum 17. Januar** mehr oder weniger destabilisieren. Aber Uranus beschert überraschende Begegnungen, neue (und außergewöhnliche?) Freunde. Zusätzlich bringt Venus Ihr Gefühlsleben auf Touren, **zwischen dem 14. und 22. Januar** flirten Sie intensiv, fühlen sich wohl mit Ihrem(m) Liebsten. Auch **vom 6. bis 14. März** sind Sie unwiderstehlich, manchmal Liebe auf den ersten Blick (unerwartete Begegnungen oder Wiedersehen?). Kleiner Schatten aber in der **2. Februarwoche**: Ihr Job könnte private Dinge stören, Sie vernachlässigen Ihren Partner oder Freunde, Umgang mit Kollegen(innen) ist nicht immer leicht.

BERUF/GELD: Die Sterne (Jupiter) können in den **ersten beiden Wochen des Jahres** Projekte mit Partner oder Freunden anheizen, aber auch zu Konfrontationen führen. **Im Februar und der 1. Märzwoche** begünstigt Merkur Auslandsgeschäfte, Reisen, Medienarbeit oder politische Projekte, besonders **zwischen dem 4. und 12. Februar**, dann wieder **in der letzten Woche des Monats**. Aber Sie werden Zugeständnisse machen müssen, mit einer möglichen Einigung **in der 2. Märzhälfte**. Das sind gute Nachrichten, wenn Sie klug vorgehen!

GESUNDHEIT/FITNESS: Schon **Ende Dezember** und **in den ersten zwei Januarwochen** lassen Sie sich ein wenig gehen, einige sind exzessiv (Alkohol?). Vermeiden Sie **in der 2. Februarhälfte** leichtsinnige Aktionen (Sport? Straßenverkehr?)! Turbulente Debatten (Partner?) steigern Ihr Stresslevel. Meistens schlägt sich dies bei Krebs-Geborene auf den Magen, aber auch Rücken, Nieren und Knie sind anfälliger. Im März sind Sie wieder fit und **in der 2. Märzwoche** in Superlaune (verliebt? Frühlingsgefühle?). Die **Geburtstage vom Beginn (vor dem 24. Juni Geborene)** sind durch eine neue Situation euphorisch, besonders **in der 3. Januarwoche und der 2. Märzwoche**.

FRÜHLING (21/3 - 21/6)

Wenn Sie **nach dem 25. Juni geboren** wurden, kündigt Uranus Neues an (unerwartete Angebote? bessere Kontakte zu Angehörigen?). Nach einem Leerlauf **Ende März** sind Sie **ab Mitte April** wieder an vorderster Front und **in der 2. Maihälfte** dynamisch und effizient. Lassen Sie sich überraschen.

LIEBE/FREUNDSCHAFT: Während dieses Frühlings wandert Amor in den Sektor diskreter Romanzen, geheimer Treffen. Für andere bedeutet diese Position von Venus einfach, dass sie ihr Leben genießen, beschauliche Stunden in ihrem Garten oder bei Wanderungen in freier Natur verbringen. Interessante Kontakte knüpfen Sie in der **letzten März-** und der **letzten Aprilwoche** sowie in der **1. Junihälfte**. Bei Diskussionen haben Sie fast immer das letzte Wort.

BERUF/GELD: Nach einem „zähen" **Ende März** und einigen Missverständnissen **Mitte April (12.4. bis 19.4.)** haben Sie **in der 2. Aprilhälfte** wieder alles unter Kontrolle. **Anfang Mai** haben Sie ebenfalls die Lage im Griff, finden bei Verhandlungen den richtigen Ton und schalten in der **2. Maihälfte** den Turbo ein, gewinnen Vorsprung. Besonders **nach dem 25. Juni Geborene** beginnen Neues, oft ein ganz neues Kapitel im Leben. U.a. durch neue Regeln und Methoden (einen Umzug usw.).

GESUNDHEIT/FITNESS: Ihre Vitalität sollte **in der zweiten Maihälfte** optimal sein: jetzt realisieren Sie einige gute Vorsätze, werden z.B. Mitglied eines Fitnessclubs oder holen Ihre Hanteln aus dem Keller. Auch **Ende April** sind Sie gut in Schuss. Dazu könnten neue Freunde einen positiven Einfluss ausüben, speziell wenn Sie **nach dem 25. Juni** geboren sind.

SOMMER (21/6 - 21/9)

Herzlichen Glückwunsch zum Geburtstag, lieber Krebs! Uranus bereichert Ihr Leben (speziell für **um den 1. Juli Geborene**) durch neue Projekte. **Für alle** sollte es, abgesehen von den **ersten zwei Juliwochen**, die stressig sind, ein ruhiger Sommer werden. In der **2. Augusthälfte** sind Sie gut in Schuss, physisch und geistig.

LIEBE/FREUNDSCHAFT: Venus besucht **Ihre Dekade** in der **1. Augusthälfte** und Ihr sensibler Charme bezaubert. Erotische Highlights? Spaß und Hobbys mit Freunden, Harmonie bei Paaren? Oder Sie werden von der Muse geküsst? Aber vorher, besonders in der **1. Julihälfte**, können Sie ganz schön ruppig sein, es kommt zu Missverständnissen. Vermeiden Sie es außerdem, Ihre Sorgen aus dem Büro nach Hause zu bringen! Andererseits sind diskrete Romanzen **vom 26. Juni bis 12. Juli** möglich.

BERUF/GELD: Ein Treffen oder Verhandlungen von **Anfang Juni** könnten in den **ersten drei Juliwochen** wieder zur Sprache kommen. Allerdings häufig mit Komplikationen (Verspätungen? Absagen?) verbunden, u.a. Reisen, Ansuchen, Studium usw. Viel besser dann die **2. Augusthälfte**, besser für Ihre Kommunikationen, wichtige Termine, Verhandlungen und Auslandskontakte.

GESUNDHEIT/FITNESS: Vermeiden Sie **in der ersten Juli-hälfte** Stress, der sowohl Ihr Privatleben als auch Ihre Gesundheit beeinträchtigen könnte! Vorsicht bei sportlichen Aktivitäten, Sie könnten sich zu viel zutrauen! Dafür sind Sie **Ende Juni** und **in der 2. Augusthälfte** fit und schlagfertig und in der **2. Augustwoche** euphorisch gestimmt.

HERBST (21/9 - 21/12)

Unerwartete positive Veränderungen (durch Uranus), die sich **im Frühling** angekündigt haben, sollten jetzt **im Herbst** zu einer Wende in Ihrem Leben führen (Umzug? neuer Job? neue Regeln in Beziehungen?).

LIEBE/FREUNDSCHAFT: Uranus kann positive Veränderungen in Freundschaften oder Liebesdingen symbolisieren, speziell in der **1. Oktoberhälfte**, dank der positiven Venus (besonders für **nach dem 25. Juni Geborene**). Liebesgott Amor wird sich auch **vom 22. November bis 8. Dezember** melden, liebevolle Freundschaften ankurbeln. Und **die ganze Dekade** wird **am Ende des Jahres** aufblühen, Familie, Freunde oder Partner zeigen Ihnen ihre Zuneigung. Nur **Ende Oktober/Anfang November** ein kleiner Leerlauf, Sie ziehen sich in Ihre Schale zurück.

BERUF/GELD: Fortschritte in der **1. Oktoberhälfte und der 2. Novemberhälfte** bescheren einen schönen Vorsprung, exzellent für Kontakte, Besprechungen, Weiterbildung oder Examen sowie Reisen. Gleichzeitig wird sich Ihre Kreativität entfalten. **Nach dem 27. Geborene** beginnen einen neuen Abschnitt (Ortswechsel? neue Vorgesetzte?). Nur **in den letzten 10 Tagen des Jahres** müssen Sie sich anstrengen, um ein Abkommen auszuhandeln, müssen Konzessionen machen!

GESUNDHEIT/FITNESS: Abgesehen von **Ende September** und **Ende Dezember**, wo Sie weniger fit sind, gibt es in diesem letzten Quartal nichts Besonderes zu berichten. Für die **nach dem 27. Juni Geborenen** bringt das harmonische Uranus-Sextil neue Energien durch neue (sportliche?) Aktivitäten. Sie können Berge versetzen, besonders Anfang und Ende Oktober und dann in der **2. Novemberhälfte**.

KREBS 2. DEKADE (2.7. - 12.7.)

WINTER (21/12 - 21/3)

JAHRES-ÜBERBLICK: Das Jahr beginnt mit (kleinen) Spannungen oder Missverständnissen (bis **Mitte Januar**), danach bringt Jupiter ab **Mitte Januar** Abwechslung. Das kann, je nach Ihrem persönlichen Horoskop, Glück durch Partnerschaften bedeuten, aber auch hitzige Debatten (rechtliche Fragen?) **bis Anfang März**. In der **1. Märzhälfte** kann dies einen echten Schub bedeuten (beruflich?), Ihre Projekte fördern. Und **Mitte März** beschert Venus Sternstunden, Frühlingsgefühle. Ebenfalls positiv wirkt Neptun (**bis April**), erweitert Ihr Bewusstsein, macht Sie empfänglicher für neue Themen, speziell wenn Sie **nach dem 6. Juli geboren** sind.

LIEBE/FREUNDSCHAFT: Mit Venus im Zeichen Fische amüsieren Sie sich **in der 2. Januarhälfte** glänzend, sind romantisch und verträumt. Aber gleichzeitig verführt Jupiter zu Genüssen aller Art, was sich in starken Gefühlen ausdrücken kann, und Sie schweben auf rosa Wölkchen. Dabei können Sie Fehler vom **Anfang des Jahres (7. und 8. Januar)** wieder ausbügeln und Ihren Charme für kritische Situationen einsetzen. Zusammen mit Jupiter, der übrigens **das ganze Jahr über** im Sektor Partnerschaften steht, könnte Merkur **Mitte Februar und Ende März** Differenzen schlichten. **Nach dem 6. Juli Geborene** gewinnen neue Freunde, können Neptun interessante Einsichten verdanken. Bleiben Sie hingegen **in der 2. Februarhälfte** tolerant! (Vielleicht sind Sie mehr im Büro als zuhause?) Venus verwöhnt Sie wieder **in der 2. Märzhälfte**. Sie fühlen sich locker, sehen blendend aus, kurz, Sie sind unwiderstehlich.

BERUF/GELD: Jupiter in Opposition kann gewisse Rivalitäten verschärfen, aber oft auch Erfolg durch den Partner signalisieren. Von **Mitte Januar bis Anfang März** könnten Sie auch eine Firma gründen, an tollen Reisen teilnehmen. Denn Neptun wirkt günstig, inspiriert Sie zu Fortschritten (Arbeit mit Publikum? Auslandskontakte? Medien? Politik?). **Mitte Februar** stimuliert Merkur Ihre Neuronen, Sie überzeugen bei Terminen, knüpfen wertvolle Kontakte an. Neue Projekte bringen dann **Ende März/Anfang April** gute Ergebnisse. Und in der **1. Märzhälfte** setzen Sie Ihre Pläne durch, sind dabei aber ganz schön aggressiv. **Nach dem 7. Juli Geborene** haben **bis April** einen 6. Sinn, könnten schöne Treffer landen.

GESUNDHEIT/FITNESS: Sie lassen sich **zwischen Mitte Januar und Anfang April** ganz schön gehen, und das könnte sich **in der 1. Märzhälfte** noch steigern zu einer gewissen Aggressivität. Oder Sie sind anfälliger (Erkältungen? Infektionen?), leichtsinnig auf den Pisten und Straßen. Nehmen Sie z.B. Ihre Mahlzeiten in Ruhe ein, warten Sie ab, wenn Sie gestresst sind, um Ihren Magen und Ihre Verdauung zu schonen! Aber in der **letzten Januarwoche** und der **2. Märzhälfte** verwöhnt Sie Venus und Sie schweben mehr oder weniger über den Dingen, fühlen sich rundum happy.

FRÜHLING (21/3 - 21/6)

Ziemlich neutral. Neptun ist der einzige langsame Planet, der Sie betrifft und wirkt positiv, speziell für das **Ende Ihrer Dekade (um den 9./10.7. Geborene)**. Sie sind empfänglicher für Kunst und Kultur, aber auch für Themen wie Humanismus, Philosophie oder Geschichte, ein Lieblingsthema vieler Krebse.

LIEBE/FREUNDSCHAFT: Ein Frühjahr mit heimlichen Treffen, einer diskreten Romanze? Venus könnte Ihren Hang zu mysteriösen Beziehungen und zu Geheimnissen verstärken. Aber nach einer hektischen Phase **in der 1. Aprilhälfte** finden Sie in den **ersten zwei Maiwochen** die richtigen Worte, sind unwiderstehlich. Wenn Sie **um den 9./10. Juli Geburtstag haben**, schweben Sie in höheren Sphären. Idealer Partner? Außergewöhnliche Freunde?

BERUF/GELD: Zwischen dem 28. März und **5. April**, zwischen **3. und 11. Mai** sowie in den **ersten beiden Juniwochen** können Sie Fortschritte verbuchen. Man hört auf Ihre Vorschläge, lobt Ihre kluge Analyse. Merkur fördert Ihre Projekte und **in der 1. Junihälfte** sind Sie kaum zu bremsen, exzellent für Termine, Verhandlungen, Reisen usw. Und Neptun verspricht eine erstaunliche Intuition, manchmal einen 6. Sinn (**für um den 9./10.7. Geborene**). Oder Sie erreichen ein höheres Niveau. Aktivitäten für humanitäre Institutionen, Kunsthandwerk usw. begeistern.

GESUNDHEIT/FITNESS: Nach einem leichten Durchhänger **in der 1. Aprilhälfte** haben Sie **ab Mitte April** wieder die Nase vorn. Aber **Ende Mai** und in der **1. Junihälfte** geben Sie richtig Gas. Energieplanet Mars verdoppelt Ihre Kräfte, Sie sind sportlich und fühlen sich unbesiegbar. Gute Aussichten, um für Ihre Traummaße der Bikinisaison zu trainieren, Madame Krebs! Und **nach dem 7./8. Juli Geborene** könnten durch neue Aktivitäten (im Ausland?) ein seelisches Gleichgewicht erreichen, lächeln wie der Dalai Lama.

SOMMER (21/6 - 21/9)

Ende Juni und Anfang Juli (bis 15.7.) haben Sie alles im Griff, aber **in der 2. Julihälfte und der 1. Augustwoche** funkt Mars dazwischen, signalisiert Stress. Kaum hat sich die Lage beruhigt, bringt Jupiter einige Komplikationen (vorwiegend für die **nach dem 8. Juli Geborenen**).

LIEBE/FREUNDSCHAFT: Liebesschwüre **von Mitte März** könnten am **Ende des Sommers** Folgen haben. **Ende August/Anfang September** bringt das Duo Jupiter/Neptun ein Liebeshoch, Sie sind in perfekter Symbiose (speziell **nach dem 8. Juli Geborene**). Die **gesamte Dekade** ist in der **2. Augusthälfte** unwiderstehlich, Ihr mysteriöser Charme wirkt Wunder. Reizvolle Begegnungen (**letzte Augustwoche**) könnten später **im Oktober** romantische Folgen haben. Oder neue Freunde, eine tolle Reise eröffnen neue Horizonte?

BERUF/GELD: Nach interessanten Kontakten, erfolgreichen Verhandlungen **Ende Juni** und Fortschritten **in der 1. Juliwoche** funkt **ab Mitte Juli** Mars dazwischen, stört Ihre Beziehungen zu Kollegen. Oder Mehrarbeit signalisiert mehr Stress? **Bis Ende Juli** sollten Sie Ihre Samthandschuhe anziehen! **Ab August** macht sich Jupiter wieder bemerkbar, Komplikationen vom Februar kommen wieder zur Sprache. Davon sind vorwiegend **die Geburtstage nach dem 7. Juli** betroffen, die aber gleichzeitig durch den positiven Neptun gut inspiriert sind und einen Ausweg finden. In der **letzten Augustwoche** sind Sie diplomatisch bei Verhandlungen, aber **zwischen dem 12. und 20. September** könnte Ihre Haltung falsch interpretiert werden oder Verzögerungen bremsen.

GESUNDHEIT/FITNESS: Der dissonante Mars (**2. Julihälfte und 1. Augustwoche**) verleitet zu leichtsinnigen Gesten: Vorsicht bei Extremsport, aber auch im Alltag, beim Hantieren mit Feuer usw.! Und tanken Sie nicht zu viel Sonne! In der **2. Augusthälfte** könnten Sie ebenfalls ganz schön über die Stränge schlagen: zu viele Kalorien oder Alkohol? Besser dann die **1. Septemberhälfte**: Sie sind vital, finden Ihre Form wieder - wie jedes Jahr Anfang September.

HERBST (21/9 - 21/12)

Um den 9./10. Juli Geborene gewinnen den Jackpot. Dank Jupiter/Neptun können Sie **im Oktober** das ernten, was Sie

im Februar und Juli gesät haben. Andererseits nervt Mars mit Hindernissen und Hürden.

LIEBE/FREUNDSCHAFT: Mitte Oktober genießen Sie das Leben trotz Komplikationen, machen reizvolle Begegnungen. Nach einer Pause in der **1. Novemberhälfte** (beruflich läuft es besser und private Dinge müssen warten) sind Sie **Ende November** und in der **1. Dezemberwoche** wieder im 7. Himmel. Besonders die **um den 9./10. Juli Geborenen** können **Ende des Jahres** eine gute Bilanz ziehen. Begegnungen oder Entscheidungen von Februar könnten **Mitte Oktober** positive Folgen haben.

BERUF/GELD: Wenn der Mars **in der 2. Julihälfte und der 1. Augustwoche** Komplikationen gebracht hat, mit unangenehmen Rivalitäten oder Angriffen, könnten Sie **von Mitte Oktober bis Mitte Dezember** wieder unter Druck sein (**speziell nach dem 6. Juli Geborene**). Oder Partnerschaften, geplante Projekte von Beginn des Jahres könnten scheitern. Aber ab **Mitte November (vom 17. bis 26.11.)** haben Sie mehr Luft und **Mitte Dezember** können Sie Champagner öffnen. Auch in der **letzten Woche des Jahres** zeigen Sie sich kontaktfreudig, scharfsinnig, exzellent für Verhandlungen (Verträge?), Weiterbildung oder Reisen.

GESUNDHEIT/FITNESS: Zuerst die gute Nachricht: **nach dem 8. Juli Geborene** könnten bei chronischen Beschwerden mit Besserung rechnen, speziell **Mitte Oktober**. Allerdings sollten Sie zwischen **Mitte Oktober und Mitte Dezember** vorsichtig sein! Die **ganze Dekade** sollte versuchen, eventuellen Stress mit natürlichen Mitteln zu bekämpfen (Kräutertees, Yoga usw.)! **Ende November/ Anfang Dezember** aber wirken Sonne, Merkur und Venus günstig und Sie fühlen sich rundum wohler, schütten Glückshormone aus.

KREBS 3. DEKADE (13.7. - 22.7.)

WINTER (21/12 - 21/3)

JAHRES-ÜBERBLICK:
Wahrscheinlich wird 2020 für viele ein Wendepunkt: Sie machen Ordnung in Ihren Beziehungen, tragen Altlasten ab. Und für die **vor dem 17. Juli Geborenen** beginnt ein ganz neues Kapitel, durch die äußerst seltene Opposition von Pluto.

LIEBE/FREUNDSCHAFT: Venus beschert nach einer turbulenten **1. Januarhälfte** (Sie sind vergesslich, es kommt zu Missverständnissen) **Ende Januar und in der 1. Februarwoche** Herzklopfen, Sternstunden zu zweit oder mit Freunden und Familie. In der **1. Märzwoche** hingegen ziehen Sie sich in Ihre Schale zurück, oder Sie vernachlässigen Ihre Gefühle durch zu viel Arbeit? **Um den 14./15. Juli Geborene** stellen Beziehungen in Frage, eine größere Metamorphose zeichnet sich ab, mit Effekt **bis Dezember**. Neue Bindung? Oder neue Regeln bei Paaren? **Zwischen dem 26. Februar und 6. März** könnte das Gleichgewicht gestört werden, Sie - oder Ihr Partner - sehen alles mit neuen Augen. Das kann **in der letzten Märzwoche** etwas kritischer werden, die Stimmung (zuhause?) ist aggressiver, Diskussionen werden lautstark. Nicht zu vergessen: Saturn. Krisen in Ihren Beziehungen können aber auch Lösungen bringen, **in der 1. Februar– und der letzten Märzwoche**.

BERUF/GELD: Das mächtige Trio Jupiter/Saturn/Pluton könnte harte Konfrontationen symbolisieren, eine Krise in Ihren Partnerschaften. Oder Machtkämpfe, manchmal rechtliche Komplikationen?   Pluto wirkt vorwiegend für die **um den 14./15. Juli Geborenen** und bringt tiefgehende Umwälzungen (Ende einer Periode? Restriktionen?), häufig mit einem neuen Kontext (Gesetze?) verbunden, über den sie keine Kontrolle haben. **Mitte Januar** und erneut **Ende März** könnten die Weichen gestellt werden. Oder eine finanzielle Krise überschattet Partnerschaften? In einigen Fällen kann es der Beginn der Rente sein oder ein Umsatteln auf neue Aktivitäten.

GESUNDHEIT/FITNESS: Kritische Phasen im Job oder auch privat können psychosomatische Beschwerden auslösen, Sie sind empfindlicher als sonst. Essen Sie gesünder, zu regelmäßigen Zeiten und in Ruhe, nehmen Sie zusätzlich Vitamine usw. zu sich! Besonders in der **2. Märzhälfte** sind Sie unter Druck (Stürze? Probleme mit Gelenken oder Zähnen?). Venus verleitet **in der 1. Februarwoche** zum Schlemmen, verspricht aber auch Sternstunden (Romanze? Familienfest?), mehr Harmonie ist Balsam für Seele und Geist. Um Ihre chronische hypochondrische Angst zu lindern, empfehle ich Ihnen einen gründlichen Check-Up! Vorbeugen ist immer noch besser als heilen!

FRÜHLING (21/3 - 21/6)

Jupiter und Pluto in Opposition den ganzen Frühling. Davon sind vorwiegend die **zwischen dem 14. und 17. Juli Geborenen** betroffen, die eine große Metamorphose erleben, beruflich oder privat. Die **2. Aprilhälfte** könnte holprig werden, neue Situationen zwingen zum Umdenken. Besser dann **zwischen dem 8. und 21. Mai**, mit guten Chancen, neue Wege zu gehen und Konsequenzen bis **Ende des Jahres oder sogar Anfang 2021**.

LIEBE/FREUNDSCHAFT: In diesem Frühjahr werden Sie sich offenbar weniger um Herzensangelegenheiten kümmern als um andere Lebensbereiche. **In der 2. Junihälfte** heftige Leidenschaften und **in der 2. und 3. Maiwoche** günstig für Freundschaften, gemeinsame Hobbys; manchmal entsteht aus einer Freundschaft eine tiefere Bindung. Während dieser Phasen kündigt sich für die **zwischen dem 14. und 17. Juli Geborenen** ein neues Kapitel an. Schicksalhafte Begegnung? Neue Basis, neue Regeln bei Paaren?

BERUF/GELD: Größere Umwälzungen kündigen sich an, manchmal harte Machtkämpfe. Vor allem in Ihren Partnerschaften, wenn Sie **zwischen dem 14. und 18. Juli geboren** wurden. Kritisch (z.B. durch finanzielle, administrative oder rechtliche Probleme) die Periode **vom 10. bis 30. April**: prüfen Sie Abmachungen, Klauseln in Verträgen usw. genauer als sonst, um Missverständnisse oder Manipulationen zu vermeiden! Andererseits hat **die ganze Dekade** im **Mai** gute Karten, Partner oder Freunde bieten ihre Hilfe an, und in der **2. Junihälfte** setzen Sie Ihre Pläne durch, lassen nicht locker.

GESUNDHEIT/FITNESS: Nach einer anstrengenden **letzten Märzwoche**, die aber zumindest auf dem Gefühlssektor heiße Nächte verspricht, sodass Sie sich besser fühlen, verziehen sich die Wolken. **Mitte Mai (10. bis 21.5.)** sind Sie vitaler und **in der 2. Junihälfte** in Bestform. Wenn Sie **zwischen dem 14. und 17. Juli geboren sind**, können psychosomatische Beschwerden auftauchen. Lassen Sie sich gründlich untersuchen, begegnen Sie Stress mit Meditation, Yoga, oder ähnlichen Aktivitäten, gönnen Sie sich regelmäßige Ruhepausen!

SOMMER (21/6 - 21/9)

Wenn Sie **vor dem 16. Juli geboren** wurden, dürfte Pluto **seit Januar** größere Umwälzungen gebracht haben; vor allem **im Juli** kann er gemeinsam mit Jupiter eine große Umstellung signalisieren. Je nach persönlichem Horoskop durch schwierige Entscheidungen, Bruch von Partnerschaften oder einen Neuanfang?

LIEBE/FREUNDSCHAFT: Vor dem 16. Juli Geborene beginnen ein neues Kapitel, haben **im September** die besten Chancen, sich anzupassen. **Nach dem 16. Geborene** könnten durch Saturn in einer chronischen Krise sein, die sich besonders **zwischen dem 5. August und Anfang Sep-**

tember zuspitzen könnte. Dann kann es hart auf hart gehen und Ihre Geduld wird strapaziert. Auch familiäre Komplikationen (mit dem Nachwuchs?) nerven und Sie sind ungeduldig. Die **gesamte Dekade** hat in **den ersten drei Septemberwochen** die besten Chancen, um Fehler wieder zu kitten. Organisieren Sie ein Treffen, einen Besuch, einen Kurztrip, Sie werden genau den richtigen Ton finden!

BERUF/GELD: Der Sommer wird nicht gerade ein langer ruhiger Fluss werden, denn Pluto und Saturn können Veränderungen durch äußere Einflüsse (z.B. neue Gesetze?), fast immer mit einer tiefgehenden Wandlung oder Restriktionen verbunden, symbolisieren. Und **ab 5. August bis Ende September** kann die Dissonanz von Mars die Dinge auf die Spitze treiben, es kann Beziehungen (Kollegen? Partner?) verschärfen. Nach einer Besserung in der **1. Septemberhälfte** wird die **letzte Woche im September** wieder hektisch. Zwingen Sie sich dazu, die Lage in Ruhe zu überdenken, nehmen Sie Beruhigungsmittel!

GESUNDHEIT/FITNESS: Die Pluto-Opposition und die damit verbundene Metamorphose könnte dazu führen, dass Sie Ihr emotionales oder berufliches Unwohlsein somatisieren. Um diesem negativen Effekt entgegenzuwirken, sollten Sie sich so oft wie möglich entspannen: Wanderungen, Meditation, Yoga, Segeln und Wassersport können positiv sein. **Ab dem 5. August** verleitet Mars jedoch zu überstürzten Gesten (vor allem **Anfang und Ende September**). Die Folge können Zerrungen, Stürze, Brüche, oder Infektionen sein! Oder Zahnprobleme, typisch für Dissonanzen von Mars/Saturn. Nutzen Sie Ihre erstaunliche Vitalität **in der letzten Juniwoche** und kluge Aktionen **in der 1. Septemberhälfte**, um Ihre Abwehrkräfte zu stärken!

HERBST (21/9 - 21/12)

So manche Krebse werden Ende 2020 erleichtert sein,

wenn Jupiter und Saturn endlich weiterwandern. Eine letzte Phase dieses Duos könnte noch i**m Oktober/November** zu spüren sein. Aber **ab Dezember** wird es besser.

LIEBE/FREUNDSCHAFT: Der dissonante Mars war **seit Sommer** wohl der Hauptschuldige ärgerlicher Missverständnisse (oft familiär), speziell **im September**, gleichzeitig mit Saturn, was häufig Enttäuschungen signalisiert. Trotz allem aber intensive Gefühle **in der 2. Oktoberhälfte**, dank einer versöhnlichen Venus. Auch **in der 1. Dezemberhälfte** amüsieren Sie sich, trotz gewisser Komplikationen und Einschränkungen.

BERUF/GELD: Ein Jahr, in dem Partnerschaften eine wichtige, manchmal positive und konstruktive Rolle gespielt haben oder aber, je nach persönlichem Horoskop, auch störend, manchmal sogar zerstörerisch (?) gewirkt haben. Die Ankunft eines aggressiven Mars, **seit dem 5. August** und vor allem **im September** mit Rivalitäten, Kritik und Konfrontationen (vor allem **Anfang und Ende September**), war nicht leicht zu kontrollieren. Ein Streitfall (Immobilien- oder Partnerschaftsstreit?) könnte Sie auch **in der 3. Novemberwoche** beschäftigen. Halten Sie durch! Und wenn Sie die (schlechte) Idee hatten, einen Prozess **zwischen März und Mai** zu beginnen, könnten Sie im **November/Dezember** enttäuscht werden. Aber stimulierende Kontakte und Verhandlungen sind in der **2. Oktoberhälfte** und der **2. Novemberhälfte** erste Fortschritte für eine Lösung. Und ab **Mitte Dezember** wieder freie Bahn, das Duo Jupiter/Saturn verabschiedet sich.

GESUNDHEIT/FITNESS: Der beginnende Herbst ist nicht optimal. Mars kann mit Saturn in Dissonanz **Ende September und in der 1. Oktoberhälfte** chronische Probleme akut werden lassen und Sie sollten vorsichtiger sein als sonst (Verstauchungen, Entzündungen, manchmal auch Zahnprobleme?)! Glücklicherweise gibt es Lichtblicke: **in**

der 2. Oktoberhälfte und **der 2. Novemberhälfte**, sowie **in der 2. Dezemberwoche** können Sie sich erholen. Und **das Jahr 2021** sollte viel besser werden.

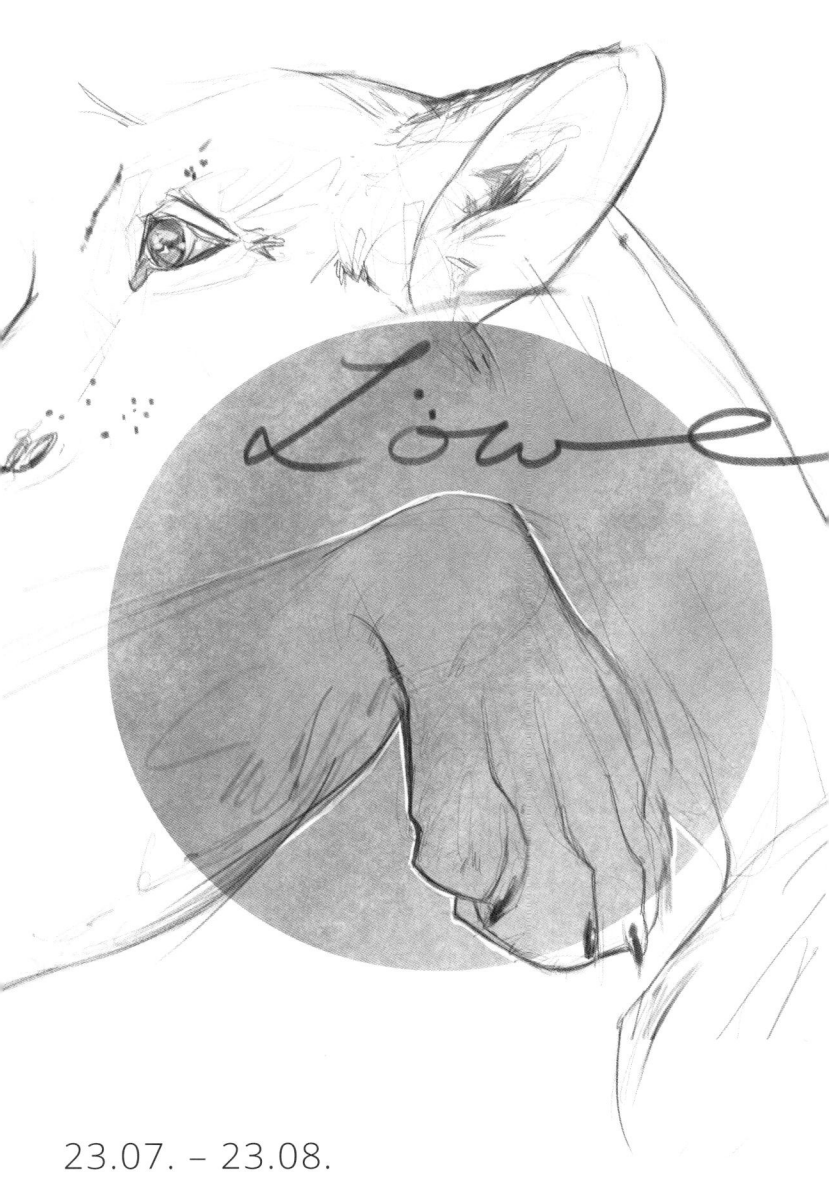

23.07. – 23.08.

LÖWE

1. DEKADE (23.7. - 1.8.)

JAHRES-ÜBERBLICK:
Ein interessantes Jahr, lieber Löwe. Abgesehen von Uranus, der unerwartete Ereignisse und eine Wende signalisieren kann, kommen Sie recht gut über die Runden. Nur die **Geburtstage vom Beginn (vor dem 25. Juli Geborene)** haben im Frühling den bremsenden Saturn gegen sich. Aber Powerplanet Mars, die **ganze 2. Jahreshälfte** im Widder, bedeutet mehr Energie und Sie setzen Ihre Vorstellungen durch. Auch Venus wirkt über weite Strecken positiv und verspricht unvergessliche Momente in Liebe und Freundschaft.

WINTER (21/12 - 21/3)

LIEBE/FREUNDSCHAFT: Uranus kann eine große Veränderung signalisieren, vor allem für die **vor dem 27. Juli Geborenen**. Vielleicht gelten in Ihren Beziehungen neue Regeln oder ein Ortswechsel bringt eine ganz neue Situation? Die **ersten zwei Wochen im März** werden sie in dieser neuen Realität verankern. Die **gesamte Dekade** wird **in der 1. Januarhälfte** das Leben so richtig genießen, neue (und alte?) Leidenschaften erwachen und Sie sind unwiderstehlich. Dann, **zwischen dem 8. und 17. Februar**, sind Sie romantisch und senden positive Schwingungen aus. Auf einer Reise gewinnen Sie alle Sympathien.

BERUF/GELD: Unvorhersehbare Ereignisse (z.B. neue Gesetze) könnten einiges in Ihrem Leben ändern. Manchmal eine Folge vom vergangenen Jahr. Im **1. Trimester** sind vorwiegend die **vor dem 27. Juli Geborenen** davon betroffen. Die **ganze Dekade** benötigt in der **2. Januarhälfte** Flexibilität und Anpassungsfähigkeit, um einen Modus Vivendi zu finden. Die **2. Märzhälfte** könnte Fortschritte bringen, u.a. im Hinblick auf Ihre Auslandskontakte, längere Reisen, Ihre Weiterbildung usw., besonders **in der letzten Woche** hört man auf Ihre Ideen.

GESUNDHEIT/FITNESS: Mit Mars auf Ihrer Seite sind Sie **zwischen dem 4. und 18. Januar** so richtig in Fahrt, ideal für Sport oder um Ihre guten Vorsätze zu verwirklichen. Seelisch ausgeglichen sind Sie **in der 2. Februarwoche**, exzellent auch für eine Schönheits- und Wellnesskur. Nur **vor dem 26. Juli Geborene** sollten (**um den 20./21.1.**) etwas vorsichtiger sein, z.B. auf den Skipisten oder im Verkehr!

FRÜHLING (21/3/ - 21/6)

Wenn Sie **vor dem 25. Juli geboren** sind, bremst Saturn in diesem Frühjahr, könnte Sie mit Ihrer Vergangenheit konfrontieren, gewisse Restriktionen signalisieren. Oder Sie müssen Altlasten in Ihren Beziehungen abbauen? Aber die **ganze Dekade** hat eine tolle **1. Aprilhälfte** und eine erfreuliche **2. Junihälfte** vor sich.

LIEBE/FREUNDSCHAFT: Venus und Mars bringen Ihre Gefühle auf Hochtouren. **In der 1. Aprilhälfte** stehen Sie im Mittelpunkt, wickeln alle um Ihren Finger. Super auch die **2. Junihälfte**: Romanze, Harmonie bei Paaren und mit Freunden? Allerdings können die Löwen **vom Beginn (vor dem 25. Juli Geborene)** manchmal zu egozentrisch reagieren (**Anfang Mai**). Nutzen Sie **in der 2. Maihälfte** echte Chancen für eine Aussprache (z.B. auf einer Reise), vermeiden Sie überstürzte Entscheidungen, die für andere nicht leicht verständlich sind! Allerdings, schon **ab 10. Juni** beschert Venus Herzklopfen, aus einer Freundschaft könnte mehr entstehen. **Bis Mitte Juli** amüsieren Sie sich blendend, erweitern Ihren Freundeskreis.

BERUF/GELD: In beruflichen Beziehungen sollten Sie **in der 1. Aprilhälfte** den Schongang einlegen! Umso mehr,

119

wenn Sie **vom Anfang der Dekade** sind (**vor dem 25.7.**). Ziehen Sie Ihre Samthandschuhe an! Alle anderen haben **Ende März** und in der **1. Aprilhälfte** gute Karten für Kontakte, Reisen und Verhandlungen usw. In den **zehn letzten Apriltagen** ist Sand im Getriebe: Ihre Haltung wird falsch interpretiert, besonders **um den 28. Juli Geborene** könnten durch unerwartete Ereignisse Rückschläge befürchten. Warten Sie die Phase v**om 10. Mai bis Ende Mai** ab, um Projekte wieder aufzugreifen! Künstlerische Projekte kommen in der **1. Aprilhälfte** und **zwischen dem 9. Juni und 12. Juli** gut voran.

GESUNDHEIT/FITNESS: Mars in Opposition verleitet in der **1. Aprilhälfte** zu leichtsinnigen Gesten, aber gleichzeitig beschert Venus Höhepunkte in Liebe und Freundschaft, stimuliert Sie. Sport mit Freunden und Partner (Sex?) ist ein gutes Ventil für konträre Energien. Wenn Sie **um den 27./28. Juli geboren** wurden, könnte aber auch Uranus dazwischenfunken. Daher sollten Sie **in der 1. Aprilhälfte** und auch **um den 25. April** vorsichtig sein! Gesunde Vitalität aber **in den letzten zehn Tagen im März** und **im Mai**.

SOMMER (21/6 - 21/9)

LIEBE/FREUNDSCHAFT: Der Sommer beginnt mit einem wahren Feuerwerk. **In der letzten Juniwoche** und der **1. Julihälfte** bringen Sie Venus und Mars zum Strahlen. Heisse Liebesnächte, unvergessliche Stunden mit Freunden? Traumreisen? Oft haben Begegnungen **von April** positive Folgen, man macht Ihnen viele Komplimente. Ähnlich reizvoll wird auch **die 1. Septemberhälfte** (**7.9. bis 12.9.**): Neustart bei Paaren, tolle neue Freunde?

BERUF/GELD: Verhandlungen und Kontakte **von Mai** bringen Resultate **Ende Juli und in der 1. Augusthälfte**. Exzellent u.a. für Termine (Ausland?), Verträge sowie Weiterbildung. Und **in der 1. Julihälfte** sind Sie kaum zu bremsen, reißen mit Ihrem Schwung andere mit. Dadurch können

120

Sie sich einen Vorsprung schaffen, der in der **2. Septemberwoche** mehr Sicherheit gibt. Bilanz: ein super Sommer ohne nennenswerte Hindernisse.

GESUNDHEIT/FITNESS: Der Sommer beginnt ideal: **bis Ende Juli** sind Sie in olympiareifer Form, ob auf dem Golfplatz, beim Tennis, beim Wandern, Radtouren usw. Dazu kommt **in der 1. Julihälfte** Ihre euphorische Stimmung: tolle Freunde, eine Romanze, alles ist möglich. Ähnlich auch **in der 2. Septemberhälfte**: Sie schweben eher, eine großartige Reise stimuliert Seele und Körper. Sie sind vital und treffen kluge Entscheidungen für Ihre Gesundheit (Kur, Diät, Abo im Fitnesscenter?).

HERBST (21/9 - 21/12)

Eher Routine in diesem **letzten Trimester**. Mit angenehmen Phasen **Ende Oktober/Anfang November**, mit Fortschritten **vom 20. November bis 11. Dezember**. Ausgenommen die **nach dem 27./28. Juli Geborenen**, die durch Uranus mit überraschenden Veränderungen konfrontiert werden (manchmal eine Folge von **Mai/Juni**). Und weiteren Konsequenzen **Anfang 2021**. Sie werden ein neues Kapitel beginnen, beruflich oder privat, je nach Ihrem persönlichen Horoskop.

LIEBE/FREUNDSCHAFT: Ende Oktober/Anfang November verspricht Venus erfreuliche Begegnungen, heiße Flirts und Spaß mit Freunden, die auch in der **2. Dezemberhälfte** Freude machen. Oder Kontakte zu Angehörigen, zu Kindern, sind besser als sonst. Für **nach dem 26. Juli Geborene** aber könnten unerwartete neue Situationen neue Wege eröffnen. Neue Regeln in Beziehungen oder schicksalhafte Begegnungen? Ausgelöst durch einen Drang zu mehr Unabhängigkeit. Oder sogar die berühmte Liebe auf den 1. Blick? **Anfang November** wäre eine schöne Gelegenheit. Während die **1. Oktoberhälfte** eher mittelmäßig werden kann, mit ähnlichen Überraschungen **Mitte und Ende November** (Spannungen zuhause, familiäre Turbulenzen?).

BERUF/GELD: Nehmen Sie **Ende September** und praktisch den **ganzen Oktober** hindurch Streitigkeiten mit Ihren Gesprächspartnern nicht auf die leichte Schulter! Missverständnisse, verschobene Termine oder Absagen bringen Ihre Planung ins Schlingern. Auch **Mitte November (11. bis 19.11.)** sind Ihre Kommunikationen problematisch. Und das gilt umso mehr, wenn Sie **vom Ende der Dekade** sind **(nach dem 27. Juli Geborene)**. Uranus signalisiert überraschende Ereignisse (Versetzung, Umzug?) und Sie müssen improvisieren. Geduld! **Zwischen 20. November und 13. Dezember** haben Sie wieder die Nase vorn, können aufholen. Günstig für Verhandlungen, eine Aussprache, aber auch Reisen, Examen usw. Sie sind kreativ und inspiriert. Einige haben auch im Spiel Glück.

GESUNDHEIT/FITNESS: Eine Übergangsphase. In der **letzten September-** und der **letzten Novemberwoche** sind Sie vital und dynamisch. **Ende Oktober bis Anfang November** sowie in der **2. Dezemberhälfte** sind Sie ausgeglichen, manchmal auch euphorisch, fühlen sich wohl mit Ihren Liebsten. Schonen Sie aber **Ende Oktober** Ihre Kräfte!

LÖWE 2. DEKADE (2.8. - 12.8.)

JAHRES-ÜBERBLICK:
Obwohl die langsamen Planeten neutral sind, wird es ein exzellentes Jahr, denn Venus verschönt **den ganzen Frühling** und beschert Superstimmung mit Freunden, Harmonie mit dem Partner (**bis Mitte Juli**) und danach steht Ihnen Energieplanet Mars **von Juli bis Dezember** zur Seite. Seltene Konstellationen, da beide Planeten rückläufig sind und dies in „befreundeten" Sternzeichen.

WINTER (21/12 - 21/3)

LIEBE/FREUNDSCHAFT: Romantische Ausflüge, Traumreisen oder gemeinsame Hobbys machen **vom 17. bis 26. Februar** Freude. Sie stehen im Mittelpunkt, gerade für typische Löwen sehr wohltuend, Ihr Charisma wird bewundert. Ideal für ein Fest, Hobbys mit Freunden oder musische Aktivitäten. Schon **in der 2. Januarhälfte und Anfang Februar** kann man Ihnen nur schwer widerstehen Sie erobern die Herzen im Flug. Venus schmollt aber **zwischen dem 14. und 24. März**, vielleicht sind Sie zu sehr beschäftigt und vernachlässigen Privates, Freunde und Partner?

BERUF/GELD: Für viele war Jupiter 2019 ein Wohltäter, der Fortschritte symbolisierte, und Sie sind weiterhin im Aufwind. Speziell **in der 2. Januarhälfte** geben Sie richtig Gas und sichern sich weiter einen schönen Vorsprung. Wertvolle Kontakte und Argumente aus Beton sind Ihre Wunderwaffen, außerdem eine gute Reiseperiode. In der **1. Februarhälfte** dann kleiner Leerlauf, mehr Druck. Aber dank Ihrer klaren Analyse und Ihrer Schlagkraft sollten Sie alle Schwierigkeiten überwinden.

GESUNDHEIT/FITNESS: Das Jahr beginnt auf der Überholspur. **In der 2. Januarhälfte** sind Sie physisch in Bestform und außerdem geistig rege. Auf den Pisten haben Sie die Nase vorn, zahlreiche Begegnungen machen Sie optimistisch. Ideal für Hobbys mit Freunden oder dem Nachwuchs oder um einige Ihrer guten Vorsätze umzusetzen, z.B. Hantel-Kauf, Skikurs usw. Kleiner Durchhänger dann **in der 1. Februarhälfte**: zu viel Stress? Ab **Mitte Februar** stimmt Sie Venus versöhnlich, Sie fühlen sich wohl (nach einer Wellnesskur?).

FRÜHLING (21/3 - 21/6)

Mit Venus im Zwilling, praktisch den **ganzen Frühling hindurch**, sprühen Sie vor Charme, gewinnen alle Sympathien.

LIEBE/FREUNDSCHAFT: Glückwunsch, lieber Löwe, Sie gehören zu den Favoriten. **In der 2. Aprilhälfte** schalten Sie auf Turbo, flirten was das Zeug hält. Oder alte Leidenschaften flammen erneut auf? Kurz: **April** gehört zu Ihren besten Monaten, mit Sonne (**vom 1. bis 10.4.**), Mars, Venus (**ab 15.4.**) und Merkur (**vom 18. bis 26.4.**) in Harmonie. Sie finden die richtigen Worte, Ihr Charme bezaubert, Sie gewinnen alle Sympathien. Reizvolle Begegnungen, manchmal Verständnis und Sympathie für Kinder verbessern Ihre Kontakte, oft mit wunderbaren Folgen **Ende Mai/Anfang Juni** und **bis Mitte Juli**. Leichter Gegenwind lediglich **in den zehn ersten Maitagen**, aber **zwischen dem 18. und 25. Mai** bügeln Sie Fehler wieder aus.

BERUF/GELD: In der 2. Aprilhälfte agieren Sie sehr clever und schlagfertig, nehmen mit Witz und Charme Ihren Gegnern den Wind aus den Segeln. Bleiben Sie auch bei hitzigen Debatten höflich und versöhnlich! Auch **Anfang Mai** erreichen Sie mit Diplomatie und Ruhe Ihre Ziele, wenn Sie Verzögerungen zwingen, Ihr Programm kurzfristig zu ändern. **Von Mitte Mai bis 10. Juni** haben Sie bei Verhandlungen das letzte Wort, setzen außerdem Ihren loyalen Löwe-Charme klug ein, finden genau den richtigen Ton. Unter anderem ein toller Frühling, wenn Sie künstlerische Ambitionen realisieren wollen, die Ihnen am Herzen liegen.

GESUNDHEIT/FITNESS: Ein fast wolkenloser Frühling bringt Ihren Organismus in Schwung und Ihre Seele in harmonische Schwingungen. **Im April** sind Sie **in der 1. Monatshälfte** gut in Form und in der **2. Aprilhälfte** setzen Sie Ihre Energien gezielt ein. Allerdings könnten Sie über die Stränge schlagen (Kalorien-Tsunami?), feiern ausgelassen. Vermeiden Sie aber übermütige Aktionen, die zu sehr Knöchel und Gelenke oder Ihren Kreislauf belasten, speziell **Anfang Mai!** Glanzform, auch seelisch, dann in der **1. Junihälfte**. Mit der Aussicht auf einen super Sommer.

SOMMER (21/6 - 21/9)

Venus verschönt den Sommerbeginn bis **Mitte Juli** und dann steht Ihnen Mars **mehrere Monate** zur Seite. Eine seltene Konstellation aufgrund der Rückläufigkeit des Planeten auf dem Tierkreis.

LIEBE/FREUNDSCHAFT: Herzlichen Glückwunsch zum Geburtstag, lieber Löwe! Juli wird ein Traummonat. Besonders **in der 2. Monatshälfte** werden Liebe und Freundschaft großgeschrieben, Sie amüsieren sich blendend. Begegnungen oder Pläne mit dem Partner machen Freude, Beziehungen (auch mit Kindern) sind harmonisch. Auch auf Reisen schläft Liebesgott Amor nicht (und Sie sind eine gute Zielscheibe). Wahrscheinlich mit Folgen **zwischen Mitte Oktober und Mitte Dezember**. Auch **in der 1. Augusthälfte** und **zwischen dem 15. und 25. September** haben Sie alles unter Kontrolle, eine exzellente Phase für Begegnungen, ein Wiedersehen oder eine tolle Reise. Bilanz: ein Sommer der Liebe.

BERUF/GELD: Wenn Sie in diesem Sommer ein fleißiger Löwe sind, wissen Sie, dass Sie **zwischen dem 16. Juli und dem 5. August** einen schönen Vorsprung gewinnen könnten. Mars schiebt Ihre Karriere an, Sie sind bei Projekten die treibende Kraft. Kluge Entscheidungen, gute Kontakte, erfolgreiche Verhandlungen (Ausland?) auch i**n der 1. Augusthälfte** und **zwischen dem 12. und 20. August. Vor dem 5. August Geborene** könnten nach unerwarteten Veränderungen ihre Pläne kurzfristig ändern.

GESUNDHEIT/FITNESS: Zwischen Mitte Juli und Mitte August sind Sie in Topform, tragen Siebenmeilenstiefel. Ob zuhause oder unterwegs, jetzt können Sie etwas für Ihre Figur, für Ihr Wohlbefinden unternehmen. Sport und Bewegung halten Sie fit, Sie sind richtig motiviert. **Der ganze Juli, die 1. Augusthälfte** und dann wieder **Mitte September** werden exzellent für Geist und Seele, Sie fühlen sich rundum wohl.

HERBST (21/9 - 21/12)

Ob emotional, beruflich oder finanziell, dieses Jahresende sollte für Sie vielversprechend werden. Dank Mars, der Sie von **Mitte Oktober** bis **Mitte Dezember** anschiebt, zusätzliche Energien verspricht.

LIEBE/FREUNDSCHAFT: Kreuzen Sie die **1. November-hälfte** und die **letzte Dezemberwoche** rot an! Venus verdoppelt Ihren Charme, Sie amüsieren sich glänzend, sind der strahlende Mittelpunkt. Obwohl es **Ende November/ Anfang Dezember** zu Verzögerungen kommen kann, Verspätungen (Reisen?) Ihre Planung ins Schleudern bringen. Aber mit Charme und Humor meistern Sie alle Hürden, auch Spannungen zuhause. Kurz, Sie werden trotz allem feiern was das Zeug hält und das Jahr stilvoll beenden.

BERUF/GELD: Auch im Job sind Sie wie ein Bulldozer und geben **von Mitte Oktober bis Mitte Dezember** den Ton an. Ihre Pläne und Projekte (Reisen, Investitionen?) von **Ende September** bringen **Mitte Dezember (14. bis 21.12.)** gute Resultate. Auch Missverständnisse und Verzögerungen **Ende November bis Anfang Dezember** können Sie nicht bremsen, denn **ab Mitte Dezember** haben Sie wieder alles im Griff, sind kreativ und gut inspiriert. Das Jahr endet mit einem Gewinn (vielleicht auch im Spiel?) und die Bilanz 2020 sollte eindeutig positiv ausfallen.

GESUNDHEIT/FITNESS: Von **Mitte Oktober bis Mitte November** ist Ihre Vitalität erstaunlich: ideal u.a. für Reisen, Abenteuer oder Trekking in ferne Länder oder sportliche Aktivitäten zuhause. Mars stärkt Ihre Abwehrkräfte, Sie kümmern sich intensiver um Ihre Gesundheit. Auch **in der 1. Dezemberhälfte** kann man kaum mit Ihrem Tempo mithalten. Sie haben alle Trümpfe in der Hand, um Ihren Metabolismus auf Vordermann zu bringen.

LÖWE 3. DEKADE (13.8. - 23.8.)

JAHRES-ÜBERBLICK:
Sie sind ein Glückskind. Die schwierige allgemeine (wirtschaftliche?) Situation 2020 betrifft Sie nämlich nicht direkt. Es sei denn, dass Ihr Aszendent oder andere wichtige Faktoren Ihres Horoskops betroffen sind.

WINTER (21/12 - 21/3)

LIEBE/FREUNDSCHAFT: Schon in der **2. Januarwoche** bringt Venus Abwechslung, reizvolle Begegnungen heben Ihre Laune. Gehen Sie aber anderen einen Schritt entgegen, um Harmonie und Verständnis zu fördern. Andererseits verspricht der Liebes-Planet **Ende Februar/Anfang März** Sternstunden, u.a. auf einer Reise, zu zweit oder mit Freunden. Und in der **letzten Märzwoche** schmollen Sie. Vielleicht wegen zu viel Arbeit?

BERUF/GELD: Obwohl das Planetentrio Jupiter/Saturn/Pluto Sie nicht direkt betrifft, könnte es einige Komplikationen oder Veränderungen in Ihrem Tagesablauf geben (Mitarbeiter?). In der **1. Februarhälfte** sind Sie dynamisch, voller Tatendrang, gleichzeitig sehr kreativ. Bessere Ergebnisse, wenn Sie im „teamwork" arbeiten, richtig delegieren! Lassen Sie auch Ihre Familienangelegenheiten zu Hause!

GESUNDHEIT/FITNESS: Ihre Vitalität ist **in den ersten zwei Februarwochen** beneidenswert. Wohl die beste Phase, um etwas für Körper und Seele zu tun! **Ende Februar** und in der **1. Märzwoche** sind sie geradezu euphorisch (Reise?). Leichter Durchhänger aber **zwischen dem 10. und 20. Februar**, vielleicht sollten Sie ausspannen? Ansonsten ziemlich neutral.

FRÜHLING (21/3 - 21/6)

Liebes-Planet Venus verspricht einen traumhaften **Monat Mai**, mit alten (und neuen) Leidenschaften. Bleiben Sie aber trotzdem vernünftig, denn in den **ersten zwei Maiwochen** schießen Sie übers Ziel hinaus!

LIEBE/FREUNDSCHAFT: Ein wahres Feuerwerk erwartet Sie **in der 1. Maihälfte**. Mars und Venus bringen Ihre Gefühle in Schwung, Sie sind leidenschaftlicher denn je. Begegnungen und Beziehungen sind harmonisch, Ihr Charisma wirkt Wunder. Allerdings könnten Sie manchmal übers Ziel hinausschießen, jemanden vor den Kopf stoßen. **In der 2. Maiwoche** z.B. könnte Ihre Haltung falsch interpretiert werden. Exzellent für Kontakte oder um Fehler wieder auszubügeln wird **die letzte Maiwoche**.

BERUF/GELD: Künstlerische Projekte könnten in diesem Frühjahr gut ankommen (**im Mai**) und **vom 10. bis 23. April** sind Verhandlungen (Auslandsgeschäfte?) sowie Publikationen, Aktivitäten in Bildung, Medien oder Politik erfolgreich. Hindernisse oder Verzögerungen **in der 2. Maiwoche**, die Sie aber mit Diplomatie und Charme meistern können. Günstig dann wieder (Reisen, Weiterbildung) die Periode vom **10. bis 21. Juni** (oft durch Hilfe von Freunden).

GESUNDHEIT/FITNESS: Nach einem angenehmen **April** sollten Sie **in den ersten beiden Maiwochen** etwas kürzertreten, sich mehr schonen! Sie amüsieren sich ausgelassen, könnten aber über die Stränge schlagen. Ungestüme Gesten aufgrund Ihrer Nervosität sollten Sie möglichst vermeiden, u.a. Ihr Herz-Kreislauf-System nicht überfordern! Oder Sie sind anfälliger für Entzündungen (Sehnen, Gelenke, Verstauchungen usw.). Ab **Mitte Mai** eher Routine.

SOMMER (21/6 - 21/9)

Jetzt im Sommer gehören Sie zu den Gewinnern. Ideal u.a. für Reisen, neue Horizonte, Studien usw. Mars steigert Ihr Energievolumen **im August und September**, Sie könnten Bäume ausreißen.

LIEBE/FREUNDSCHAFT: Ab 11. Juli bis 8. August sind Sie der strahlende Mittelpunkt, wickeln alle um Ihren Finger. Traumreise mit Freunden oder Ihrem(n) Liebsten? Berührendes Wiedersehen? Oder Riesenfest? Und der Sommer endet mit einem weiteren Hoch: **in der letzten Septemberwoche** glänzen und strahlen Sie, sind unwiderstehlich. Mars und Venus bringen Ihre Hormone in Schwung, Sie erleben Sternstunden. Kurz: ein Traumsommer, Sie sind in Feierlaune, verstehen sich blendend mit Freunden und Kindern.

BERUF/GELD: Sonne und Mars signalisieren Entschlossenheit und Power, **ab 5. August bis Ende September** haben Sie Rückenwind, bringen Ihre Schäfchen ins Trockene. Besonders zum Zeitpunkt Ihres Geburtstags. Zusätzlich mit Merkur als Verbündeten haben Sie alle Elemente in der Hand, um einen tollen Vertrag auszuhandeln, z.B. auf den Gebieten Verlag, Bildung, Medien oder Politik. Vor allem **vor dem 20. August Geborene** profitieren bis **Ende des Jahres** von der außergewöhnlichen Konstellation des Aktionsplaneten Mars.

GESUNDHEIT/FITNESS: Auch physisch sind Sie in Glanzform, besonders **im August und September**, es wird ein Supersommer, mit allen Chancen, gesünder zu leben. Bewegung und Hobbys mit Freunden? Wanderungen, Abenteuerurlaub, neue Horizonte stärken Ihre Abwehrkräfte, vielleicht bessern sich chronische Probleme? Kurz gesagt, ein sehr anregender Sommer. Noch eine gute Nachricht: außerdem sind Sie in euphorischer Stimmung, speziell

Ende Juli und Anfang August sowie in der **letzten Septemberwoche**, fühlen sich wohl und geborgen.

HERBST (21/9 - 21/12)

Bis **Mitte Oktober** und dann wieder in den **letzten drei Wochen des Jahres** sind Sie voller Tatkraft, sind körperlich fit und treffen mutige Entscheidungen.

LIEBE/FREUNDSCHAFT: Private Projekte oder Begegnungen von **Ende Juli/Anfang August** sorgen weiter für Herzklopfen, kommen **Ende September** und wieder **in der 3. Novemberwoche** zur Sprache. Neue Beziehungen bringen Sie zum Träumen, mit einem Höhepunkt **Mitte Dezember und bis Januar 2021**. Es sei denn Venus inspiriert Sie auch musisch oder Sie kümmern sich um Ihr Aussehen? (Wellnessurlaub?) **Zwischen 8. und 16. Dezember** schweben Sie auf Wolken: Harmonie mit Ihren Nächsten (Mutter, Geschwister, Nachbarn), Freude über ein Treffen, ein Wiedersehen. Bilanz: ein Jahresende mit Feuerwerk.

BERUF/GELD: Projekte **von Ende September** (Ausland, Verträge?) bringen erfreuliche Ergebnisse **zwischen dem 13. und 22. Dezember**. Gute Nachrichten für den ehrgeizigen Löwen. Bleiben Sie aber **Ende November bis Anfang Dezember** wachsam, prüfen Sie bei Abmachungen alle Details! Oder Missverständnisse mit Familie aufgrund Ihrer Arbeit? Für Investitionen noch vor Ende des Jahres wäre die Phase **nach dem 13. Dezember** günstig, manchmal auch Glück im Spiel.

GESUNDHEIT/FITNESS: Mit diesem wunderschönen Mars, der für Energie und Vitalität steht, sollten Sie das Jahr mit einer Bestnote abschließen. **Oktober und Dezember** sollten exzellent werden, Sie könnten Bäume ausreißen (aber bitte keine Christbäume!). Oder Sie reißen das Ruder herum, erinnern sich an Ihre guten Vorsätze vom Jahresanfang? Vielleicht ein Paar Hanteln als Geschenk? Oder ein Abo für Yoga, Chi Gong oder ähnliche Aktivitäten, die eine Wohltat für Körper und Seele sind? Glückwunsch jedenfalls für Ihre Jahresbilanz.

Jung frau

JUNGFRAU

1. DEKADE (24.8. - 2.9)

WINTER (21/12 - 21/3)

JAHRES-ÜBERBLICK:
Ihr Hang zu mehr Unabhängigkeit macht Fortschritte, der positive Einfluss von Uranus bringt **im Laufe des Jahres** Neues, je nach Ihrem persönlichen Horoskop, beruflich oder privat. Und nach einem erfolgreichen Jahresende 2019 steht Ihnen Jupiter noch **im Januar** zur Seite.

LIEBE/FREUNDSCHAFT: Das Jahr beginnt euphorisch: **bis Mitte Januar** bringt Jupiter gute Neuigkeiten, Harmonie mit Partner oder Kindern, manchmal ein berührendes Ereignis. In der **3. Januarwoche** signalisiert Venus interessante Kontakte und Flirts, und die **1. Märzhälfte** bringt Abwechslung: erfreuliches Wiedersehen, eine Reise zu zweit oder mit Freunden? Gehen Sie aus, organisieren Sie ein Treffen! Auch musische Aktivitäten stimulieren Freundschaften. Schon **im Februar** knüpfen Sie interessante Kontakte.

BERUF/GELD: Trotz einiger Hindernisse durch den störenden Marseinfluss haben Sie **in der 1. Januarhälfte** gute Karten, u.a. für Investitionen, rechtliche Angelegenheiten usw. Im **Februar** und der **1. Märzwoche** können Sie dann richtig Gas geben. Jungfrau-Planet Merkur fördert Kontakte, Verhandlungen verlaufen nach Wunsch. Und **in der 2. Februarhälfte** kann nichts Ihren Tatendrang bremsen. Manchmal auch Gewinn bei Spielen, aber die vorsichtige Jungfrau ist selten ein Spieler. Besonders **vom 4. bis 12. Februar** kommen Sie schnell an Ihr Ziel, Verhandlungen bringen dann **Ende Februar bis Anfang März** gute Resultate. Oder in der **2. Märzhälfte**.

GESUNDHEIT/FITNESS: Bleiben Sie gleich **im Januar (zwischen 3. und 18.1.)** möglichst vorsichtig, vermeiden Sie leichtsinnige Gesten (z.B. auf den Pisten, auf den Straßen usw.)! Mehr Vitalität verspricht Mars dann **in der 2. Februarhälfte**: ideal für (neue?) sportliche Aktivitäten, aber auch eine Kur, die viel Einsatz verlangt. Fasten könnte aber Wunder wirken, z.B. bei Problemen mit Gelenken oder anderen chronischen Beschwerden. Ansonsten eher neutral, mit leichtem Stress in der **letzten Februarwoche**.

FRÜHLING (21/3 - 21/6)

Vielleicht hat sich schon im letzten Sommer eine erstaunliche Wende angekündigt, die jetzt ein neues Kapitel in Ihrem Leben bringt. Jetzt nimmt der Wandel Gestalt an, sorgt für mehr Abwechslung, oft auch mehr Freiheit.

LIEBE/FREUNDSCHAFT: Ende April wird der Zyklus Sonne/Uranus zeigen, welcher Art die einschneidende Wende ist, beruflich oder auf dem Gefühlssektor. Häufig kann ein Ortswechsel, eine unerwartete Begegnung usw. der Auslöser sein. Und mit Venus im Zeichen Zwillinge könnten intensive Gefühle am Arbeitsplatz zu Komplikationen führen (besonders **in der 1. Aprilhälfte** und der **letzten Juniwoche**). In der **2. Maihälfte** eine latente Aggressivität in Beziehungen, nur wenig Toleranz. Oder Sie wollen unbedingt das letzte Wort haben. Übrigens: schon **in der letzten Aprilwoche** sind Sie sehr kontaktfreudig, unterhalten sich und Ihre Nächsten bestens. Oder zärtliche Bande auf einer Auslandsreise, die **bis Sommer** Herzklopfen verspricht.

BERUF/GELD: Die **Geburtstage von Ende August** könnten einen ganz neuen Abschnitt beginnen, mit dem seltenen und positiven Einfluss von Uranus im Stier. Eine Reise, Auslandskontakte, ein Vertrag, ein neuer Job? Jedenfalls kann sich Ihr Status quo verändern, zum Besseren, mit mehr Freiheit. Die stärksten Phasen dafür sind **die letzte**

Aprilwoche und **die 1. Junihälfte.** Alles ist möglich, da man weiß, dass Uranus der Planet des Unerwarteten ist. Dies gilt auch für den **Rest der Dekade**, dank kluger Verhandlungen und Entscheidungen.

GESUNDHEIT/FITNESS: In der 2. Aprilhälfte sind Sie gut in Form, körperlich ausdauernd und geistig rege. Achten Sie aber auf stressige Situationen, die bei Ihnen oft das Verdauungssystem betreffen! Beruhigende Aktivitäten (wie Yoga, Tai-Chi und Ähnliches) helfen und vermindern Ihre Nervosität und Ihre hypochondrischen Befürchtungen. Dank guter Kontakte treffen Sie auch die richtigen Leute (**Ende Mai** und **in den ersten drei Juniwochen**).

SOMMER (21/6 - 21/9)

Der Sommer wird angenehm: **im Juli** und **in der 2. Augusthälfte** ist Jungfrau-Planet Merkur am Werk und verspricht interessante Kontakte, erfolgreiche Verhandlungen usw. Und häufig großartige Reisen.

LIEBE/FREUNDSCHAFT: Reisen und Kontakte sind ein grosses Plus **in den ersten drei Juliwochen**. Sie entdecken neue Horizonte, gewinnen neue Freunde (**Mitte Juli**). Ideal für Reisen, Hobbys mit Kindern oder Partner. Und Liebes-Planet Venus meldet sich: **ab Anfang August und bis 19./20. August** sind Sie der strahlende Mittelpunkt, wickeln alle um Ihren Finger, freuen sich über Einladungen, manchmal wird aus Freundschaft eine tiefere Bindung. Andererseits schmollen Sie **Ende Juni/Anfang Juli (bis zum 12. 7.)** oder zu viel Arbeit lässt Sie Privates vernachlässigen? Aber das alles ist schnell vergessen, **im August** sind Sie in Feierlaune.

BERUF/GELD: gute Nachrichten für die **gesamte Dekade**, aber besonders, wenn Sie **nach dem 26. August geboren** wurden: ein Treffen, ein Vorschlag oder Verhandlungen **von Anfang Juni** versprechen Erfolg (**bis 20. Juli**), u.a. dank

Ihrer klugen Diplomatie und klarer Argumente (Ausland? Oder Reisen?). Effizient und aktiv sind Sie auch **in den zehn letzten Augusttagen**.

GESUNDHEIT/FITNESS: In der letzten Juni- und letzten Augustwoche sind Sie gut in Schuss. Und Ihre Gefühle schützen Sie vor Stress **in der 2. Augustwoche**, Sie fühlen sich wohl und verbreiten positive Schwingungen. Oft sind musische Aktivitäten auch Balsam für Ihre Seele. Ansonsten eher ein neutraler Sommer. Ausnahme: **in der letzten Juni- und der 1. Augustwoche** sind Sie nachdenklich gestimmt.

HERBST (21/9 - 21/12)

Wenn Sie **nach dem 28. August** Geburtstag haben, sollte Uranus spannende Neuigkeiten bringen, die aufs letzte Frühjahr zurückgehen.

LIEBE/FREUNDSCHAFT: Venus verwöhnt Sie mit Streicheleinheiten **in der 1. Oktoberhälfte**. Sie gehen viel aus, treffen Freunde und Verwandte und stehen im Mittelpunkt. Oder eine Romanze (im Ausland?) verursacht Herzklopfen, eine große Reise bringt Ihre Gefühle in Schwung. Ähnlich auch **Ende November**: gute Beziehungen mit Ihren Nächsten (besonders mit Müttern, Schwestern oder Freundinnen). **In der 3. Dezemberwoche** hingegen kapseln Sie sich ab, müssen sich mehr um familiäre Fragen kümmern. Aber das Jahr endet mit einem Feuerwerk, **in der letzten Dezemberwoche** sind Sie unwiderstehlich. Für **nach dem 27. August Geborene** kann **Ende November** ein neuer Lebensabschnitt beginnen, vorteilhaft für Ihre Zukunft. Oder ein Knalleffekt **am 31. Dezember**?

BERUF/GELD: Jetzt sind Sie wieder ganz vorne dabei, fast den **ganzen Oktober und November** hindurch ziehen Sie clever die richtigen Fäden, überzeugen mit Ihren Ideen und Projekten (Ausland?). Für die **nach dem 27. August Gebo-**

renen eröffnen sich neue Ziele, manchmal ein ganz neues Kapitel. Der innovative Uranus ist auf Ihrer Seite, Sie werden dadurch unabhängiger. Ähnlich auch **Ende Dezember**: Sie sind effizient, viele können das Jahr auf einem höheren Niveau beenden.

GESUNDHEIT/FITNESS: In der **1. Oktoberhälft**e sind Sie ausgeglichen, in Harmonie mit sich und der Umwelt, in der **2. Oktoberhälfte** physisch gut in Schuss. **Auch Ende November bis Anfang Dezember** (**bis 9.12.**) stärkt Ihre gute Laune auch Ihr Immunsystem. Nur **zwischen dem 14. und 23. Dezember** müssen Sie sich mehr Verpflichtungen (familiär, freundschaftlich?) widmen! Aber das Jahr endet angenehm, mit einer schönen Reise, einem Treffen, einem Wiedersehen usw.

JUNGFRAU 2. DEKADE (3.9. - 12.9.)

JAHRES-ÜBERBLICK:

Im Job, Ihren Finanzen und/oder auch privat verspricht Jupiter **im Februar/März**, dann wieder **zwischen Anfang August und Ende Oktober**, Fortschritte. Neptun in Opposition könnte Sie **im Mai** zu verminderter Klarsicht verleiten (oft in Gefühlsdingen). Aber durch den positiven Jupiter kann dies **im März** oder **im August** zu einer Art Erleuchtung führen. Das gilt vorwiegend für die **nach dem 7. September Geborenen**.

WINTER (21/12 - 21/3)

LIEBE/FREUNDSCHAFT: Nach einem angenehmen Jahresbeginn (**bis 14.1.**) könnte die **2. Januarhälfte** turbulenter werden. Familiäre Spannungen, Missverständnisse mit Partner oder Freunden? **Zwischen dem 18. Januar** und **2. Februar** sollten Sie nicht noch Öl ins Feuer gießen! Ganz anders **die 1. Märzhälfte**: Sie schweben auf Wolken, obwohl typische Jungfrauen nicht gern die Kontrolle verlieren. Oder Amors Pfeile treffen Sie auf einer tollen Reise? Mars und Venus jedenfalls bringen Ihre Hormone in Schwung. Und vor allem: der Glücksplanet Jupiter beschert Sternstunden **zwischen dem 16. Januar und 3. März**. Eine schicksalhafte Begegnung, Versöhnung, tolle neue Freunde oder ein Riesenfest?

BERUF/GELD: Sie sollten sich zu Beginn des Jahres intensiv mit finanziellen und rechtlichen Kontakten zu Ihrer Hierarchie befassen! Denn zwischen **Mitte Januar und Anfang März** könnten Sie säen, was sie zwischen **Anfang August und Mitte Oktober** ernten (z.B. Aufstieg, eigenes Unternehmen?). Vielleicht das Ende eines finanziellen Engpasses (z.B. durch Erbschaft, ertragreiche Investitionen?). Beste Perioden sind **Mitte Januar, Februar** (vor allem im „teamwork") und die **1. Märzhälfte** (dank Ihrer entschlossenen Haltung). Oder Sie machen sich selbstständig? Manchmal auch Erfolge mit musischen Aktivitäten, Kunsthandwerk usw.

GESUNDHEIT/FITNESS: Ab Anfang Januar sind Sie gut in Form und **ab dem 16.** verdanken Sie Jupiter mehr Selbstvertrauen und Optimismus (**bis Anfang März**). In der **1. Märzhälfte** liefern Sie olympiareife Leistungen, brechen Ihre eigenen Rekorde. Vielleicht die beste Phase, um etwas für Körper und Seele zu unternehmen. Eine Kur, gesündere Lebensweise, bei chronischen Problemen neues Heilverfahren? **In der 2. Märzhälfte** dank Venus eine Schönheitskur? Danach sehen Sie besser aus denn je, strahlen regelrecht.

FRÜHLING (21/3 - 21/6)

Ende März und in der **1. Aprilwoche** sind Sie kontaktfreudig, analysieren die Lage sehr klug. In der **2. Junihälfte** sind Sie physisch in Bestform. Kleiner Schatten: Venus schmollt **von Mitte April bis Mitte Juni**. Vielleicht sind Sie anderweitig im Einsatz und vernachlässigen Ihr Gefühlsleben?

LIEBE/FREUNDSCHAFT: Für einige wird es ein mittelmäßiger Frühling, denn Venus schmollt von **Mitte April bis Mitte Juni**. Oft sind es familiäre Fragen, die Sie mehr beschäftigen. Oder Sie sind zu sehr mit anderen Dingen beschäftigt, vernachlässigen Ihr Gefühlsleben? **Ende Mai/Anfang Juni** ist Sand im Getriebe (**bis 12.6.**). Man könnte Ihnen Vorwürfe machen, oder Ihre Haltung wird falsch verstanden. Bleiben Sie ruhig und vernünftig, vermeiden Sie turbulente Differenzen! Besser klappt es **in der 1. Maihälfte**, Sie reagieren klug und man hört auf Ihre Argumente. Beste Periode für eine Aussprache, eine Reise mit Freunden oder Kindern.

BERUF/GELD: Ende März könnte Merkur in Opposition Ihre Beziehungen stören (Verspätungen?), was **Mitte Mai** Folgen haben könnte. Arbeiten Sie Hand in Hand mit Ihren Partnern und Kollegen! Nutzen Sie die günstige Phase **Ende April und in der 1. Maiwoche**, um Abmachungen, Verträge usw. genauer zu prüfen! Auch **vom 7. Juni bis Ende Juni** haben Sie bessere Karten, bekommen Schützenhilfe. Aber als kluge Jungfrau werden Sie gut durch die Stromschnellen kommen.

GESUNDHEIT/FITNESS: Zweifellos sind Sie **in der 1. Maihälfte** gut in Schuss. Laden Sie Ihre Batterien auf, denn im Gegensatz dazu sind Sie in der **3. Maiwoche** und der **1. Junihälfte** unter Beschuss: Mars in Opposition verleitet zu ungestümen Reaktionen, deshalb sollten Sie den Fuß vom Gas zu nehmen! Einige sind anfälliger (Verdauung, Gelenke, Knöchel etc.), überschätzen Sie Ihre Kräfte nicht, z.B. beim Sport! Vermeiden Sie Aggressivität in Beziehungen, ziehen Sie Ihre Samthandschuhe an!

SOMMER (21/6 - 21/9)

Die gute Nachricht: Jupiter verspricht Erfolg **ab August (und bis Ende Oktober)**, **in der 2. Augusthälfte** wahre

Sternstunden, ein Liebeshoch, neue Freundschaften, ein Wiedersehen, Freude durch den Nachwuchs? Oft übrigens eine Folge vom Jahresanfang.

LIEBE/FREUNDSCHAFT: Der Sommer startet ein wenig holprig, aber nach (kleinen) Komplikationen **Mitte Juli** geht es bergauf. **Ab Mitte August** bringt Sie Jupiter zum Strahlen, unterstützt von Venus (**2. Augusthälfte**): Harmonie bei Paaren, schicksalhafte Begegnungen (Wurzeln **im Februar/März**?) manchmal auch Hochzeit oder Nachwuchs oder tolle neue Freunde? Was kann man mehr wünschen? Für viele wird es ein Sommer der Liebe. **In der letzten Juliwoche** und **Anfang September** können sich Lösungen anbieten, um ein Problem (administrativ? **von März/April**) zu lösen.

BERUF/GELD: Gute Karten **Anfang und Ende Juli**: Kontakte, Verhandlungen, Reisen werden gut verlaufen. Aber die beste Phase beginnt **Anfang August**. Erfolgsplanet Jupiter erleichtert finanzielle Projekte, beschert (**bis Oktober**) mehr Selbstvertrauen. Jetzt haben Sie alle Trümpfe und wertvolle Unterstützung, um größere Vorhaben zu realisieren. Oft übrigens eine Folge **von Februar/März**. Einige werden selbstständig, andere freuen sich über erfolgreiche Investitionen, eine Beförderung oder einen neuen Investor. Sie können schon den Champagner kaltstellen!

GESUNDHEIT/FITNESS: Ein schöner Sommer kündigt sich an: **ab Anfang August** beschert Jupiter Wohlbefinden, bei eventuellen (chronischen?) Beschwerden Besserung durch neue Medikamente oder Heilmethoden. Dazu kommt **im Juli** die Hilfe des Jungfrau-Planeten Merkur, ebenso **in der 1. Septemberhälfte**. Freundschaften gewinnen an Bedeutung, oft tragen neue Hobbys (Sport, Kunstgenuss?) dazu bei, dass Sie sich auch seelisch bestens fühlen.

HERBST (21/9 - 21/12)

Jupiter bringt nun gute Ergebnisse von Projekten, die Sie **im Frühling** gestartet haben, speziell **ab Mitte Oktober (praktisch bis Jahresende).** Neptun, gleichzeitig in Opposition, was u.a. zu viel Optimismus oder Fehleinschätzungen bei Ihren Vorhaben symbolisieren kann, wird von Jupiter abgeschwächt und Sie sind auf Erfolgskurs.

LIEBE/FREUNDSCHAFT: Viele Jungfrauen werden **Ende September und im Oktober** einen Erben begrüßen oder eine Bindung legalisieren. **Zwischen dem 10. und 20. Oktober** wird Jupiter von Venus unterstützt und es sollte eine der **besten Perioden des Jahres** werden. Ihr Charme fasziniert, Paare und Singles erleben Sternstunden (mit Highlights **um den 12./13.10.**): auch die **1. Dezemberwoche** wird abwechslungsreich und romantisch, während Sie **in der letzten Woche des Jahres** Verpflichtungen auf dem Programm haben.

BERUF/GELD: Erfolgsplanet Jupiter schiebt **ab Mitte Oktober** Ihre Karriere an und **bis zum 20. Dezember** gelingt Ihnen so ziemlich alles (oft aufgrund guter Ergebnisse Ihrer Pläne von Februar). Gewinn durch Investitionen, Aufstieg, oft auch Fortschritte im künstlerischen und kreativen Bereich. Selbst Neptun, der oft unklare Verhältnisse bewirkt (vorwiegend **für nach dem 8. September Geborene**), kann durch Jupiter neutralisiert werden. Besonders **Oktober** wird ein fruchtbarer Monat, aber auch **die 2. Novemberhälfte** (u.a. durch wertvolle neue Kontakte?). Wählen Sie diese Perioden für Ihre Termine, Diskussionen und Verhandlungen (!) während Reisen **in den letzten 10 Tagen im November** sowie **in der letzten Dezemberwoche** erfolgreich sein sollten.

GESUNDHEIT/FITNESS: Bis **Mitte Oktober** beschützt Sie Jupiter, Sie sind mit sich und der Welt im Einklang. Auch **im**

November sind Sie gut drauf, speziell in der 1. **Monatshälfte**. Kleiner Leerlauf dann **in der 2. Dezemberwoche**. Aber **in der 1. Dezemberwoche** beschert Venus Harmonie und gute Stimmung, Sie fühlen sich seelisch bestens. Das Jahr endet mit einem positiven Merkur: Sie verstehen sich blendend mit Angehörigen, dem Nachwuchs, oder eine Reise und (neue?) Hobbys erweitern Ihren Horizont.

JUNGFRAU 3. DEKADE (13.9. - 23.9.)

JAHRES-ÜBERBLICK:

Glückwunsch, Sie gehören zu den großen Favoriten des Jahres, mit dem Trio Jupiter (**ab März**), Saturn und Pluto auf Ihrer Seite könnte es eines der besten Jahre seit langem werden. Sie beginnen ein ganz neues Kapitel, sichern Ihre Zukunft ab. Alles erscheint möglich: eigene Firma, Heirat, mehr Einfluss und Verantwortung, manchmal eine Auszeichnung.

WINTER (21/12 - 21/3)

LIEBE/FREUNDSCHAFT: Pluto vertieft und erneuert Beziehungen, kündigt oft einen neuen Lebensabschnitt an, speziell, wenn Sie **vor dem 17. September geboren** wurden. Mit Konsequenzen bis **zum Ende des Jahres**. Und Saturn symbolisiert eine Konsolidierung, Liebe und Freundschaft sind von Dauer. Diesmal betrifft es die **gesamte Dekade**, mit einer vielversprechenden Ernte im Herbst. Auch musische Ambitionen werden von diesen zwei Planeten gefördert, was oft auch Ihre Freundschaften stimuliert und festigt. In diesem **ersten Trimester** schweben Sie **Ende Januar** und in **der 1. Februarwoche** sowie **in der 2. Märzhälfte** auf Wolken und erleben Sternstunden: das Duo Mars/Venus bringt Ihre Hormone in Schwung, Sie sind unwiderstehlich. Nehmen Sie Einladungen an, machen Sie eine Traumreise, Gott Amor wird Ihr Leben verschönen.

BERUF/GELD: Wahrscheinlich ein Superjahr. Sie klettern auf der Erfolgsleiter höher, können mehr Macht gewinnen, werden selbstständiger. Außerdem bringen langfristige Projekte Erfolg, was Sie jetzt beginnen, hat positive Folgen **in den letzten Monaten des Jahres**. Dazu steht Ihnen **ab Anfang März** Jupiter zur Seite und eine besonders fruchtbare Phase beginnt. Besonders **in der 2. Märzhälfte** sind Sie kaum zu halten, da dann auch Mars stimulierend wirkt. Ideale Konstellation, um ein wichtiges Ziel zu erreichen, denn alle Ampeln stehen auf Grün. Schon i**m Januar** bekommen Sie einen Vorgeschmack, **zwischen 10. und 20. Februar** haben Sie die Nase vorn. Nur **in der 1. Februarhälfte** ist ein wenig Sand im Getriebe: zu viel Stress? Aber nur vorübergehend.

GESUNDHEIT/FITNESS: Mit der Unterstützung dieses außergewöhnlichen Planetentrios haben Sie alle Trümpfe in der Hand, Ihre besten Vorsätze umzusetzen. Und **ab Anfang März** könnten Jupiter und Mars Sie zu Glanzleistungen anspornen. Oder im Falle einer Krankheit mit neuen Heilverfahren oder Aktivitäten Besserung bringen. Nicht nur physisch, auch psychisch könnte eine neue Lebensphase beginnen, mit mehr Optimismus und Selbstvertrauen.

FRÜHLING (21/3 - 21/6)

Das starke Duo Jupiter/Pluto eröffnet neue Chancen, privat und im Job. **Mitte Mai** und in der **2. Junihälfte** haben Sie starken Rückenwind.

LIEBE/FREUNDSCHAFT: Markieren Sie in Ihrer Agenda die Zeitspanne **vom 8. bis 20. Mai**, die wahrscheinlich kreativste und fruchtbarste dieses Frühlings. Ausland und Reisen werden dabei eine wichtige Rolle spielen, neue Horizonte eröffnen sich, Sie finden zu sich selbst. Freundschaften erreichen ein höheres Niveau, in Beziehungen kündigt sich ein neues Kapitel an. **Ab dem 12. Juni** können Partnerschaften neue Formen annehmen, oft auch Ihre Kontakte mit Kindern (oder Enkeln?). Mit exzellenten Ergebnissen **bis Jahresende**.

BERUF/GELD: Ihre Finanzen bessern sich vor allem **zwischen dem 8. und 20. Mai**, eine der besten Phasen mit der **2. Junihälfte**. Sie gewinnen an Macht und Einfluss, was Sie jetzt beginnen, verspricht gute Resultate **in den letzten drei Monaten des Jahres**. Gründung des eigenen Unternehmens? Oder eine neue Tätigkeit, die Sie begeistert und neue Horizonte eröffnet, Ihren wahren Zielen und Ihrer Begabung entspricht? Auch künstlerische Ambitionen bringen Erfolge, Partnerschaften können sehr profitabel sein. Außerdem haben Sie ein glückliches Händchen für Investitionen, in administrativen und rechtlichen Angelegenheiten (Prozesse?), sowie für Verhandlungen und Verträge.

GESUNDHEIT/FITNESS: Mit Pluto/Jupiter haben Sie beste Chancen, sich vital und ausgeglichen zu fühlen. Vielleicht ändern Sie Ihre Lebensweise, in einigen Fällen kann es zu einer wahren Neugeburt kommen. Im Falle einer Krankheit sind die Chancen auf Besserung optimal. Die einzige Phase, in der Sie nervös oder unsicher sind, sich mehr entspannen sollten (Musik, Meditation, Hobbys?), sind die Tage **vom 10. bis 28. Juni**.

SOMMER (21/6 - 21/9)

Alles Gute zum Geburtstag, liebe Jungfrau! Bis Ende Juli steht Ihnen Jupiter zur Seite (mit positiven Folgen **ab Ende Oktober und bis Jahresende**), was im Job oder auch im privaten Bereich Aufwind bedeutet. Ebenfalls positiv bringt Saturn eine Stabilisierung (**bis Jahresende**), allerdings vorwiegend für die **nach dem 17. September Geborenen**. Dazu wirkt auch Pluto positiv hinter den Kulissen für Sie. Sie erleben eine Metamorphose, manchmal eine Art Renaissance. Denken Sie daran, dass dieses Trio (nur alle paar Jahrhunderte wirksam) außergewöhnliche Chancen für Sie bringt, eine Neugestaltung Ihres Lebens. Selbst die Opposition von Neptun, die oft unser Urteilsvermögen schwächt, wird dadurch ausgeglichen.

LIEBE/FREUNDSCHAFT: Freundschaften werden intensiver, vor allem **Ende August/Anfang September**. Vielleicht müssen Sie sich zwischen Freundschaft und Liebe entscheiden? Oder Sie machen mutige Liebesschwüre? Aber vertrauen wir der klugen Jungfrau, dass sie mit der Situation intelligent umgeht. Zweifellos werden die besten Phasen des Sommers **Mitte Juli, Anfang September** und die **Tage Ihres Geburtstages** sein. Sie sind konstruktiv, Freunde und Familie verlässlich, ein harmonischer Sommer.

BERUF/GELD: Vielleicht ist Ihnen Erfolg wichtiger als in der Sonne zu faulenzen? Oft sind Jungfrauen wahre „Workaholics". Und Sie haben echte Chancen, etwas Neues zu beginnen, das mehr Ihren Fähigkeiten und Zielen entspricht. Alle Ampeln sind auf Grün **in der 1. Augustwoche. In der 2. Julihälfte** können wichtige Entscheidungen fallen, deren (positive) Folgen **bis 2021** dauern. Neue Methoden, eine neue Sichtweise? Vorwiegend für **vor dem 17. September Geborene**. Wollen Sie selbstständig werden, eine eigene Firma starten? Die Tage um Ihren Geburtstag sind exzellent, fruchtbar und konstruktiv. Jetzt oder nie, sollte Ihre Devise lauten!

GESUNDHEIT/FITNESS: Superform im Juli/Anfang August. Unterstützt von Pluto, Jupiter und Sonne schalten Sie auf Turbo, Ihr Schwung reisst andere mit. Und **Ende August bis Anfang September** mit der Sonne und dann Venus im Krebs, werden Sie Körper und Seele streicheln, fühlen sich locker und oft freier. Segeln, Tauchen, Fischen, Kreuzfahrten usw. begeistern. **Ende Juli** sollten Sie aber vorsichtiger sein, z.B. bei Wassersport! Außerdem sollten Sie sich in der Zeit **vom 26. Juli bis 8. August** möglichst gesund ernähren, um Ihren Verdauungstrakt zu schützen! Aber die positiven Einflüsse sind stärker, für einige kommt es zu einer wahren Neugeburt.

HERBST (2/9 - 21/12)

Wie schon **im Sommer** haben Sie weiter Rückenwind durch Jupiter, Saturn und Pluto. Eine Metamorphose, die im Frühling begonnen hatte, zeigt jetzt **im letzten Trimester** und noch **bis Mitte 2021** ihre Wirkung.

LIEBE/FREUNDSCHAFT: In der 2. Oktoberhälfte könnte für viele ein Traum in Erfüllung gehen. Bindungen werden tiefer und fester, erreichen ein höheres Niveau, Heirat oder ein Baby nicht ausgeschlossen. Oder eine schicksalhafte Begegnung? Manchmal sind neue Regeln, neue Gesetze ein Plus für Sie, bringt Sie Ihren Wurzeln näher, Ihrer wahren Natur. In der **2. Dezemberwoche** verspricht Venus Sternstunden, Harmonie mit Familie und Freunden.

BERUF/GELD: Pluto serviert Ihnen auf einem Silbertablett einen neuen Weg und Jupiter sollte sein Versprechen vom Frühjahr einhalten. Ihre Projekte haben Erfolg: ein Plus auf dem Konto? Neue Verantwortung? Oder Anerkennung Ihrer Verdienste? Auszeichnung? Optimal werden speziell **die letzte Oktoberwoche** und **die 2. Novemberhälfte**. Mehr Macht und mehr Power? Erfolg mit neuen Methoden? **Ende November bis Anfang Dezember** ist exzellent für Meetings, Verhandlungen, Verträge und Reisen (Geschäfte mit dem Ausland). Erwarten Sie andererseits keine Wunder **in der 1. Dezemberhälfte**, es kommt zu Verzögerungen oder Missverständnissen. Aber Ihr Erfo gstrend sollte stärker sein.

GESUNDHEIT/FITNESS: Positive Veränderungen in Ihrem Leben steigern Ihr Selbstvertrauen, aber auch Ihr Immunsystem. Neue sportliche Aktivitäten oder Hobbys wirken sich außerdem positiv auf Ihre Psyche aus. **Beste Zeit**: die **2. Oktoberhälfte** und die **2. Novemberhälfte**. Bei Krankheit optimal für Besserung durch neue Heilmethoden. Ich wünsche Ihnen ein schönes Jahresende und einen guten Rutsch ins Jahr 2021!

Waage

24.09. – 23.10.

WAAGE

1. DEKADE (24.9. - 3.10.)

JAHRES-ÜBERBLICK:
2020 verspricht, mehr oder weniger ein Übergangsjahr zu werden. Jupiter könnte in der **1. Januarhälfte** die Dinge ein wenig komplizieren. Stress? Eine professionelle Entscheidung nervt? Es hängt aber von Ihrem persönlichen Horoskop ab. Noch eine gute Nachricht: Venus verwöhnt Sie **im April und im Juni**, Sie schweben über den Dingen.

WINTER (21/12 - 21/3)

LIEBE/FREUNDSCHAFT: Mars und Venus bringen gleich in **den ersten zwei Januarwochen** Ihre Gefühle auf Hochtouren. Ähnlich auch die **2. Februarwoche**: Sie sprühen vor Charme, wickeln alle um Ihren Finger. Seit Ende 2019 dreht sich alles um Begegnungen, Liebe und Freundschaft, Sie zeigen sich leidenschaftlich. Günstig auch **der Neumond vom 24. Januar**, für freundschaftliche Kontakte, Hobbys, Kunstgenuss usw. Aber Jupiter verleitet **Anfang Januar** zu exzessiven Aktionen, viele tanzen auf mehreren Hochzeiten gleichzeitig (**um den 8.1.**).

BERUF/GELD: Nach stressigen Momenten **Ende Dezember (um den 27.12.)** stärkt Mars **bis zum 18. Januar** Ihre Abwehrkräfte, gut für Ihre Karriere. Allerdings signalisiert Jupiter in den **ersten zwei Wochen** administrative Probleme, schwierige Kontakte mit Ihrer Hierarchie, aber **ab Mitte Januar** begünstigt Merkur Besprechungen und Kontakte, man hört auf Ihre Vorschläge. Exzellent auch für Reisen, Studien, Weiterbildung (bis **Ende Januar**). Etwas schwieriger dann wieder die **2. Februarhälfte**: Sie sind leicht reizbar, manchmal Differenzen (mit Kollegen?).

FITNESS/GESUNDHEIT: Mars liefert zusätzliche Energien **bis zum 18. Januar**, Sie bringen im Sport Glanzleistungen. Mehr Vorsicht ist aber in der **zweiten Februarhälfte** geboten: schonen Sie Ihre Gelenke, vermeiden Sie übermütige Aktionen (Skipisten, Straßenverkehr)! Manchmal sind Sie auch anfälliger für Viren, Entzündungen oder rheumatische Beschwerden.

FRÜHLING (21/3 - 21/6)

Jupiter lässt Sie in Frieden und **im April** geht es bergauf. Und Saturn ist vorübergehend in einem „positiven" Zeichen für Sie (speziell für die **Geburtstage vom Beginn, vor dem 24. September Geborenen**). Gute Nachrichten **für alle in dieser Dekade**.

LIEBE/FREUNDSCHAFT: Die Frühlingsglocken läuten. Gleich **ab dem 21. März** legen Sie los und in der **1. Aprilhälfte** sind Sie unwiderstehlich. Venus, Ihr Herrscherplanet, verspricht aufregende Begegnungen, ein erfreuliches Wiedersehen mit positiven Konsequenzen **Ende Juni/Anfang Juli**. Eine Frühlingsromanze? Oder Sie machen etwas für Ihr Aussehen, Madame WAAGE? Dazu stimuliert Mars alte (und neue?) Leidenschaften. Und wenn Sie **vor dem 24. März geboren** sind, festigt Saturn freundschaftliche Beziehungen, vertieft Gefühle bei Paaren. Auch hier könnten die Auswirkungen dieses Frühjahrs **am Ende des Jahres** wieder spürbar werden.

BERUF/GELD: Der Frühling beginnt optimal, **ab dem 21. März** stehen alle Ampeln auf Grün. **Bis Mitte April** Fortschritte mit spannenden Projekten, manchmal auch Erfolge mit künstlerischen Ambitionen (**7., 8., 11., 15.4.**). Bei Debatten zeigen Sie mehr Entschlossenheit, Ihre Argumente haben mehr Biss, bei Ihren Aktivitäten sind Sie unermüdlich. Dann, **am 12. Mai und bis Monatsende (22. und 29.5.)** günstig für Verhandlungen, Termine, Verträge und Reisen. Man lobt ihre kluge Analyse und Ihre sprichwörtliche Waagediplomatie.

GESUNDHEIT/FITNESS: Mars steigert Ihre Power **in der ersten Aprilhälfte**, Sie sind vital und in blendender Verfassung. Ideal für sportliche Hobbys, Aktivitäten (mit Freunden oder Ihren Kindern). Auch **Ende Mai (21. bis 31.5.)** sind Sie gut in Schuss, bei Beschwerden gute Chancen für Besserung. Dazu beschert Venus **im April** und dann wieder in der **2. Junihälfte** Spaß und Superlaune, Sie fühlen sich seelisch ausgeglichen.

SOMMER (21/6 - 21/9)

Die kosmische Neutralität der langsamen Planeten signalisiert, dass es beim Status Quo bleiben sollte. Wie üblich beginnt der Sommer (**Ende Juni**) mit der Sonne im Krebs und Sie müssen sich mit Familienangelegenheiten, Haus- oder Wohnungsproblemen beschäftigen. Dazu Verzögerungen und mehr Hektik in den **ersten zwei Juliwochen**, aber besser wieder **die letzte Juliwoche und Mitte August**, günstig für Reisen und Kontakte.

LIEBE/FREUNDSCHAFT: Zwischen Ende Juni und Mitte Juli (10.7.) verspricht Venus, ähnlich wie **Anfang April**, reizvolle Kontakte, harmonische Beziehungen, Spaß mit Freunden (neue Hobbys?). Oder ein unerwartetes Wiedersehen macht Freude, manchmal wird aus einer Freundschaft eine zärtliche Bindung. **Zwischen dem 8. und 20. August** schmollt Venus und Sie ziehen sich ein wenig zurück, aber **in der 1. Septemberhälfte** strahlen Sie wieder und wickeln alle um Ihren Finger. Ideal u.a. für eine Reise (mit Freunden, Familie oder Ihrem Liebsten). Und kreative oder künstlerische Ambitionen finden Anklang, Sie sonnen sich in der allgemeinen Bewunderung (**um den 13.9.**).

BERUF/GELD: In den **ersten drei Juliwochen** sind Sie zerstreut, Verzögerungen (Reisen, Verhandlungen, Examen) bringen Ihre Planung ins Schlingern. Und in Ihren Kontakten ist eine gewisse Aggressivität spürbar. **Ab dem 20. Juli** aber läuft es wieder besser, Sie haben die Lage wieder unter Kontrolle. Die **1. Augusthälfte** ist ideal für Termine, Verträge, Kontakte und Reisen. Ähnlich auch die **2. Septemberwoche (10./11.9.),** besonders Hand in Hand mit Kollegen oder Partnern könnten Sie schöne Fortschritte verbuchen.

GESUNDHEIT/FITNESS: Mars in Opposition **in der 1. Julihälfte** kann manchmal stimulierend sein, aber auch zu Fehlhandlungen führen. **Bis zum 20. Juli** sollten Sie Ihre Kräfte besser einteilen, überschüssige Energien mit Sport abbauen! Auch Yoga, beruhigend asiatische Aktivitäten wie Tai-Chi usw. könnten nützlich sein. **Nach dem 20. Juli** sind Sie gut in Schuss und konzentriert. **In der letzten Juni- und 1. Juliwoche** schütten Sie Glückshormone aus, was sich sehr positiv auf Seele und Körper auswirkt. Ähnlich auch in der **1. Septemberhälfte**: Sie schweben auf Wolken, erleben Freude durch Ihre Liebsten oder durch künstlerische Erlebnisse.

HERBST (21/9 - 21/12)

Sie gehören zu den Glückskindern: Abgesehen von den schnellen Planeten, die für die kleinen Variationen unseres täglichen Lebens verantwortlich sind, ist Ihr Himmel wolkenlos, die langsamen Planeten lassen Sie in Frieden, sind überwiegend neutral.

LIEBE/FREUNDSCHAFT: Blickt man auf die bisherigen Einflüsse zurück, so war der Liebesplanet Venus **im August** eher in der Defensive, was aber nicht weiter schlimm war. **Ende Oktober/Anfang November** kehrt Ihr Herrscherplanet zurück in Ihre Dekade, verdoppelt Ihren Charme, Sie sind unwiderstehlich. Oder Sie haben Herzklopfen, machen reizvolle Begegnungen, freuen sich über eine Romanze, ein berührendes Wiedersehen. Und wenn Sie vom Anfang des Zeichens sind (**vor dem 25. September geboren**), könnte **im Dezember** eine Begegnung vom Frühjahr angenehme

Folgen haben, Beziehungen festigen: ein schönes Weihnachtsgeschenk.

BERUF/GELD: Das Jahr wird vorwiegend positiv enden. Nur **Ende September bis Anfang Oktober** sollten Sie mehr auf andere hören, am gleichen Strang ziehen, Ihr Ego zurückstellen! Die besten Phasen werden die **2. Novemberhälfte und die 1. Dezemberhälfte**, exzellent für Reisen, Prüfungen, Konferenzen, Medien usw. **Nach dem 20. Dezember** werden Sie, wie jedes Jahr, ein wenig gebremst sein oder Mehrarbeit muss erledigt werden. Aber Ihre Basis sollte solide sein. Wenn Sie **vom Anfang des Zeichens** sind (**vor dem 25. September Geborene**), können Sie sich über den positiven Einfluss von Saturn freuen, der schon im Frühjahr Ihre Position abgesichert hat. Manchmal auch eine Beförderung, Fortschritte mit Ihren Projekten.

GESUNDHEIT/FITNESS: Fit und vital sind Sie **in der letzten Septemberwoche** und der **2. Novemberhälfte**. In den **letzten zehn Tagen des Jahres** sind Sie hingegen abgespannt, es ist Zeit für eine kleine Ruhepause. Spaß und gute Laune aber in der **letzten Oktober- und 1. Novemberwoche**, wenn Sie mehr als sonst auf Ihren Partner und Freunde eingehen. Gute Nachricht für **Geburtstage vor dem 25. September: ab Mitte Dezember** wechselt Jupiter vom Steinbock in den Wassermann, Sie werden sich physisch und psychisch besser fühlen (**bis Ende Januar**).

WAAGE 2. DEKADE (4.10. - 13.10.)

JAHRES-ÜBERBLICK:
Das Jahr beginnt rasant. **Bis zum 2. Februar** sind Sie nicht zu bremsen, während Sie **in der 1. Märzhälfte** den Fuß vom Gas nehmen, Ihre Kräfte schonen sollten! Und Jupiter nervt von **Mitte Januar bis Ende Februar** (Budgetfragen, familiäre Komplikationen?). Auf der anderen Seite nutzen Sie die Möglichkeiten der **1. Aprilhälfte**, wo Sie alle Hür-

den meistern. Viel besser auch **Mitte April bis Mitte Juli**: Venus verwöhnt Sie und Liebe und Freundschaft boomen.

WINTER (21/12 - 21/3)

LIEBE/FREUNDSCHAFT: Der Jahreswechsel sollte erfreulich verlaufen, in der **1. Woche des Jahres** amüsieren Sie sich blendend. Auch in der **2. Februarhälfte** sind Sie charmant und fühlen sich wohl, gewinnen alle Sympathien mit Ihrem legendären Waage-Charme. Aber das Duo Mars/Jupiter funkt manchmal dazwischen, Sie schlagen über die Stränge. **In der 1. Märzhälfte** können Sie ganz schön brüsk sein. Oder Ihr Job zwingt Sie dazu, Partner und Familie zu vergessen? Kurz: Sie sind nicht immun gegen Angriffe, Differenzen, besonders im Familienkreis (**Anfang März**).

BERUF/GELD: Von **Mitte Januar bis Anfang März** symbolisiert Jupiter schwierige Entscheidungen, rechtliche, finanzielle oder administrative Probleme (**um den 23.2.**). **In der 1. Januarhälfte** Fehler in Ihren Kommunikationen, bei Verhandlungen und Reisen (kritisch **um den 10.1.**). **Nach dem 15.1.** sind Sie aber dynamisch und effizient, können verlorenes Terrain wettmachen. Voller Energie erledigen Sie Ihre Aufgaben schneller als erwartet (**bis Anfang Februar**). Auch in den **ersten zwei Märzwochen** (**um den 3.3.**) müssen Sie sich Veränderungen anpassen! Planen Sie Investitionen oder andere wichtige Entscheidungen gründlich, denn **zwischen August und Ende Oktober** könnte dies Folgen haben. Sichern Sie sich möglichst gut ab!

FITNESS/GESUNDHEIT: Zwischen **Mitte Januar und Mitte Februar** sind Sie in Superform, exzellent für gute Vorsätze wie gesündere Lebensweise, mehr Sport, eine Diät, Outdoor-Hobbys usw. Aber vermeiden Sie Exzesse und voreilige Schritte in der **1. Märzhälfte**, überschätzen Sie Ihre Kräfte nicht! Vermeiden Sie Süßigkeiten, Alkohol, Medikamente usw.! Denn Jupiter verleitet zu Exzessen (Kalorien). Vielleicht sind Sie überlastet, weniger fit? Gute Nachricht: **ab Mitte März** haben Sie bessere Karten, finden besser zu sich selbst. Und ein strahlender Frühling kündigt sich an.

FRÜHLING (21/3 - 21/6)

Venus verwöhnt Sie **von Mitte April bis Mitte Juni** und ein Superfrühling steht Ihnen bevor. Die seltene Konstellation (Venus ist rückläufig und wirkt wochenlang) stimuliert Ihre Beziehungen, verdoppelt Ihren Charme, bringt manchmal auch Freuden durch musische Aktivitäten.

LIEBE/FREUNDSCHAFT: Ab Mitte April bis Mitte Juni sind Sie der strahlende Mittelpunkt, Ihr Waagecharme ist unwiderstehlich. Neue Freunde, tolle Begegnungen oder ein Wiedersehen? Außerdem verbessert Venus harmonische Beziehungen zu Ihrem nächsten Umfeld, Ihren Eltern, Kindern, Geschwistern oder Nachbarn. Und dazu steigert Mars **in der 2. Aprilhälfte** alte und neue Leidenschaften, ermutigt zu Hobbys oder schöpferischen Arbeiten. Oder eine Traumreise **Mitte Mai (15. bis 22. Mai)** oder eine schicksalhafte Begegnung? Nur **in der 2. Junihälfte** (kleine) Missverständnisse, Verspätungen. Checken Sie bei einer Reise alle Bedingungen!

BERUF/GELD: **Ab Mitte April** stimuliert Sie Mars, Ihre Projekte haben Rückenwind. Vielleicht können Sie mit Freunden ein neues und spannendes Projekt starten? Für Meetings, Verhandlungen oder Reisen ebenfalls günstig **ab Mitte April** und **zwischen dem 16. und 22. Mai**. Leichter Gegenwind in Ihren Kommunikationen aber **ab dem 7. Juni**: Verspätungen, Absagen stören Ihre Planung, Projekte sind mehr oder weniger blockiert. Mit Ihrer Waagediplomatie können Sie aber Hürden überwinden und eventuelle Fehler wieder ausbügeln.

GESUNDHEIT/FITNESS: Mars steigert Ihre Vitalität und stärkt Ihre Abwehrkräfte, speziell **in der 2. Aprilhälfte**: ideal, um mehr Sport und Bewegung zu programmieren: Jogging, Tanz, Wandern in der Natur usw. sind exzellent für Ihre Gesundheit, bei Krankheit gute Chancen für Besserung. Bilanz: ein traumhafter Frühling, mit Ausnahme von **Ende Juni**. Aber mit Waageplanet Venus und vielen Glückshormonen schweben Sie ohnehin auf Wolken.

SOMMER (21/6 - 21/9)

Jupiter kann **im August und September** wieder symbolisch für Komplikationen (familiär, finanziell, ärgerlicher Papierkram bezüglich Wohnung?) sein, häufig eine Folge **von Februar**.

LIEBE/FREUNDSCHAFT: Ein toller Sommerbeginn. Venus im Zeichen Zwillinge bringt praktisch den ganzen Juli hindurch und **Mitte September** aufregende Begegnungen, intensive Freundschaften, Harmonie zu zweit (**27.7.**). Flirtalarm, Singles finden Anschluss, Einladungen flattern ins Haus. In der **2. Julihälfte** bringen Venus und Mars Ihre Hormone zum Tanzen, entfachen alte (und neue) Leidenschaften. **Mitte August** schalten Sie auf Schongang, vielleicht bremsen berufliche oder familiäre Pflichten Ihre ausgelassene Stimmung? **Nach dem 8. Oktober Geborene** stehen **ab Anfang August** wieder vor einer schwierigen Entscheidung, die Sie schon **im Februar** beschäftigt hat (Kinder, Familie?).

BERUF/GELD: Nach einem eher mittelmäßigen **Juli** (Verspätungen, schwierige Kommunikation?) sollte es **ab Anfang August** besser laufen. Sie können besonders **Mitte August** wieder aufholen, dank wertvoller Kontakte und kluger Argumente. Günstig u.a. für einen Vertrag, Auslandsprojekte, Weiterbildung usw. (**um den 9.8.**). Trotzdem sollten Sie **zwischen Mitte Juli und Anfang August** nichts überstürzen, speziell, wenn Sie **nach dem 8. Oktober** geboren sind! Mars verleitet zu voreiligen Schritten und **ab Anfang August** auch Jupiter (übrigens **bis Anfang Oktober**). Vermeiden Sie Differenzen mit Behörden und Ihrer Hierarchie!

GESUNDHEIT/FITNESS: Mars in Opposition **in der 2. Julihälfte** und **der 1. Augustwoche** (mit möglichen Konsequenzen bis Jahresende) kann ganz allgemein Ärger durch Andere bedeuten. Deshalb sollten Sie bei sportlichen Aktivitäten oder auch am Steuer nicht vergessen, dass Andere Fehler machen, die unangenehm für Sie sein könnten! Aber Merkur hilft **Mitte August (10. bis 16.8.)** und **in der letzten Juniwoche** und der **1. Julihälfte** bringt Venus eine gewisse Schwerelosigkeit, eine optimistischere Sicht der Dinge. **Nach dem 8. Oktober Geborene** neigen mehr als sonst zu Exzessen: das könnte **Mitte August** und **Mitte September** eine Art „Kalorienrekord" sein.

HERBST (21/9 - 21/12)

Herzlichen Glückwunsch zum Geburtstag, liebe WAAGE! Der rückläufige Mars, der wieder in Ihre Dekade zurückkommt (wie bereits **Ende Juli/Anfang August**), sollte **ab Mitte Oktober** überwiegend positiv wirken. Speziell **Ende Oktober bis Anfang November** und **Ende November**.

LIEBE/FREUNDSCHAFT: Nach einigen Komplikationen im Sommer geht es wieder bergauf. Reizvolle Kontakte in der **1. Novemberhälfte**, aber auch hitzige Diskussionen (Budgetfragen?), wenn Sie zu viel erwarten vom Anderen. Interessante Gespräche oder versöhnliche Töne dann in der **1. Dezemberhälfte** und das Jahr endet mit einer Traumwoche!. Die besten Phase in diesem **letzten Trimester**. Interessante Diskussionen, Hobbys (mit Kindern und Freunden), Sie haben mehr Zeit für Ihre(n) Liebsten. Und noch eine gute Nachricht: Jupiter und Saturn bringen **ab Mitte Dezember** mehr Stabilität und Glück in Ihr Leben.

BERUF/GELD: Von **Mitte Oktober bis Mitte November** kann Mars dazwischenfunken, Sie vergessen bei turbulenten Diskussionen Ihre sprichwörtliche Diplomatie. Besser klappt es in der **letzten Novemberwoche** und **zwischen dem 8. und 16. Dezember**: ideal für Verhandlungen, Auslandskontakte, ein Meeting oder schriftliche Ansuchen. Legen Sie aber **in den letzten Dezembertagen (ab 20.12.)** den Schongang ein, machen Sie eine Pause!

GESUNDHEIT/VITALITÄT: Von **Mitte Oktober bis Ende November** kann Mars Gegenwind bedeuten. Je nach Ihrem persönlichen Horoskop könnten Sie anfälliger sein: Migräne, Gelenke oder Sehnen überbeansprucht? Überaus vital sollten Sie aber in der **1. Dezemberhälfte** sein, und euphorisch gestimmt in der **1. Novemberhälfte**. Sie vergessen Ihre Sorgen, fühlen sich wohl im engsten Kreis.

WAAGE 3. DEKADE (14.10. - 23.10.)

JAHRES-ÜBERBLICK:
2020 steht im Zeichen einer Metamorphose, je nach Horoskop beruflich oder privat. Rückblickend wird es für viele ein Vorher und ein Nachher geben, besonders, wenn Sie **zwischen dem 12. und 17. Oktober** geboren sind. Das Powertrio Pluto/Saturn/Jupiter kann den Beginn eines neuen Lebensabschnitts bedeuten. Saturn wirkt **für die gesamte Dekade**. Sie müssen Konzessionen machen, sehen Vieles aus einer neuen und ernsteren Perspektive! Man wird sich bewusster, wie die Zeit vergeht (Saturn = Chronos), konzentriert sich auf die wahren Ziele im Leben. Diese Phase dauert **von Sommer bis Mitte Dezember**.

WINTER (21/12 - 21/3)

LIEBE/FREUNDSCHAFT: Das Jahr beginnt mit Champagner, **bis Mitte Januar** verwöhnt Sie Venus, Sie sprühen vor

Charme, sind begehrenswert, manchmal (frisch) verliebt. Auch **vom 10. bis 20. Februar** erleben Sie Sternstunden, erweitern Ihren Freundeskreis. Auch musische Aktivitäten und Hobbys stimulieren, Sie machen reizvolle Begegnungen. **Um den 14./15. Oktober Geborene** erleben eine grössere Umstellung auf dem Gefühlssektor (**um den 20./21.1. und Ende Februar**). Vermeiden Sie Missverständnisse und Konfrontationen, die **ab Juli** Folgen haben könnten! Machen Sie **Anfang Februar** gewisse Konzessionen!

BERUF/GELD: Ihr Status quo könnte sich grundlegend verändern, speziell wenn Sie **vor dem 18. geboren** wurden. Für **den Rest der Dekade** wird der wichtigste Wendepunkt **2021-2022** sein. Wie diese Veränderung aussehen wird, hängt von Ihrem persönlichen Horoskop ab, aber sicher ist, dass Sie **bis Mitte Mai** ein neues Kapitel beginnen. Für die einen kann es Ruhestand sein, für die anderen ein entscheidender beruflicher oder persönlicher Entschluss, der ihr Leben verändern wird. **Ab Mitte Januar** Verspätungen oder Missverständnisse in Ihren Kontakten, bei Verhandlungen oder auf Reisen (**10.1.**). Aber Mars schiebt Ihre Projekte an (**in der 1. Februarhälfte**), Sie meistern alle Hindernisse (**2.2.**). **Ende März** gibt es Komplikationen: vermeiden Sie Konfrontationen mit Behörden, Ihrer Bank oder Ihrem Chef! Ansonsten präsentiert man Ihnen die Rechnung **im letzten Trimester.**

GESUNDHEIT/FITNESS: In der **1. Februarhälfte** sind Sie in Bestform, aber **in der 2. Märzhälfte** handeln Sie überstürzt, ungestüm, sind anfälliger für Stürze, Brüche und andere Verletzungen (scharfe Gegenstände?). Vorsicht beim Sport, auf den Pisten, auf den Straßen usw. (**23.3.**)! Ihr Sternzeichen ist häufig anfälliger für Migräne, Zahnprobleme, Nieren-Schwäche usw. Mein Rat: vermeiden Sie Stress, gehen Sie rechtzeitig zu Ihrem Zahnarzt! Und vergessen Sie nicht zu trinken, aber bremsen Sie beim Konsum von Alkohol!

FRÜHLING (21/3 - 21/6)

Veränderungen kündigen sich an, denn Pluto symbolisiert oft eine Umstellung (u.a. im familiären Bereich). Und Jupiter fordert Sie auf, die Grundlagen Ihres Lebens zu überdenken. Berufliche und familiäre Entscheidungen, Restriktionen (Budget?), manchmal auch gesundheitliche Probleme bremsen **in diesem Frühjahr**, könnten **Ende des Jahres** Folgen haben oder eine Lösung bringen.

LIEBE/FREUNDSCHAFT: Liebe oder Freundschaften sind derzeit in einer neutralen Phase. Außer **im Mai (zwischen 5. und 22.5.)**, aber vorwiegend für die **vor dem 16. Geborenen**. Perfekt für reizvolle Begegnungen, Treffen mit Freunden oder Familie, ein Fest, oder künstlerische Aktivitäten. Den **ganzen Frühling** hindurch signalisieren Jupiter und Pluto Hindernisse oder eine neue Situation, die nicht einfach ist. U.a. könnte sich durch einen Umzug, neue berufliche Verhältnisse usw. eine tiefgehende Umstellung ankündigen (**bis Jahresende**). Oder Kinder ziehen aus, Partnerschaften verändern sich? Davon sind besonders die **zwischen dem 15. und 19. Oktober Geborenen** betroffen.

BERUF/GELD: Erledigen Sie wichtige Dinge, Termine, Verhandlungen usw. möglichst **in der 1. Maihälfte (um den 12.5.)**! Sie arbeiten schnell und effizient, lassen nicht locker. Wenn Sie **zwischen dem 15. und 19. Oktober geboren** sind, legt Ihnen das Duo Jupiter/Pluto Steine in den Weg, zwingt Sie häufig, Ihre Pläne zu ändern (**26.,27.3., 14.,15.4.**). Schwierige Entscheidungen, manchmal juristische und administrative Komplikationen bremsen, oft mit Folgen **am Ende des Jahres**. Besser ist die **2. Maihälfte**: günstig für Termine und Verträge, trotz des Jupiter/Pluto-Staudamms. Auch **vom 10. bis 20. Juni** haben Sie gute Karten für Kontakte, Reisen und geschäftliche Verhandlungen.

GESUNDHEIT/FITNESS: In der **1. Maihälfte** sind Sie in Best-form. Exzellent für Abenteuer, Reisen, Hobbys (mit Freunden), bei Wettkämpfen verbessern Sie Ihre eigenen Rekorde. Auch **Mitte Juni (10. bis 21.6.)** sind Sie gut in Schuss. Aber die Dissonanz von Pluto/Jupiter, die speziell für die **zwischen dem 15. und 19. Oktober Geborenen** spürbar ist, sollte Sie dazu anhalten, sich gesundheitlich mehr zu schonen, vielleicht einen vorbeugenden Check-Up machen! Oder sich zumindest umstellen auf gesündere Ernährung, weniger Stress, u.a. mit Yoga, Meditation und ähnlichen beruhigenden Aktivitäten!

SOMMER (21/6 - 21/9)

Die Möglichkeit eines radikalen Wandels **im ersten Quartal** könnte jetzt im Sommer wieder zur Sprache kommen. Es wird kaum der ruhig dahinfließende Sommer werden. Schuld daran ist das Trio Pluto/Saturn/Jupiter: je nach Ihrem persönlichen Horoskop findet diese Veränderung in verschiedenen Lebensbereichen statt.

LIEBE/FREUNDSCHAFT: Von **Mitte August bis Mitte September**, wenn Venus ungünstig ist, könnten familiäre Fragen und Komplikationen Ihren Status quo betreffen, eine der schwierigsten Phasen des Sommers, zumindest auf dem Gefühlssektor. Beziehungen können in einer Krise sein, Altlasten müssen abgebaut werden. Oft können Umwälzungen im Beruf oder ein Umzug zu neuen Situationen führen. Diese kosmische Krise bessert sich **ab Mitte September**: Venus beschert Herzklopfen, Sie fühlen sich wieder besser, erleben Momente voller Leidenschaft, Ihr direkter Waagecharme wirkt Wunder.

BERUF/GELD: Für einige Waagen könnten Komplikationen **vom Beginn des Jahres** (u.a. Aussicht auf Pensionierung oder neuer Job) **Mitte Juli** mehr Klarheit bringen. Wenn Sie **nach dem 16. Oktober geboren** sind, könnte es mit Restriktionen verbunden sein, **die im Herbst** oder **Anfang**

2021 spürbar sind. Zwischen **Mitte August und Ende September** könnte es hart auf hart gehen. Sind Sie **vor dem 15. Oktober geboren**, wird die häufigste Situation eine entscheidende Wahl sein, manchmal Probleme mit der Hierarchie, Behörden, der Bank usw. (**Juli**). Der positive Neumond **am 19. August** könnte eine Erleichterung bringen (bis zum nächsten Neumond). Die beste Zeit für Besprechungen, eine Reise oder Auslandskontakte liegt z**wischen dem 10. und 24. August**.

GESUNDHEIT/FITNESS: Mars in Opposition im Widder symbolisiert Gegenwind, seine Wirkung kann das Schlimmste und das Beste sein, je nach der Qualität der Sonne bei Ihrer Geburt. Im Positiven kann es Ihre Kräfte steigern, bei Dissonanzen aber auch zu voreiligen Aktionen verleiten (z.B. im Verkehr, Hantieren mit Feuer usw.) und dadurch der Funken im Pulverfass werden. Mein Rat: bremsen Sie übermütige Tendenzen in diesem Sommer! Genauer gesagt wird Mars **zwischen Mitte August und Ende September die vor dem 18. Oktober Geborenen** betreffen. Ich rate zu einem vorbeugenden Check-Up, Kontrolle beim Zahnarzt usw.!

HERBST (21/9 - 21/12)

Jupiter nervt **ab Ende Oktober (und bis Mitte Dezember)**, bevor er nach einem Jahr ins nächste Zeichen (Wassermann) wandert und **2021** Glück und Erfolg verspricht. Aber Pluto wirkt weiterhin und kann Ihr Leben umkrempeln.

LIEBE/FREUNDSCHAFT: Für so manche **Waagen der 3. Dekade** kam es seit Jahresbeginn zu Umwälzungen, die oft auch Ihr Gefühlsleben betroffen haben. Für **vor dem 16. Geborene** kann Pluto oft Eifersucht in Beziehungen symbolisieren, Probleme durch Veränderungen finanzieller Bedingungen oder ähnlicher neuer Situationen. Die **ganze Dekade** kann durch Jupiter und Saturn Enttäuschungen oder Einschränkungen erleben, die eine Bindung belasten (**von Mitte Oktober bis Mitte Dezember**). Exzellent hingegen werden die **letzte Septemberwoche und die Phase vom 12. bis 22. Dezember**: interessante Begegnungen, Superlaune auf einer Reise usw. Feiern Sie ausgelassen, denn die zwei störenden Faktoren der letzten Monate, Jupiter und Saturn, lassen Sie endlich - und für mehrere Jahre - in Ruhe. Grund genug, mit Champagner (oder Kamillentee) das Ende eines manchmal schwierigen Jahres runterzuspülen.

BERUF/GELD: Die Stunde der Wahrheit könnte im Oktober kommen, besonders wenn Sie **vor dem 18. Oktober geboren** sind. Pluto, Saturn, Jupiter und Mars dürften Ihren Status quo erschüttert haben. Eine Entscheidung vom Frühjahr kann **im Dezember** Folgen haben (u.a. aufgrund rechtlicher oder administrativer Probleme). Aber **im Dezember** haben Sie auch gute Karten, speziell **zwischen dem 10. und 22. Dezember**: günstig für Verhandlungen, Verträge, Studium, Reisen oder Auslandskontakte. Planen Sie einen wichtigen Termin möglichst **vor dem 22. Dezember**, denn in der **letzten Woche des Jahres** könnte man Ihnen wieder Steine in den Weg legen! Mein Rat: Geduld, denn **ab 2021** wird Ihnen Jupiter zur Seite stehen!

GESUNDHEIT/FITNESS: Nach einigen Komplikationen, manchmal durch ein schwächeres Immunsystem, bessert sich die Lage **im Dezember (zwischen dem 10. und 20.12.).** In der **1. Novemberhälfte** könnten Sie anfälliger sein (Entzündungen, Zerrungen usw.). Auf jeden Fall ist es kaum ratsam, bei diesen störenden Planetenzyklen gefährliche Sportarten, geschweige denn Extremsport auszuüben. Oft könnte der Gegenwind in diesem Jahr chronische Beschwerden auslösen, manchmal auch psychisch belastend sein (**Mitte November**). Besser sollte hingegen die **letzte Septemberwoche** und **Anfang Oktober** werden: Sie sind vital, gut in Schuss und amüsieren sich mit Ihrem Partner, Ihren Freunden oder (Enkel-)Kindern, sind charmanter denn je.

Skorpion

24.10. – 22.11.

SKORPION

1. DEKADE (24.10. - 2.11.)

JAHRES- ÜBERBLICK:
Uranus (in Opposition) bringt unerwartete Veränderungen, Innovationen. **Bis Sommer** wird er eine größere Wende ankündigen, die **im letzten Trimester** Form annimmt. Oft durch überraschende Ereignisse. **Bis April** betrifft dies vorwiegend die **vor dem 27. Oktober Geborenen** und danach (**bis Dezember**) **die nach dem 26. Oktober Geborenen**. Neuausrichtung in Partnerschaften, beruflich oder privat.

WINTER (21/12 - 21/3)

LIEBE/FREUNDSCHAFT: Wenn Sie **vom Beginn der Dekade sind (vor dem 27.10. geboren)**, könnte sich schon **2019** (**Herbst?**) ein Wechsel angekündigt haben, oft bedingt durch einen Wunsch nach mehr Unabhängigkeit, mehr Freiheit. Je nach Ihrem persönlichen Horoskop kann dies eine Trennung oder ein ganz neues Kapitel in einer Beziehung bedeuten, manchmal auch durch einen Ortswechsel. Auch freundschaftliche Bindungen könnten Sie unter einem neuen Blickwinkel sehen. Für alle gilt: Venus verdoppelt Ihren Charme **in der 2. Januarhälfte** und der **1. Märzhälfte**, neue (und alte?) Leidenschaften werden wach oder die Liebe auf den ersten Blick schlägt ein. Spaß und Superlaune, Kontakte mit Freunden (Reisepläne?) auch **in der 2. Märzhälfte**.

BERUF/GELD: Das Jahr beginnt optimal. Jupiter serviert exzellente Kontakte und Fortschritte in den **ersten zwei Januarwochen**. Ideal für Verträge, den Start neuer Vorhaben, Investitionen usw. Oder unerwartete Angebote, Lob von Ihrem (neuen?) Boss. Oft auch ein besseres Image. Fortschritte auch **in der 2. Februarhälfte**, dank Ihrer Einsatzfreude. Und Merkur schiebt Ihre Projekte den **ganzen Februar** hindurch und **in der letzten Märzwoche** an. Ihre Argumente finden Anklang, oft mit konkreten Ergebnissen **Ende März** (Verträge, erfolgreiche Reisen, ein positiver Bescheid?).

GESUNDHEIT/FITNESS: Optimistisch und gut in Form endet 2019 und ähnlich sind auch die **ersten zwei Januarwochen**. Bei Krankheit Besserung (oder sogar Heilung?) dank neuer Therapien. Dann übernimmt Mars **von Mitte Februar und bis Anfang März** das Kommando, steigert Ihre Vitalität. Ideal u.a. für sportliche Hobbys (Ski, Gymnastik, Wandern usw.). Und Venus beschert Sternstunden (zu zweit, mit Freunden?) in der **2. Märzwoche**, mehr Lebensfreude und positive Schwingungen. Vermeiden Sie aber Ende Januar überstürzte Gesten (Zerrungen, Sturz?), besonders wenn Sie **vor dem 26. Oktober geboren** wurden: Sie überschätzen Ihre Kräfte, sollten an Ihre Gelenke, Ihren Rücken denken!

FRÜHLING (21/3 - 21/6)

Wie schon in den ersten Monaten des Jahres kann Uranus in Opposition eine Wende in Beziehungen symbolisieren, ausgelöst durch unerwartete Ereignisse. Derzeit sind vorwiegend die **zwischen dem 26. und 30. Oktober Geborenen** davon betroffen. Und Saturn kann die **vor dem 26. Oktober Geborenen** bremsen, fast das ganze Frühjahr hindurch: Restriktionen oder familiäre Komplikationen?

LIEBE/FREUNDSCHAFT: Eine unerwartete Begegnung oder ein überraschendes Ereignis könnte Ihr Leben verändern. Von **Ende März bis Mitte April** nerven Uranus und Mars gemeinsam, Sie müssen sich mit einer neuen Situation anfreunden. Besonders **vor dem 26. Oktober Geborene** sind im Zugzwang (**1. Aprilhälfte**). Vermeiden Sie definitive Entscheidungen, bevor Sie z.B. eine Freundschaft oder

Liebe beenden! Ähnlich auch Uranus, der die **nach dem 26. Oktober Geborenen** betrifft: überlegen Sie endgültige Schritte, vermeiden Sie Affekthandlungen! Für **die ganze Dekade** könnte **April** hektisch werden, aber **in der 2. Maihälfte** sind Sie charmant und liebenswert, Gefühle werden intensiver. Oft auch Superlaune mit Freunden, Sie haben die Lage besser im Griff.

BERUF/GELD: Saturn signalisiert (für die **vor dem 26. Oktober Geborenen**) Verzögerungen, Absagen oder Einschränkungen. Und Uranus kann einschneidende Veränderungen in Ihrem Umfeld bringen (neuer Boss, neue Kollegen?). Für andere könnte es der Beginn des Ruhestands sein. Saturn präsentiert z.B. Rechnungen aus der Vergangenheit, im wörtlichen und übertragenen Sinn. Die **ganze Dekade** kann aber **Mitte Mai** wieder besser Fuß fassen und dank neuer Energien können Sie ein Projekt, das Ihnen am Herzen liegt, realisieren. **Zwischen dem 28. Mai und 7. Juni** taktieren Sie geschickt, ziehen an den richtigen Fäden (oft mit guten Resultaten **nach Mitte Juli**), **in der letzten Juniwoche** sind Sie effizient, freuen sich über positive Nachrichten.

GESUNDHEIT/FITNESS: In den ersten **zwei Aprilwochen** sollten Sie auf der Hut sein (!), denn Uranus, Saturn und Mars könnten dazwischenfunken: chronische Beschwerden melden sich wieder oder leichtsinnige Gesten haben Folgen (Stürze, Entzündungen?), je nach Ihrem Geburts-Horoskop. Dies gilt vor allem **für die vor dem 28. Oktober Geborenen**. Aber die **gesamte Dekade** fühlt sich **ab Mai** besser und **in der 2. Maihälfte** sind Sie in Bestform, u.a. exzellent für Sport, für Ihre guten Vorsätze, um demnächst im Badeanzug am Strand bewundert zu werden, Madame SKORPION! Im Juni sind Sie außerdem geistig rege und **in der letzten Woche** vital und dynamisch.

SOMMER (21/6 - 21/9)

Uranus ist nun **am Ende der 1. Dekade** angelangt, bis Oktober kaum spürbar. Geduld bis Herbst, wenn er wieder in Opposition zu Ihrer Dekade steht (**nach dem 26. Oktober Geborene**). Umzug oder neue Regeln im Job, in einer privaten Beziehung? Sie haben also Zeit, Ihre Batterien wieder zu laden, z.B. **im August**, wahrscheinlich Ihr bester Monat, im Job und/oder privat.

LIEBE/FREUNDSCHAFT: Venus beschert Harmonie und gute Laune **im August. Vom 7. bis 20. August** machen Sie reizvolle und aufregende Begegnungen, Ihr mysteriöser Charme wirkt. Dazu kommen **den ganzen Juli** hindurch interessante Kontakte oder eine Reise (mit Freunden, Ihren Kindern oder zu zweit?). Auch ein Treffen, ein Besuch machen Spaß. Bei Singles herrscht Flirtalarm, Hobbys oder schöpferische Aktivitäten (Malkurs?) erweitern Ihren Freundeskreis. Kurz: **im August** strahlen Sie regelrecht, gewinnen alle Sympathien. In der **2. Septemberwoche** hingegen schmollen Sie und ziehen sich in Ihren Panzer zurück.

BERUF/GELD: Die besten Phasen für Verhandlungen, Studium (Weiterbildung) oder Reisen sind die **letzte Juni-** und **die ersten drei Juliwochen**: Sie überzeugen mit Ihren klugen Argumenten bei Diskussionen (manchmal eine Folge von **Anfang Juni**). Nicht unbedingt weltbewegend, aber Sie haben weiter die Nase vorn. Nach einem kleinen Leerlauf oder Verzögerungen **in der 1. Augusthälfte**, haben Sie **ab 20. August** wieder bessere Karten. Ihre Ideen finden Anklang, gute Ergebnisse bei Examen sind ein echtes Plus. Ideal für einen Vertrag (Ausland?), Studium, Reisen und neue Kontakte!

GESUNDHEIT/FITNESS: Ein super Sommer. In der **letzten Juniwoche** sind Sie vital und unternehmungslustig. Nach einem kleinen Leerlauf **Ende Juli und in der 1. August-**

169

hälfte sind Sie **in der 2. Augusthälfte** kaum zu bremsen. Sport oder Hobbys mit Freunden, manchmal eine gemeinsame Kur päppeln Sie so richtig auf. Seelisch sind Sie nach einer harmonischen Phase in der **1. Augusthälfte** in der **2. Septemberwoche** etwas zurückhaltender. Kleiner Trost: ab der **letzten Septemberwoche** beginnt eine exzellente Periode, die **bis Ende November** andauert.

HERBST (21/9 - 21/12)

Uranus macht sich wieder bemerkbar und kündigt größere Veränderungen an (positiv oder negativ, je nach Ihrem persönlichen Horoskop). In diesem Herbst sind besonders die **nach dem 27. Oktober Geborenen** davon betroffen (oft hat sich diese Wende schon im vergangenen Frühjahr abgezeichnet).

LIEBE/FREUNDSCHAFT: Anfang Oktober und **in der letzten Novemberwoche** sind Überraschungen fällig. Eine unerwartete Begegnung? Liebe oder Freundschaft auf den ersten Blick? Oder ein neues Kapitel in Ihren Beziehungen? Positiv **Anfang Oktober** und problematischer **Ende November**, aber fast immer aufgrund Ihres Hangs zu mehr Unabhängigkeit oder ganz neuen Horizonten, ausgelöst durch äußere Umstände (z.B. Umzug). Uranus bringt jedenfalls Neues in Ihr Leben: eine schicksalhafte Begegnung, ein neues Niveau oder eine neue Richtung in einer bestehenden Bindung.

BERUF/GELD: Im **Oktober** und dann wieder **in den letzten Tagen des Jahres, vom 21. bis 31. Dezember**, haben Sie gute Karten für ein wichtiges Meeting, Ihre Korrespondenz, Abmachungen und Verträge. Speziell wenn Sie **nach dem 27. Oktober geboren** sind. Achten Sie auf Vorschläge oder Begegnungen **Anfang und Ende Oktober**, die **Mitte November** Folgen haben! Vielleicht die angekündigte Wende: z.B. ein neuer Chef, eine neue Umgebung, anderes Arbeitsklima? Das Jahr endet jedenfalls mit schönen Überraschungen.

GESUNDHEIT/FITNESS: Wenn Ihre Sonne bei der Geburt eher positive Aspekte bildete, kann der Einfluss von Uranus eine unerwartete Besserung bedeuten. Oder eine radikale Umstellung und gesündere Lebensweise. Vielleicht eine gute Adresse von einem Therapeuten durch Ihre Freunde? Optimal sind **Oktober** und **Mitte November** sowie **die 2. Dezemberhälfte**. Außerdem sind Sie auch seelisch ausgeglichen und fühlen sich rundum wohl. Sie werden das Jahr sicherlich in Bestform beenden, lassen Sie die Korken knallen!

SKORPION 2. DEKADE (3.11. - 12.11.)

Sie schneiden in diesem Jahr bestens ab. Mit Jupiter und Neptun wirken zwei langsame Planeten günstig. Jupiter **von Mitte Januar bis Anfang März** und dann wieder von **Anfang August** bis **Anfang November**. Eine weitere Trumpfkarte haben Sie durch den harmonischen Neptun, Planet der Inspiration und Intuition. Praktisch das ganze Jahr hindurch betrifft er vorwiegend die Geburtstage nach dem **8. November**.

WINTER (21/12 - 21/3)

LIEBE/FREUNDSCHAFT: Januar wird exzellent: Begegnungen und Kontakte **in der 1. Hälfte** und ab **Mitte Januar**. Eine glückliche Phase in Ihren Beziehungen (neue Freunde, Harmonie bei Paaren?), die bis **Mitte März** dauert. Besonders in der **1. Märzhälfte** erleben Sie Sternstunden, spüren Frühlingsgefühle, sind leidenschaftlich und charmant, gewinnen alle Sympathien. Jupiter stärkt Ihr Selbstvertrauen. Vielleicht machen Sie eine Traumreise? Oder eine grosse Entscheidung fällt, die dann positive Folgen **zwischen Mitte August und bis Ende Oktober** hat (Familienfest, Verlobung oder Nachwuchs?).

BERUF/GELD: Ab Mitte Januar und bis zum 4./5. März stehen alle Ampeln auf Grün. Jupiter bringt ein Plus auf Ihrem Konto, einigen winkt eine Beförderung oder ein positiver Bescheid (z.B. von Behörden). Exzellent auch für Verträge, Studium, Publikationen usw., speziell **Mitte Februar** und **in der letzten Märzwoche**. In der **1. Märzhälfte** sind Sie außerdem sehr dynamisch, unermüdlich, oft reißen Sie mit Ihrer Begeisterung andere mit.

GESUNDHEIT/FITNESS: Das Jahr beginnt unter den besten Voraussetzungen, Sie fühlen sich wohl. Jetzt können Sie Ihre guten Vorsätze einhalten! **Von Mitte Januar** bis **Anfang März** kann der positive Jupiter u.a. bei chronischen Problemen Besserung bringen. Außerdem können neue Freunde, Hobbys oder Disziplinen wie Chi Gong, Meditation usw. gute Anregungen sein. **In der 1. Märzhälfte** sind Sie körperlich in glänzender Verfassung, ideal für Sport (Skorpione lieben häufig Extremsportarten). Zusätzlich sind Sie **im März** auch bei Flirts ganz vorne dabei.

FRÜHLING (21/3 - 21/6)

In diesem Frühling wirkt Neptun positiv, fördert Ihre Kreativität, Ihre Intuition und oft auch künstlerische Ambitionen.

LIEBE/FREUNDSCHAFT: In der **2. Aprilhälfte** können Sie brüsk und ungeduldig sein, manchmal sogar aggressiv. Oder familiäre Komplikationen belasten Ihre Beziehungen? In der **1. Maiwoche** und der **2. Junihälfte** kommt es in Beziehungen zu Funkenflug. Spannungen oder Missverständnisse stören Ihre Pläne. Prüfen Sie vor einer Reise alle Details! Aber **Ende März bis Anfang April** und **im Juni** läuft es viel besser, ideal u.a. für eine Reise oder Unterhaltung (Konzert, Kino usw.). **In der 1. Junihälfte** sind Sie leidenschaftlich, setzen sich mehr als sonst für andere (Freunde, Angehörige) ein. Wenn Sie **nach dem 8. November geboren** sind, schweben Sie dank Neptun ohnehin in höheren Sphären: Liebeshoch, außergewöhnliche Begegnungen? Unvergesslich die **1. Aprilwoche**.

172

BERUF/GELD: Der Frühling beginnt mit interessanten Diskussionen und Sie sind sehr kreativ (**Ende März/Anfang April**). Gegenwind, aber nur vorübergehend, **in der 2. Aprilhälfte**: Rivalitäten, Machtkämpfe? **In der 1. Maihälfte** können Sie, speziell im „teamwork", schöne Fortschritte erzielen. Auch **Ende Mai** und **in den ersten zwei Juniwochen** arbeiten Sie konzentriert und zeigen sich sehr effizient. **Ab dem 7. Juni** exzellent für Kommunikation (Geschäftsreise,Treffen?). Eine fruchtbare Phase bis **Ende Juni**, mit guten Resultaten dann **im Juli** (siehe meine Prognosen für den Sommer).

GESUNDHEIT/FITNESS: Geistig rege und kontaktfreudig **Ende März**, aber zu leichtsinnig und exzessiv in der **2. Aprilhälfte**: schonen Sie u.a. Knöchel, Herz-Kreislauf-System, halten Sie sich zurück mit Alkohol und ähnlichen Genüssen! Überschätzen Sie sich nicht bei sportlichen Aktivitäten! Aber **ab Ende Mai** sind Sie in Bestform, kaum zu bremsen (**bis Mitte Juni**), während Sonne und Merkur Ihre Vitalität und geistige Fähigkeiten in den **ersten zwei Maiwochen** stärken. Günstig z.B. für gemeinsame Aktivitäten mit Partner oder Familie. Versuchen Sie Aktivitäten wie Ping-Pong, Badminton usw., denn damit entspannen Sie sich einerseits und stärken gleichzeitig Ihr Immunsystem!

SOMMER (21/6 - 21/9)

Ab **Mitte Juli** geht es aufwärts **bis Ende Juli** mit wertvollen Kontakten; nach einem kleinen Durchhänger **Mitte August (zwischen dem 10. und 17.8.)**, Verzögerungen bei Projekten, sind Sie **bis Ende September** wieder ganz vorne dabei. Jupiter verspricht ein finanzielles Plus, mehr Selbstvertrauen und Optimismus. Das gilt besonders für die **nach dem 7. November Geborenen**, die auch privat eine Sternstunde erleben könnten: Heirat, ein Baby, Hauskauf usw. nicht ausgeschlossen.

LIEBE/FREUNDSCHAFT: Jetzt haben Sie wieder mehr Zeit für Herzensdinge, u.a. für Kinder (Enkel?), für Freunde, Hobbys usw., erfreuliche Stimmung auch mit dem Partner. Superstimmung **in der 2. Augusthälfte**, heiße Flirts, spannende Begegnungen oder ein tolles Wiedersehen. Oder ein Traumurlaub findet unter den besten Vorzeichen statt. Bis **Ende September** hilft der positive Jupiter, u.a. um ein tolles Fest (Familie?) zu organisieren, manchmal auch Wiedersehen und Versöhnung.

BERUF/GELD: Sie kommunizieren clever, treffen die richtigen Leute, haben mit Jupiter den **ganzen August und September** hindurch beste Karten, um mit Ihren Projekten erfolgreich zu sein (Gewinn, kluge Investitionen?). Erledigen Sie Termine, Verträge usw. **in der 2. Julihälfte**, gute Beziehungen helfen! **Zwischen dem 15. und 25. August** hingegen sollten Sie kürzertreten: Missverständnisse stören Ihre Pläne! Warten Sie stattdessen die **1. Septemberwoche** ab, denn Sie haben mehr Power! Und wenn Sie **nach dem 6. November geboren** sind, bringt Jupiter Gewinn und Erfolg.

GESUNDHEIT/FITNESS: In der 1. Juli- und der **1. Septemberhälfte** sind Sie fit und dynamisch, **in der 1. Augusthälfte** eher „auf Sparflamme". Aber Venus lässt Sie **in den letzten zehn Augusttagen** alle Sorgen vergessen, Sie fühlen sich körperlich und psychisch glänzend. Und das gilt umso mehr, wenn Sie **nach dem 7. November geboren** sind, denn Jupiter lässt Sie auf Wolken schweben. Außerdem gilt er oft als „Heilplanet", kann bei Krankheit eine echte Besserung bringen (z.B. durch neue Heilmethoden oder durch positives Denken).

HERBST (21/9 - 21/12).

Sie können nun die Ernte einfahren, können mit den Resultaten zufrieden sein. **Bis Ende Oktober (bester Monat des Jahres)** verspricht Jupiter Erfolg und Optimismus und

Neptun steigert Kreativität und Intuition bis Jahresende. Sie kommen Ihren Idealen näher, nicht nur im Job, oft auch Erfolg mit musischen Ambitionen und Hobbys. Entscheidungen von **Februar/März** bringen gute Resultate.

LIEBE/FREUNDSCHAFT: Begegnungen oder größere Vorhaben (u.a. ein Baby, Heirat, Familienfest usw.) **von Februar/ März** gelingen, leiten vielleicht eine neue Phase in Ihrem Leben ein. **Im Oktober** schweben Sie auf rosa Wolken, in Ihren Gefühlen herrscht Schönwetter. Oft erweitern Sie auch Ihren Freundeskreis durch neue Aktivitäten (Musik, Gesang, Malerei, Kochkurs, Kunsthandwerk usw.) und aus Freundschaft könnten tiefere Gefühle entstehen (vor allem, wenn Sie **nach dem 7. November geboren** sind). Neue Freunde beim Tanzkurs, auf einem Yoga-Seminar usw.? Kurz: Jupiter kann so manchen Traum erfüllen. Oder Ihre Liebsten zeigen sich von einer ganz neuen - und positiven - Seite?

BERUF/GELD: Projekte **von Februar/März** versprechen schöne Erfolge: Auslandsgeschäfte, politische Pläne oder bezüglich Ökologie oder Kunst (besonders wenn Sie **nach dem 8. November geboren** sind). Für Verhandlungen, Unterzeichnung eines Vertrags usw. wird die **2. Oktoberhälfte** exzellent, ebenso wie die **2. Novemberhälfte** und **Anfang Dezember**. Mein Rat: nutzen Sie diese exzellente Konstellation und Ihre zielsichere Intuition, die schöne Fortschritte verspricht (Gewinn? Aufstieg?)!

GESUNDHEIT/FITNESS: Bis Ende Oktober sind Sie, dank Jupiter, mit sich und der Welt im Einklang, Beschwerden könnten besser werden, neue Medikamente funktionieren. **Anfang und Ende November** sollten Sie jedoch etwas gegen chronische Probleme unternehmen: Gelenke, Kreislauf usw.! U.a. günstig für eine Kur (z.B. Heilfasten). Optimal dafür sollte **Mitte Oktober (vom 10. bis 20.10.)** sein. Neue Therapien? Besser verträgliche Medikamente? Dazu verbessert sich Ihr Immunsystem, es geht Ihnen sehr gut.

SKORPION 3. DEKADE (13.11. – 22.11.)

JAHRES-ÜBERBLICK:

Das Jahr 2020 werden Sie später im Leben sicherlich als eine Art Sprungbrett sehen. Unterstützt von der seltenen Konstellation des Planetentrios Pluto/Saturn/Jupiter werden Sie Ihrem Leben neue Impulse geben, vielleicht Ihre wahre Natur finden. Einzigartig. Bis **Mitte Mai** legen Sie den Grundstein dafür, manchmal auch im Ausland (Ortswechsel?).

WINTER (21/12 - 21/3)

LIEBE/FREUNDSCHAFT: Drei wichtige „langsame" Planeten (Jupiter, Neptun und Pluto) wirken das ganze Jahr hindurch positiv, zusätzlich bringt Saturn mehr Stabilität in Ihren Beziehungen. Vielleicht machen Sie DIE Begegnung, gewinnen neue und einflussreiche Freunde, ein Wiedersehen oder eine Versöhnung macht große Freude. Oder Sie beginnen künstlerische Aktivitäten, knüpfen dadurch neue Kontakte. Optimal sollte dies **im März und Anfang April** laufen. In der **2. Märzhälfte** bringt Mars Ihre Hormone in Schwung, Sie stürzen sich kopfüber ins Vergnügen. Dazu bringt Pluto große Leidenschaften, Saturn eine Konsolidierung, bei Paaren wieder mehr Feuer, dazu mehr Vertrauen, die Ihre Bindung intensivieren.

BERUF/GELD: Sie können sofort loslegen, haben den seltenen Schub einer außergewöhnlichen Konstellation, ziemlich einzigartig im Leben. **Vor dem 17. November Geborene** erhalten durch Pluto mehr professionelle, finanzielle oder politische Macht und Saturn sichert Ihre Position, hält Ihnen den Rücken frei. Sie erreichen wahre Ziele und oft folgt eine verdiente Anerkennung (**im Herbst?**). Und mit Jupiter stehen alle Ampeln auf Grün **im März/April**. Schon **Mitte Januar** ziehen Sie alle Register, knüpfen wertvolle Kontakte (auch im Ausland). Reisen, Termine und Verhandlungen verlaufen besser als erwartet.

GESUNDHEIT/FITNESS: Ab Januar haben Sie alle Trümpfe in Händen, fühlen sich optimal. Saturn gibt Ihnen mehr Ausdauer (für Diäten oder um mehr Sport zu treiben?), stärkt Ihre Abwehrkräfte. Bis **Ende März** auch gute Chancen, um etwas gegen chronische Beschwerden zu unternehmen (z.B. Gelenke, Zahnprobleme usw.). Besonders **in der 2. Märzhälfte** gesellt sich Jupiter dazu und Sie fühlen sich unbesiegbar, feiern ausgelassen. **Vor dem 17. November Geborene** könnten eine Neugeburt erleben, die Ihrer wahren Natur entspricht.

FRÜHLING (21/3 - 21/6)

Was Sie im **ersten Quartal** begonnen haben, sollte **von Juli bis Ende des Jahres** Früchte tragen. Das ist die konstruktive Arbeit von Saturn. Außerdem, besonders wenn Sie **vor dem 15. November geboren** sind, kann Neptun positiv für Beziehungen zu Ihrem(n) Liebsten sein, intensive Freundschaften und kreative Projekte anschieben, u.a. künstlerische. Die **ganze Dekade** ist durch Jupiter auf Erfolgskurs, **den ganzen Frühling** hindurch (Traumreise? Nachwuchs? Heirat? Versöhnung? usw.). Und Pluto bringt eine positive Wandlung.

LIEBE/FREUNDSCHAFT: Venus verwöhnt Sie perfekt: **ab dem 21. März** und bis **Mitte April** feiern Sie den neuen Frühling, Liebe und Freundschaft werden großgeschrieben, Sie sind unwiderstehlich. Und Jupiter beschert mehr Lebensfreude. Sie gehen offener auf andere zu, gewinnen alle Sympathien. Manchmal auch neuer Freundeskreis durch musische Hobbys und Erfolge oder außergewöhnliche Bekanntschaften (auf Reisen?), gemeinsame geistige Aktivitäten (**exzellent 2. und 3. Maiwoche**).

BERUF/GELD: In den **ersten zwei Maiwochen** verleitet Mars zu voreiligen Schritten oder Sie sind nervös. Aber Jupiter schützt Sie vor überstürzten Reaktionen, Sie haben

Glück in heiklen Momenten. Unter seinem Schutz stehen Sie **den ganzen Frühling** hindurch. In der **2. Junihälfte** zeigt sich Mars dann von der positiven Seite, verleiht zusätzliche Energien und schiebt Ihre Karriere an. Wer weiß, vielleicht ein Treffen auf dem Golfplatz, einer Ihrer Lieblingssportarten, das Ihre Projekte unterstützt? Bis Jahresende können Sie Ihre gesellschaftliche Position verbessern, mutige Projekte realisieren, oft nach einer langfristigen Weichenstellung. Außergewöhnlich **um den 13./14. Juli**.

GESUNDHEIT/FITNESS: Hektisch wird die **1. Maihälfte**. Sie sollten Ihre Kräfte nicht überschätzen (!), sind leichtsinnig oder anfälliger als sonst (Stürze, Knöchel, Entzündungen? Unterleib?) oder Sie belasten das Herz-Kreislauf-System. Im Juni finden Sie wieder Ihre Bestform, exzellent für Sport und Bewegung. Auch Chancen auf Heilung bei chronischen Problemen sind besser denn je. Vielleicht durch neue Heilmethoden? Was Sie beginnen (Kur, andere Ernährung, Abo in einem Fitnesscenter) bringt **in den letzten Wochen des Jahres** gute Resultate.

SOMMER (21/6 - 21/9)

Ein super Sommer. Ihre Möglichkeiten sind fast grenzenlos (vier der fünf „langsamen" Planeten wirken positiv), wahrscheinlich einmalig in einem Leben, versprechen eine Art Neugeburt, gleichzeitig mehr Sicherheit, oft ein neues Bewusstsein. Positive Umwälzungen **vom Jahresbeginn** eröffnen ganz neue Möglichkeiten, Machtkämpfe gehen zu Ihren Gunsten aus. Neptun erweitert Ihren Horizont (Religion? Kunst?) und Jupiter bringt echte Chancen: **bis Anfang August** sind alle Ampeln auf Grün, meist mit guten Ergebnissen **im November/Dezember**.

LIEBE/FREUNDSCHAFT: Starke Emotionen und intensive Beziehungen, manchmal unvergessliche Momente **Ende August** und in der **1. Septemberhälfte**. Gleichzeitig festigt

Saturn Ihre Beziehungen, besonders wenn Sie **nach dem 15. geboren** sind: heiße Liebesschwüre, verlässliche Freunde? Und **im Juli (vom 10. bis 23.)** beschert Jupiter glückliche Begegnungen oder Entscheidungen **von April** sind wieder aktuell, mit endgültigen Ergebnissen **im November**. Schicksalhafte Begegnung, ein Riesenfest, auf Freiersfüßen oder Nachwuchs? Alle Hoffnungen sind erlaubt.

BERUF/GELD: Ein Supersommer kündigt sich an mit Jupiter, Saturn und Pluto, die positive Umwälzungen bringen. Merkur begünstigt **Ende Juli, in der 1. Augustwoche** und **in der 1. Septemberwoche** Reisen, Kontakte, einen Vertrag oder Studium und Examen. Und kreative Skorpione sind bis **Ende August** gut inspiriert, verdanken Neptun eine erstaunliche Intuition (speziell, **wenn Sie vor dem 15.11. geboren** sind). Dazu bringt Jupiter im Juli tolle Chancen, mit guten Resultaten **in den letzten Wochen des Jahres**. Bilanz: Sie haben Erfolg, sind konstruktiv, inspiriert und machen Nägel mit Köpfen (z.B. Hausbau, eigenes Unternehmen?).

GESUNDHEIT/FITNESS: Im Juli sind Sie vital und optimistisch, **zwischen dem 10. und 22. Juli** kaum zu bremsen. Abgesehen von einem kurzen Leerlauf **zwischen 10. und 21. August** ein Traumsommer. Saturn, Jupiter und Pluto stärken Ihr Immunsystem, bei eventuellen chronischen Beschwerden haben Sie exzellente Karten, um eine Besserung zu erzielen (z.B. mit Fastenkur oder regelmäßigem Sport usw.). Gleichzeitig sind Sie auch seelisch ausgeglichener. Freude durch Kinder oder Enkel oder Liebeshoch? Eine Traumkonstellation, die selten im Leben ist.

HERBST (21/9 - 21/12)

Jetzt **im Herbst - und bis Jahresende** - können Sie die Früchte Ihre Projekte ernten, beruflich oder privat. In erster Linie eine Konsolidierung durch Saturn, oft eine Erfolgsserie dank Jupiter und eine Renaissance oder positive Wandlung durch Pluto. Oft verbunden mit einem gesellschaftlichen Aufstieg, aber gleichzeitig sehen Sie vieles mit neuen Augen, werden weiser und glücklicher. Manchmal auch eine spektakuläre Besserung bei (chronischen) Beschwerden.

LIEBE/FREUNDSCHAFT: Schönwetter in Ihren Gefühlen. Amor könnte Sie weiter ins Visier nehmen, lieber SKORPION: **die 2. Oktoberhälfte** und **Anfang November** könnten unvergesslich werden. Bindungen, auch freundschaftliche, werden fester und intensiver, Sie schweben auf Wolken. Begegnungen oder Entscheidungen (Nachwuchs? Heirat? Traumreise usw.) bringen **Ende Oktober** und **bis Jahresende** erfreuliche Resultate. Besonders **zwischen dem 7./8. Dezember und Jahresende (bis Mitte Januar 2021)** könnten die Glocken läuten. Standesamt, Notar, ein Baby, ein(e) Enkel(in)? Oder 2020 endet mit einem Riesenfest und mit einem Feuerwerk.

BERUF/GELD: Herzlichen Glückwunsch zum Geburtstag, lieber Skorpion! Für so manchen Skorpion **der 3. Dekade** könnte ein Traum wahr werden! Eigenes Unternehmen? Neue verlässliche Partner und Kollegen? Vielleicht setzen Sie sich zur Ruhe, haben endlich Zeit für Ihre Hobbys, Ihre wahren Interessen. Die Konstellation ist **seit Anfang des Jahres** ziemlich einmalig im Leben. Pluto steht u.a. für neue Machtverhältnisse (oft durch äußere Einflüsse, wie neue Gesetze, neue Regeln). Saturn steht für Dauer, macht uns auch weiser. Jupiter ist an Ihrer Seite **Mitte und Ende November** und dann **in der 2. Dezemberhälfte** und serviert Ihnen auf einem Silbertablett schöne Resultate. Aber schon ab **dem 20. Oktober** können Sie die Früchte von Jahresanfang ernten.

GESUNDHEIT/FITNESS: Ich hoffe sehr, dass die selten günstige Konstellation gewisse Umstellungen gebracht hat,

Ihre körperliche Fitness auf dem neuesten Stand ist. Zumal Jupiter und Pluto die beiden „heilenden" Planeten sind und oft zu neuen Aktivitäten, gesünderer Ernährung usw. stimulieren. Von **Ende Oktober** und bis **Mitte Dezember** sind Sie in Höchstform. Lediglich **Mitte November** ein kleiner Leerlauf, mit leichtem Rückgang Ihrer Vitalität, aber dank Ihrer guten Konstitution schnell überwunden. Oft steigern auch Reisen oder intensive Beziehungen die Ausschüttung von Glückshormonen. Aber, Vorsicht! Jupiter fördert auch Tendenzen zum Feiern, zu Exzessen (Essen? Alkohol?), was die Zeiger Ihrer Waage stimuliert.

Schütze

23.11. – 21.12.

SCHÜTZE

1. DEKADE (23.11. - 2.12.)

JAHRES-ÜBERBLICK:
2020 wird eher ein Übergangsjahr: nur der positive Einfluss Saturns **zwischen Ende März und Anfang Juli** bringt für die **vor dem 26. November Geborenen** mehr Ordnung, mehr Sicherheit in Ihr Leben, Sie sehen die Dinge mit mehr Abstand. Auch Mars im Widder **ab Anfang Juli** wirkt positiv, signalisiert mehr Energie und mehr Stehvermögen.

WINTER (21/12 - 21/3)

LIEBE/FREUNDSCHAFT: Nach einem erfreulichen Ende 2019 mit romantischen Eskapaden, Harmonie bei Paaren und mit Freunden, oft auf Reisen, und Sternstunden **um den 21./22. Dezember** sind Sie in den **ersten zwei Januarwochen** leidenschaftlich und stürmisch. Auch **zwischen dem 8. und 17. Februar** machen Sie reizvolle Begegnungen, Liebe und Freundschaft werden großgeschrieben. Weniger aufregend wird die **3. Januarwoche**: Sie sind vielleicht beruflich zu sehr beschäftigt? Besonders der **21. Januar** könnte so ein Tag „ohne" werden, vor allem, wenn Sie **Ende November geboren** sind.

BERUF/GELD: Sie sind **in den ersten drei Wochen** kaum zu bremsen, voller Energie. Mars schiebt Ihre Karriere an, manchmal können Sie ganz schön aggressiv sein. Halten Sie sich zurück, besonders **um den 10. Januar** (speziell, wenn Sie **um den 26. November geboren** wurden)! **Ab 16. Januar (und bis Ende Januar)** verspricht Merkur exzellente Kontakte, fruchtbare Verhandlungen (Ausland?), günstig für Kontakte (Ausland?), Korrespondenz, Bewerbungen usw. Aber Verspätungen oder Missverständnisse im **Februar**. Merkur verzögert Termine, Sie sind zerstreut und vergesslich (**letzte Februar- und 1. Märzwoche**). Lesen Sie Verträge und Abmachungen gründlich durch, arbeiten Sie möglichst konzentriert!

GESUNDHEIT/FITNESS: Im Januar sind Sie kaum zu bremsen. **Bis zum 18./19. Januar** verleiht Energieplanet Mars zusätzliche Energien, Sie sind in Bestform. Vermeiden Sie aber jede Eile (Vorsicht Radar!), besonders **um den 10. Januar**. Auch beim Sport (auf Skipisten?) sollten Sie nichts überstürzen! Arme, Schultern oder Oberschenkel könnten typische Schwachstellen sein. **Ende Februar** sind Sie gebremst, aber **Ende März** wieder in Bestform. Und **in der 2. Februarwoche** sehen Sie das Leben durch eine rosarote Brille.

FRÜHLING (21/3 - 21/6)

Ein abwechslungsreicher Frühling voller Leidenschaften (**April und 2. Junihälfte**) mit Herzklopfen und neuen Energien, dazu bringt Saturn Ausdauer und Stabilität.

LIEBE/FREUNDSCHAFT: Der **April** beginnt auf der Überholspur: Venus und Mars bringen Ihre Hormone in Schwung. In der **1. Aprilhälfte** sind Sie unwiderstehlich, leidenschaftlich und im Flirt-Modus. Mit positiven Folgen **von Mitte Juni bis Mitte Juli**. Vor dem **26. November Geborene** können sich mehr als sonst auf Partner und Freunde verlassen, Beziehungen vertiefen. Oder große Entscheidungen (Nachwuchs?) bringen **Ende 2020/Anfang 2021** gute Ergebnisse. Sie gehören in diesem Frühjahr zu den Favoriten, gewinnen alle Sympathien, entdecken neue Horizonte (z.B. **in der 2. Maihälfte**). Mit Charme und Witz wickeln Sie alle um Ihren Finger.

BERUF/GELD: Der Frühling beginnt auf der Überholspur. **Ende März und in den ersten drei Aprilwochen** sind Sie unternehmungslustig, schalten den Turbo ein. Ihre Projekte kommen gut voran, **Mitte April (10. bis 18.4.)** sind Ihre Argumente aus Beton. Erledigen Sie wichtige Termine, Schreibarbeiten (Ansuchen usw.), unternehmen Sie geschäftliche Reisen usw.! Denn **in der 2. Maihälfte** können Sie sich weniger gut konzentrieren, brauchen Ihre sprichwörtliche Diplomatie, um Fehler wieder auszubügeln. Trotz einiger Turbulenzen haben Sie **nach dem 27. Mai** wieder alles im Griff.

GESUNDHEIT/FITNESS: Ende März und **im April** sind Sie in olympiareifer Verfassung. Exzellent für Ihre guten Vorsätze vom Jahresanfang (z.B. ein Abo in einem Fitnessclub, Mitglied in einem Sportverein?). Bei (chronischen?) Beschwerden bringen neue Therapien Besserung. Außerdem sehen Sie die Dinge positiver und diese innere Harmonie wirkt sich positiv aus. Speziell **vor dem 26. November Geborene** können chronische Probleme (Gelenke, Schultern, Hüfte?) besser in den Griff kriegen (z.B. eine Kur, gezielte Ernährung usw.). **In der 2. Maihälfte** aber funkt Mars dazwischen, Sie sind nervös und agieren leichtsinnig.

SOMMER (21/6 - 21/9)

Venus beschert positive Schwingungen, Freundschaft, Liebe, Kinder machen Freude **in der letzten Juni- und 1. Juliwoche**, Sie fühlen sich wohl. Und **im Juli** sind Sie auch physisch in Hochform.

LIEBE/FREUNDSCHAFT: Venus verschönt den Beginn dieses Sommers **in der letzten Juni- und 1. Juliwoche**, sowie der **1. Septemberhälfte**. Sie strahlen regelrecht, Ihr Schütze-Charme bezaubert. Dazu der positive Mars **in der 1. Julihälfte**, der Ihre Gefühle in Schwung bringt, oder Gott Amor meldet sich wieder (wie schon **im April?**), ein Wiedersehen macht Riesenfreude? **Bis zum 12. Juli** erleben Sie Sternstunden, sind leidenschaftlich und einfach unwiderstehlich. Reizvolle Begegnungen könnten dann **im September (5. bis 15.9.)** wieder aktuell werden.

BERUF/GELD: Ein fast wolkenloser Sommer. **Im Juli** und dann wieder **in der letzten Septemberwoche** lobt man Ihre Einsatzfreude und **in der 1. Augusthälfte** Ihre kluge Analyse. Sie treffen die richtigen Leute, agieren diplomatisch. Die besten Tage für Verhandlungen, Kontakte sowie Reisen und Weiterbildung **zwischen dem 5. und 11. August**. Kleine Komplikationen dann **in der 2. Augusthälfte**: Verzögerungen bei Projekten (Reise, Missverständnisse?). Das bessert sich aber schnell und **in der 2. Septemberwoche** bügeln Sie Fehler wieder aus, verhandeln sehr clever. Ideal für Examen, Verträge, Auslandsreisen usw.

GESUNDHEIT/FITNESS: Den ganzen **Juli** hindurch sind Sie in Bestform. Bis **Mitte Juli** steigert Mars Ihr Energiepotential: ideal für Sport, Abenteuerurlaub, aber auch gute Vorsätze für eine gesündere Lebensweise. Nach Mars wirkt dann **ab dem 20. Juli** die Sonne stimulierend. **In der letzten Juliwoche** sind Sie fit und ausgeglichen, fühlen sich blendend. Nach einem kurzen Leerlauf **in der letzten Augustwoche** blühen Sie **ab dem 5. September** wieder auf, aufregende Begegnungen und Harmonie mit Partner und Freunden machen Sie rundum glücklich. Ideal für eine Reise, was Ihrem Körper und Ihrem Seelenleben guttut.

HERBST (21/9 - 21/12)

Das Jahr endet ruhig, ohne größere Veränderungen. Venus ist **Ende Oktober/Anfang November** symbolisch für Harmonie bei Paaren, mit Freunden, dem Nachwuchs usw., aber auch Kunstgenuss **in der 1. Dezemberwoche**. Noch eine gute Nachricht: **am 20. Dezember** tritt Jupiter ins Zeichen Wassermann und bringt bis **Frühling 2021** echte Erfolgschancen und tolle Angebote.

LIEBE/FREUNDSCHAFT: Der Herbst beginnt unter guten Vorzeichen. In der **letzten Septemberwoche** sind Sie gut in Form, treffen Freunde und fühlen sich wohl. Venus schmollt dann **zwischen dem 3. und 12. Oktober** und Sie vernachlässigen Ihr Gefühlsleben (zu viel Arbeit?). Viel besser die **letzte Oktober- und 1. Novemberwoche**: Ihr Charme zeigt Wirkung, für Singles herrscht Flirt-Alarm oder gemeinsame Hobbys erweitern nicht nur Ihren Horizont, sondern auch Ihren Freundeskreis. Ähnlich auch die **Tage vom 15. bis 25. Dezember**: ideal für ein tolles Fest, Familientreffen, Traumurlaub usw. Für die **Geburtstage vor dem 25. November** endet das Jahr mit Jupiter auf Ihrer Seite und Sie sollten rechtzeitig den Champagner kühl stellen!

BERUF/GELD: Ende September sind Sie effizient und haben alles unter Kontrolle. Ähnlich auch **die letzte November- und 1. Dezemberwoche**, exzellent für wichtige Termine, Auslands-Reisen, neue Kontakte. Aber die beste Nachricht für **die letzten Tage des Jahres** ist die Tatsache, dass Jupiter, der Schütze-Planet, **ab 19. Dezember** das Zeichen wechselt, für etwa ein Jahr in den Wassermann wandert. **Bis Frühling 2021** beschert er Ihrer Dekade Überraschungen, Angebote, Gewinne usw. Oder ein Plus auf Ihrem Konto dank Ihrer Kreativität (durch künstlerische Arbeiten?).

GESUNDHEIT/FITNESS: In der **letzten Septemberwoche** und **Ende November bis Anfang Dezember** sind Sie fit, erledigen Ihr Pensum schneller als geplant. In der **letzten Oktober- und 1. Novemberwoche** sind Sie im vollen Gleichklang mit Ihrem(n) Liebsten, aber auch mit Freunden, Kindern, sind rundum glücklich und fit. Und das Jahr endet mit rosa Wolken **zwischen dem 14. und 25. Dezember** und reizvollen Kontakten. **Ab dem 19./20. Dezember** treten Jupiter und Saturn in den Wassermann, in Harmonie zu Ihrer Dekade (**vorerst für die vor dem 26. November Geborenen**): damit beginnt eine Phase voller Optimismus bis **Ende Januar**, ein Grund, um diesen Jahreswechsel ausgiebig zu feiern.

SCHÜTZE 2. DEKADE (3.12. - 12.12.)

JAHRES-ÜBERBLICK:
Neptun ist eigentlich der einzige „Störenfried" in diesem Jahr, allerdings vorwiegend für die **nach dem 8. Dezember Geborenen**. Weniger Durchblick, oder Sie sind zu optimistisch, zu vertrauensvoll. Sehr positiv ist aber **von Juli** bis **Jahresende** der stimulierende Mars, der mehr Power und Energie bringt und über alle Hürden hinweghilft.

WINTER (21/12 - 21/3)

LIEBE/FREUNDSCHAFT: Nach einem angenehmen Jahresende 2019 beschert Venus auch **in der 1. Woche des neuen Jahres** Spaß und Harmonie. Etwas hektischer dann **die 2. Januarhälfte**, mit hitzigen Debatten, aber oft auch mit leidenschaftlicher Versöhnung und knisternder Erotik. Zumindest wenn Sie Ihre sprichwörtliche Toleranz nicht vergessen! Anfang **März (5., 8. und 9.3.)** sind Sie nicht sehr objektiv oder distanziert, Ihre Haltung wird falsch interpretiert (Angehörige?). **In der 2. Februarhälfte** beschert Venus heiße Flirts, verdoppelt Ihren Charme und Sie sind unwiderstehlich. Danach neutraler **bis zum 20. März**.

BERUF/GELD: In der **2. Januarhälfte** und der **1. Februarwoche** sind Sie ehrgeizig und effizient, agieren clever und diplomatisch. Nutzen Sie diese besten Perioden für Verhandlungen, Verträge, (berufliche) Weiterbildung, Auslandskontakte! Sand im Getriebe aber **Mitte Februar (13. bis 20.2.)** und **in der letzten Märzwoche**: es kommt zu Verspätungen, Termine (Reisen?) werden verschoben. Besonders **nach dem 8. Dezember Geborene** sollten vorsichtig agieren, sich nicht auf Intrigen einlassen! Aber **Ende März** arbeiten Sie mit der Sonne im Widder konzentrierter und können Fehler wieder ausbügeln.

GESUNDHEIT/FITNESS: Sie beginnen **das Jahr** in Feierlaune und **ab Mitte Januar** stärkt Mars Ihre Widerstandskraft, verleiht mehr Power. Wenn Sie Ihre überschüssigen Energien gut kontrollieren, kann dies exzellent für Sie sein. Sie haben die Nase vorn auf den Pisten, können aber auch zu impulsiv handeln. Besonders **nach dem 8. Dezember Geborene** könnten durch Neptun zu exzessiv sein, manchmal anfälliger für Viren. Neptun in Dissonanz zu Mars kann auch Giftstoffe (zu viel Alkohol usw.) bedeuten, besonders **Ende Januar bis Anfang Februar**. Vorsicht z.B. auch mit Medikamenten, Verfallsdaten auf Lebensmittel checken usw.!

FRÜHLING (21/3 - 21/6)

Neptun wandert (endlich!) weiter, lässt Sie bis Herbst in Ruhe. Und Venus beginnt ab **Anfang April** und **bis Mitte August** ihre „Tournee" im Zeichen Zwillinge. Exzellent für Sie in der **2. Aprilhälfte**, wohl die beste Phase des Frühlings.

LIEBE/FREUNDSCHAFT: Venus wird **im Frühling (Mitte April)** rückläufig und bleibt deshalb mehrere Monate lang in Opposition. Dies kann aber in der **2. Aprilhälfte** wahre Sternstunden bedeuten, durch den gleichzeitigen positiven Marseinfluss alte (oder neue?) Leidenschaften wieder entflammen, Ihre Libido auf Hochtouren bringen. Reizvolle Begegnungen und heiße Flirts sind auch **in der 2. Maihälfte** möglich, Sie sind sehr empfänglich für Charme und Humor. Aber Mars funkt in der **1. Juniwoche** dazwischen, Ihre Haltung wird falsch interpretiert oder berufliche Probleme belasten Ihr Gefühlsleben? Geduld, denn **ab Mitte Juni** wird es wieder ruhiger.

BERUF/GELD: Im **April** haben Sie alle Trümpfe in Händen. **Bis 10. April** sind Sie dynamisch und effizient, **zwischen dem 17. und 24. April** wickeln Sie alle um Ihren Finger, sind charmant und diplomatisch. Und **in der 2. Aprilhälfte** schiebt Mars Ihre Projekte an, man kann kaum mit Ihnen

Schritt halten. Organisieren Sie also Ihre wichtigen Termine im April! **In der 2. Maihälfte** können Sie besonders im „teamwork" erfolgreich sein, mit Merkur in Opposition sollten Sie mehr als sonst auf die Ratschläge Anderer hören! Der Wind dreht sich **in der 1. Junihälfte**, man legt Ihnen Steine in den Weg: u.a. durch Rivalitäten oder familiäre Sorgen bremsen Sie im Job?

GESUNDHEIT/FITNESS: April wird ein Traummonat. Man beneidet Sie um Ihre Vitalität, Sie fühlen sich wohl, betreiben Sport (Tennis, Radtouren, Wanderungen usw.) und sind auch seelisch in einer Hochphase, Sie strahlen Sympathie und Charme aus. Andererseits kann Mars **in der 1. Junihälfte** dazwischenfunken, zu impulsiven oder leichtfertigen Gesten verleiten. Anfälliger für Zerrungen, Entzündungen (Oberschenkel, Schultern?) sind möglich. Vermeiden Sie extreme Leistungen, überschätzen Sie Ihre Kräfte nicht!

SOMMER (21/6 - 21/9)

Mars im Widder verdoppelt Ihre Energien und Sie schalten den Turbo ein. Zwischen **Mitte Juli und Mitte August** bringen Sie Glanzleistungen, sollten hingegen **in den zehn ersten Septembertagen** kürzertreten! Besser **ab dem 13. September**: mit Venus und Merkur positiv (**bis zum 25.9.**), u.a. tolle neue Bekanntschaften, Flirts und Sternstunden (zu zweit und/oder mit Freunden) oder ideale Urlaubspläne.

LIEBE/FREUNDSCHAFT: Juli wird ein Traummonat. Auch **die 1. Augusthälfte** bringt interessante neue Kontakte, exzellent für Reisen, Ihre Korrespondenz. Oder Sie lernen jemand kennen bei Kursen, in der Bibliothek, bei gemeinsamen Hobbys usw. Sie gewinnen alle Sympathien, einige freuen sich über ein unerwartetes Wiedersehen. Und Mars facht alte Leidenschaften wieder an (was bis **Ende Juli/Anfang August** der Fall sein wird?). Oft eine Folge von **Mitte April** (Begegnung, Nachricht?). **Zwischen dem 12. und**

191

25. September: reizvolle Kontakte, erfolgreiche Flirts, bewegendes Wiedersehen oder Gott Amor hat Sie wieder im Fadenkreuz? Auch Aktivitäten mit Kindern (Enkeln) machen Freude. Oder Sie sind kreativ, könnten etwas schreiben, schöpferisch tätig sein.

BERUF/GELD: Schöne Erfolge durch zusätzliche Energien, Ihren Charme und Humor. **Juli** wird ein guter Monat, aber so richtig Gas geben Sie **ab Juli (und bis zum 4./5.8.)**. Ihre entschlossene Haltung ist ebenfalls ausschlaggebend, Sie haben **bis Mitte August** Rückenwind. Und **zwischen dem 16. und 21. August** sowie **zwischen dem 12. und 20. September** verwöhnt Sie Merkur im Löwen, exzellent u.a. für Ausland, Reisen, Verträge oder Weiterbildung. Ihre kluge Analyse wird gelobt. Sand im Getriebe (Verspätungen, Absagen usw.) **Ende August bis Anfang September**, aber nur vorübergehend, denn **ab 12. September** haben Sie wieder die Nase vorn.

GESUNDHEIT/FITNESS: Ihre Reiselust und sportliche Aktivitäten sind exzellent für Körper und Seele, Sie fühlen sich rundum wohl, besonders **zwischen Mitte Juli und Mitte August**. Ideal für Trekking, Wander- oder Radtouren, Aktivitäten mit Freunden oder Mitgliedschaft in einem Sportverein usw. Mit Venus in Opposition sind Sie offen für Begegnungen, Flirts stärken Ihr Selbstvertrauen, ein gutes Rezept gegen Stress und Nervosität. Wie z.B. **Anfang September (bis zum 12.9.)**.

HERBST (21/9 - 21/12)

Fast wolkenlos die drei letzten Monate: **ab Mitte Oktober** sind Sie dynamisch und effizient, und **bis Jahresende** schiebt Mars Ihre Projekte an, oft gehen die Wurzeln auf Frühling zurück. In der **1. Novemberhälfte** verwöhnt Sie auch Venus, Sie gewinnen mit Ihrem Charme, feiern die Feste wie sie fallen.

LIEBE/FREUNDSCHAFT: Nach einer kleinen Flaute (zu viel Arbeit?) **zwischen dem 11. und 20. Oktober** blühen Sie in der **1. Novemberhälfte** wieder auf, strahlen Charme und positive Energie aus. Laden Sie Freunde ein, gehen Sie aus, Ihr spontaner Charme wirkt Wunder! Oder Begegnungen **von Juli** kommen wieder zur Sprache, ein Wiedersehen begeistert? In der **1. Dezemberhälfte** kann es zu interessanten Diskussionen kommen, Sie ziehen elegant und diplomatisch die richtigen Fäden. Oder aufregende Begegnungen im Zusammenhang mit musischen Hobbys (Konzertbesuche, Kochkurse, Kulturreisen?).

BERUF/GELD: Projekte **von Ende Juli/Anfang August** kommen gut voran, bringen von **Mitte Oktober bis zum 12. Dezember** gute Resultate. Nutzen Sie diese dynamische und fruchtbare Phase! **Mitte Oktober**, in der **1. Novemberhälfte** und **in den ersten zwei Dezemberwochen** sind Sie auf der Überholspur, bauen Ihren Vorsprung klug aus. Nur die **Geburtstage vom Ende der Dekade (nach dem 9. Dezember Geborene)** könnten den Einfluss von Neptun wieder spüren; oft ein Symbol unklarer Situationen, schlimmstenfalls ärgerlicher Intrigen oder starker Selbstzweifel. Deshalb sollten Sie speziell **Anfang Dezember** auf der Hut sein!

GESUNDHEIT/FITNESS: Mit dem Energie-Planeten Mars von **Mitte Oktober bis Mitte Dezember** im „befreundeten" Feuerzeichen Widder sind Sie vital und unternehmungslustig. Sportliche Hobbys können exzellent für Ihr Befinden sein, nicht nur physisch, sondern auch psychisch. Dazu kommt **in der 1. Novemberhälfte** eine besonders glückliche Venusperiode: Sie fühlen sich unwiderstehlich, freuen sich über Komplimente. Mit der Sonne in Ihrer Dekade **in der 1. Dezemberhälfte** sind Sie in Bestform und **die letzte Woche des Jahres** endet mit einem wahren Feuerwerk und harmonischen Schwingungen.

SCHÜTZE 3. DEKADE (13.12. - 21.12.)

WINTER (21/12 - 21/3)

JAHRES-ÜBERBLICK:

Ein sehr positiver Mars **Anfang des Jahres** und in der **1. Februarhälfte**, sowie später von **Mitte Juli bis Mitte August**, verstärkt **in den letzten Wochen des Jahres**, katapultiert Sie ins Spitzenfeld, stärkt Ihre Power. Dazu kommt für die **vor dem 16. Dezember Geborenen** der positive Einfluss von Pluto, der eine neue Situation (Finanzen?) bringen kann.

LIEBE/FREUNDSCHAFT: Das Jahr beginnt mit positiven Schwingungen: Sie genießen das Leben und erobern die Herzen im Flug (**1. Januarhälfte**), aber die **1. Februarwoche** könnte turbulent werden. Sie können nur schwer Ihr Temperament zügeln, aber dank Ihrer Diplomatie bügeln Sie Fehler wieder aus. In der letzten **Februar- und der 1. Märzwoche** verziehen sich die Wolken und Venus stimuliert freundschaftliche Beziehungen, weckt alte (und neue?) Leidenschaften. Harmonie bei Paaren, reizvolle Kontakte, wenn Sie noch Solo sind. **Nach dem 8. März** ziemlich neutral.

BERUF/GELD: Nach einem vorwiegend neutralen **Januar** haben Sie **im Februar** alles im Griff, sind sehr aktiv und dynamisch (**bis zum 20.1.**). Mars schiebt Ihre Projekte an, Sie sind entschlossen und bleiben am Ball. In der **1. Februarwoche** agieren Sie clever, knüpfen wertvolle Kontakte. Exzellent für wichtige Termine (auch Ausland), Ansuchen, Examen usw.. Ein kleiner Durchhänger dann **Mitte März (zwischen dem 10. und 20.3.)**: vielleicht sind Sie weniger vital? Oder familiäre Fragen beschäftigen Sie und lenken von Ihrer Arbeit ab? Geduld, denn im April sind Sie wieder ganz vorne dabei!

GESUNDHEIT/FITNESS: In den **ersten zwei Wochen** des Jahres fühlen Sie sich geliebt und geschätzt und in der **1. Februarhälfte** spornt Sie Mars an, Sie sind physisch in

194

Bestform. Exzellent für Ihre guten Vorsätze? Sport, Ski-urlaub, Abenteuerurlaub ist gut, um überschüssige Energien abzubauen. Vermeiden Sie impulsive Reaktionen und leichtsinnige Gesten (am Steuer und beim Sport)! **Mitte Februar (vom 10. bis 20.2.)** sind Sie ebenfalls gut in Form und **Ende Februar und in der 1. Märzwoche** bringt Venus Superlaune und Frühlingsgefühle.

FRÜHLING (21/3 - 21/6)

Nach Fortschritten **zwischen dem 10. und 28. April** dürfte auch **Mai** ein exzellenter Monat werden: **in den ersten zwei Wochen** verleiht Mars zusätzliche Energien. In der **letzten Maiwoche** schärft Merkur Ihren Verstand, Sie sind kontaktfreudig oder reiselustig. Hindernisse gibt es **in der 2. Junihälfte**, oft durch Komplikationen (Job?) oder zu impulsive Reaktionen.

LIEBE/FREUNDSCHAFT: Interessante und reizvolle Begegnungen in der **2. Aprilhälfte** und in den **ersten zwei Wochen im Mai**: neue Leidenschaften, neue Freunde durch Hobbys (Kunsthandwerk, Singen usw.) oder gemeinsame Reisen. Sie gewinnen alle Sympathien. Schwieriger die **2. Junihälfte**: hitzige Debatten könnten leicht ausarten, Beziehungen zu Angehörigen sind nicht einfach. Wo bleibt Ihre sprichwörtliche Toleranz (z.B. **um den 13./14.4.**)? Vermeiden Sie direkte Konfrontationen, und denken Sie daran, dass Sie **ab August** wieder bessere Karten haben!

BERUF/GELD: Sonne und Merkur fördern Ihre Projekte **ab dem 10. April (bis Monatsende)**, exzellent für Termine, Abmachungen, Examen, Reisen oder schriftliche Arbeiten (Ansuchen, Bewerbungen usw.). In der **1. Maihälfte** können Sie durchstarten, mit Mars in Ihrer Dekade sind Sie dynamisch und effizient, gewinnen einen schönen Vorsprung. Schwieriger dann die **2. Junihälfte**: Mars stört Ihre Aktionen, Sie sind unter Druck oder lassen sich zu voreiligen Schritten verleiten.

GESUNDHEIT/FITNESS: Mitte April sind Sie gut in Form, die Sonne im Widder feuert Sie an (**vom 9. bis 20.4.**). In den **ersten zwei Maiwochen** verspricht Mars zusätzliche Energien, wohl die beste Periode im Frühling, um mehr Sport aufs Programm zu setzen. Und bei Krankheit auch die besten Chancen auf Besserung oder Heilung. Oder schließen Sie sich Freunden an, die etwas für Ihren Körper tun! Weniger gut **ab Mitte Juni**, wenn Mars störend wirkt: Verletzungen (Sport?), Infektionen, Entzündungen? Oder Sie schlagen ganz schön über die Stränge? **Ab Ende Juni** aber Entwarnung, denn Mars wandert weiter.

SOMMER (21/6 - 21/9)

Nach einem neutralen **Juli** (**bis 22.7.**) sind Sie **in der letzten Juli- und 1. Augustwoche** charmant, empfänglich für Spaß und gute Laune, mit Partner und Familie. Aber so richtig in Fahrt kommen Sie erst **im August**: Mars im Widder begleitet Sie mit Rückenwind (**bis Mitte Oktober**). **Mitte August** und **Mitte September** u.a. beste Reiseperioden; der Sommer sollte abwechslungsreich und angenehm werden. Gönnen Sie sich trotzdem kleine Pausen!

LIEBE/FREUNDSCHAFT: Seit **April** wandert Venus durch das Zeichen Zwillinge, in Opposition, und in der **letzten Juli- und 1. Augustwoche** kann dies reizvolle Kontakte, Abwechslung in Beziehungen bedeuten. Begegnungen oder Verabredungen **vom vergangenen Mai** könnten Konsequenzen haben. Und den **ganzen August und September** hindurch bringt Mars Ihre Gefühle in Schwung, macht Sie unwiderstehlich. Gemeinsame Projekte (Hobbys, Reisen usw.) kommen gut und schnell voran, mit Ergebnissen am Ende des Jahres. Oder eine Reise (**Mitte August oder zwischen 20. und 30. September**) eröffnet neue Horizonte, manchmal auch Kunstgenuss, gemeinsame Hobbys.

BERUF/GELD: Ihr Schwung und Ihre Begeisterung reißen andere mit, Ihre Vorhaben kommen zügig voran, speziell **im August und September**. Dazu kommt **Mitte August** und **in der 2. Septemberhälfte** der positive Merkur, exzellent für wichtige Termine, Reisen, Verträge, Weiterbildung oder Kurse. Alle Ampeln stehen auf Grün, manchmal können Sie Geschäft und Vergnügen verbinden. Außerdem sind Sie kreativ und dynamisch und können sich dadurch einen schönen Vorsprung sichern.

GESUNDHEIT/FITNESS: Mit Mars auf Ihrer Seite sind Sie **ab Anfang August - und bis Ende September -** in Superform. Ideal um wieder an Ihre guten Vorsätze zu denken und sie auch zu realisieren. Werden Sie Mitglied in einem Sportverein, nehmen Sie ein Abo in einem Fitnesscenter! Vielleicht bringt eine Kur erwünschte Ergebnisse (mehr Power?). **In der 1. Septemberwoche** sind Sie gestresst, vielleicht belasten zusätzliche (berufliche?) Verpflichtungen? Aber ab **Mitte September** mehr Harmonie, Sie sind wieder ein Herz und eine Seele, fühlen sich wohl und geborgen.

HERBST (21/9 - 21/12)

Kosmisch eher neutral **bis Anfang Dezember**, aber **ab dem 12. Dezember** verspricht Mars wieder mehr Power und 2020 endet mit einem Plus, oft auch gesundheitlich.

LIEBE/FREUNDSCHAFT: Der Herbst beginnt mit Sternstunden: In der **letzten September- und 1. Oktoberwoche** bringen Venus und Mars Ihre Gefühle so richtig in Schwung, Sie sind leidenschaftlich und unwiderstehlich. Beziehungen werden intensiver, mehr Sex steht auf Ihrem Programm. Mit positiven Konsequenzen **vom 12. Dezember bis Ende des Jahres** oder sogar **Anfang 2021**. Unvergesslich **z.B. um den 23./24. Dezember**: ideal für Abenteuerurlaub, Hobbys mit Familie und Freunden, oft verbunden mit intensiven sportlichen Aktivtäten.

BERUF/GELD: Gleich zum **Herbstanfang** erfolgreiche Verhandlungen, vorteilhafte Verträge, manchmal Fortschritte dank Weiterbildung. Mit Venus und Merkur auf Ihrer Seite **in der letzten Septemberwoche** und mit Mars **bis Mitte Oktober**, der zusätzliche Energien signalisiert, halten Sie weiter Ihren Vorsprung. **Ab dem 12. Dezember** stellen sich gute Ergebnisse ein und somit eine positive Bilanz **zum Jahresende**. Exzellent für Projekte mit Freunden, Termine, Auslandskontakte oder Studium wird außerdem **Mitte Oktober (vom 10. bis 22.10.).**

GESUNDHEIT/FITNESS: Herzlichen Glückwunsch zum Geburtstag, lieber SCHÜTZE! Powerplanet Mars stärkt Ihnen weiterhin den Rücken: bis **Mitte Oktober** und dann, nach einer Pause, wieder **ab dem 12. Dezember**, sind Sie fit und widerstandsfähig. Gute Phasen, um etwas für Körper und Seele zu unternehmen, z.B. mit sportlichen Hobbys. **Ende September** und **Anfang Oktober** sowie **in der 2. Oktoberhälfte** schweben Sie in höheren Sphären, fühlen sich geliebt und geschätzt. Manchmal auch neue Freunde oder Glückshormone durch musische Aktivitäten.

22.12. – 20.01.

Steinbock

STEINBOCK

1.DEKADE (22.12. - 31.12.)

WINTER (21/12 - 21/3)

JAHRES-ÜBERBLICK:
Bis **Mitte Januar** haben Sie gute Karten, können sich gut entfalten. Uranus wirkt das ganze Jahr hindurch günstig, verspricht unerwartete Angebote und Begegnungen, Sie gehen ganz neue Wege.

LIEBE/FREUNDSCHAFT: Jupiter auf Ihrer Sonne sollte meist positiv wirken **(bis zum 17.1.) und vom 13. bis 22. Januar** flirten Sie erfolgreich, fühlen sich wohl mit Ihren(m) Liebsten. Oder tolle Begegnungen (im Ausland, auf Reisen?). Auch **vom 6. bis 14. März** sind Sie unwiderstehlich, manchmal Liebe auf den ersten Blick, unerwartete Begegnungen oder Wiedersehen? Besonders **vor dem 26.12. Geborene** könnten nach einer unerwarteten Begegnung ganz neue Wege gehen (oft schon seit Sommer 2019 angekündigt durch Uranus). Kleiner Schatten aber **in der 2. Februarwoche**: Ihr Job könnte private Dinge stören, Sie vernachlässigen Ihren Partner oder Freunde.

BERUF/GELD: Das **Jahr beginnt** im Turbo-Tempo: Jupiter fördert in den **ersten beiden Wochen des Jahres** Ihre Vorhaben, originelle Projekte oder neue Methoden funktionieren. **Im Februar und der 1. Märzwoche** verhandeln Sie diplomatisch, knüpfen wertvolle Kontakte. Oder Fortschritte in Weiterbildung, erfolgreiche Examen? Auch Auslandsgeschäfte, Reisen usw. stehen unter einem guten Stern, besonders **zwischen dem 4. und 12. Februar**, dann wieder **in der letzten Woche des Monats**. In der **2. Februarhälfte** stecken Sie Ihre Umgebung mit Ihrem Enthusiasmus an, treffen mutige Entscheidungen, die in eine neue Richtung gehen, wenn Sie **vor dem 26. Dezember geboren** sind. Denn Uranus ist oft auch ein Faktor von mehr Kreativität.

GESUNDHEIT/FITNESS: Schon **Ende Dezember** und **in den ersten zwei Januarwochen** fühlen Sie sich wohl, sehen die Lage optimistisch. Da Sie **Mitte Januar** durch die positive Venus mehr oder weniger auf Wolken schweben, könnten Sie sich mehr als sonst gehen lassen (Alkohol?). Vermeiden Sie **in der 2. Februarhälfte** leichtsinnige Aktionen (Sport, Straßenverkehr), denn Mars in Ihrem Zeichen gibt zusätzliche Energien, die Sie nicht immer gut kanalisieren! Beim Sport sollten Sie nicht übertreiben (Knie, Rücken sind manchmal typische Schwachstellen)! **Im März** sind Sie wieder fit und **in der 2. Märzwoche** in Superlaune: verliebt? Frühlingsstimmung? Die **Geburtstage vom Beginn (vor dem 24. Dezember Geborene)** sind durch eine neue Situation euphorisch, besonders in der **3. Januarwoche** und der **2. Märzwoche**.

FRÜHLING (21/3 - 21/6)

Wenn Sie **nach dem 26. Dezember geboren** wurden, kündigt Uranus Neues an (unerwartete Angebote, bessere Kontakte zu Angehörigen?). Nach einem Leerlauf **Ende März** sind Sie **ab Mitte April** wieder an vorderster Front und in der 2**. Maihälfte** dynamisch und effizient.

LIEBE/FREUNDSCHAFT: Der Liebesplanet Venus ist eher neutral, denn die „rückläufige" Venus sollte Sie nicht direkt betreffen. Vielleicht haben Sie auch weniger Zeit, sich mit Freunden zu treffen, sich mehr mit Kindern zu beschäftigen? Wanderungen in freier Natur sind exzellent, um eine größere Veränderung in Ihrem Leben ruhig zu überdenken! In der **letzten März-** und der **letzten Aprilwoche** sowie der **1. Junihälfte** treffen Sie interessante Leute, bei Diskussionen haben Sie fast immer das letzte Wort.

BERUF/GELD: Nach einem „zähen" **Ende März** und einigen Missverständnissen **Mitte April (12. bis 19.4.)** haben Sie **in der 2. Aprilhälfte** wieder alles unter Kontrolle. **Anfang Mai** haben Sie ebenfalls die Lage im Griff, finden bei Verhandlungen den richtigen Ton. In der **2. Maihälfte** schalten Sie den Turbo ein, gewinnen Vorsprung. Besonders **nach dem 26. Dezember Geborene** beginnen Neues, oft ein ganz neues Kapitel im Leben (u.a. durch neue Regeln und Methoden, oder einen Umzug usw.).

GESUNDHEIT/FITNESS: Ihre Vitalität sollte **in der zweiten Maihälfte** optimal sein: jetzt realisieren Sie einige gute Vorsätze, werden z.B. Mitglied eines Sportvereins, können etwas für Ihr Wohlbefinden unternehmen. Auch **Ende April** sind Sie gut in Form. Wenn Sie **nach dem 26. Dezember geboren** sind, können Sie dem positiven Uranus neue Kenntnisse verdanken, erfolgreich etwas gegen chronische Beschwerden unternehmen.

SOMMER (21/6 - 21/9)

Mars (im Widder) kann einige Überraschungen bringen, besonders **in den ersten zwei Juliwochen**, die stressig sind (neue Umgebung oder neue Kollegen?). In der **2. Augusthälfte** sind Sie wieder gut in Form, physisch und geistig.

LIEBE/FREUNDSCHAFT: Der Sommer mit Differenzen **Ende Juni**, turbulenten Diskussionen in der **1. Julihälfte**. Vielleicht sind familiäre Komplikationen, Probleme mit Wohnung/Haus einer der Gründe dafür? In Opposition **in der 2. Augustwoche** kann Venus aufregende Begegnungen symbolisieren, aber Ihre beste Phase im Sommer ist die **letzte Augustwoche**: eine offene Aussprache, erfreuliche Nachrichten usw. Oder Sie werden von der Muse geküsst?

BERUF/GELD: Merkur in Opposition kann interessante Kontakte, fruchtbare Verhandlungen bedeuten. Bleiben Sie aber auch in heiklen Momenten diplomatisch, denn Mars verleitet Sie zu voreiligen Reaktionen und dadurch könnten sich die Fronten verhärten. Speziell in den **ersten drei Juliwochen**. Viel besser dann die **2. Augusthälfte**, besser für Ihre Kommunikationen, wichtige Termine und Verhandlungen, Auslandskontakte und Verträge.

GESUNDHEIT/FITNESS: Mars bringt **bis etwa 20. Juli** Gegenwind, der Sie psychisch unter Druck setzen kann, manchmal auch körperlich. Bleiben Sie vernünftig (bei sportlichen Aktivitäten), Sie könnten Ihre Kräfte überschätzen! Viel besser **Ende Juni** und die **2. Augusthälfte**: Sie treffen kluge Entscheidungen, schreiben sich (mit Freunden?) z.B. in einen Fitnessclub ein. In **der 2. Augustwoche** amüsieren Sie sich blendend, Ihre positive Haltung stärkt Ihr Immunsystem, sorgt für Superlaune.

HERBST (21/9 - 21/12)

Uranus bringt jetzt **in den letzten Wochen des Jahres** die positiven Veränderungen (kreative Arbeiten, Kontakt mit Kindern?), die sich **seit Frühling** ankündigen. Vielleicht auch in Form eines Umzugs, einer neuen Situation bezüglich Nachwuchs? Exzellent in der **1. Oktoberhälfte** und der **2. Novemberhälfte** (Umzug, neuer Job, neue Regeln?).

LIEBE/FREUNDSCHAFT: Für viele wird 2020 anders enden als es begonnen hat. In Ihrem Falle eher mit einer positiven und radikalen Wende in Ihrem Leben. Aus Freundschaft könnten stärkere Gefühle entstehen oder eine Liebe auf den ersten Blick eröffnet ganz neue Wege? In den **ersten zwei Oktoberwochen** schweben Sie auf rosa Wolken (speziell **nach dem 26. Dezember Geborene**). Für die **ganze Dekade** werden auch die **letzte November- und 1. Dezemberwoche** unvergesslich sein. Schicksalhafte Begegnungen? Aufregende neue Freunde? Und **am Ende des Jahres** lassen Sie ein tolles Fest steigen.

BERUF/GELD: Fortschritte mit Ihren (neuen?) Projekten, manchmal durch eine neue Sicht der Dinge oder unerwartete Veränderungen in Ihrer Hierarchie. Gut läuft es in der **1. Oktoberhälfte** und der **2. Novemberhälfte**, Sie wenden die richtige Taktik an, sind ein Meister im Improvisieren. **Nach dem 27. Dezember Geborene** beginnen einen neuen Abschnitt (Ortswechsel? neue Vorgesetzte?), oft beginnt ein ganz neues Kapitel und Sie erreichen ein höheres Niveau. Eine tolle Überraschung **in den letzten Tagen des Jahres** bringt neue Möglichkeiten.

GESUNDHEIT/FITNESS: Abgesehen von **Ende September** mit einem kleinen Durchhänger passiert in diesem letzten Quartal nichts Besonderes. Außer für die **nach dem 27. Dezember Geborenen**, die durch eine neue Lebensweise, neue Energien, neue (sportliche) Aktivitäten ein gesünderes Kapitel im Leben beginnen? Oder neue Disziplinen wie Yoga, Chi Gong, Karate usw. sind ein echtes Plus. Vielleicht unerwartete Geschenke (Hometrainer, Ping-Pong-Schläger usw.), die Ihren Ehrgeiz stimulieren?

STEINBOCK 2. DEKADE (1.1. - 10.1.)

WINTER (21/12 - 21/3)

JAHRES-ÜBERBLICK: Das Jahr beginnt mit Fortschritten, Jupiter in Ihrer Dekade ist **von Mitte Januar bis Anfang März (3./4.3.)** gut gelaunt, gemeinsam mit Sonne und Merkur ebenfalls auf Ihrer Sonne ein richtiges Powertrio. Ideal für Kommunikationen (Reise, Meetings, Studium usw.). In der **1. Märzhälfte** noch verstärkt durch Mars, der mehr Power verspricht. Und **Mitte März** Sternstunden und Frühlingsgefühle durch Venus im Zeichen Fische. Ebenfalls positiv wirkt Neptun (**bis April**), steigert Ihre kreative Seite oder eine Romanze lässt Sie träumen, macht Sie empfänglicher für neue Themen, speziell wenn Sie **nach dem 6. Januar geboren** sind.

LIEBE/FREUNDSCHAFT: Venus im Zeichen Fische lässt Sie **in der 2. Januarhälfte** regelrecht aufblühen und strahlen und Jupiter schafft glückliche Situationen, Sie schweben auf rosa Wolken. Zusammen mit Jupiter, der - übrigens **das ganze Jahr über** - in Ihrer Dekade steht, könnte Merkur **Mitte Februar und Ende März** Differenzen schlichten, oder Sie haben Erfolg mit einer offenen Aussprache, treffen tolle Leute? **Nach dem 7. Januar Geborene** kommen ihren Idealen näher, sind auch versöhnlicher gestimmt. Venus verwöhnt Sie wieder **in der 2. Märzhälfte**, Sie sehen blendend aus, sind unwiderstehlich. Nur **in der 2. Februarhälfte** müssen Sie mehr Geduld zeigen, toleranter sein, wenn Sie zu wenig zuhause sind, zu sehr Ihrem Job verfallen.

BERUF/GELD: Jupiter verwöhnt Sie von **Mitte Januar bis Anfang März**, signalisiert einen Gewinn. Oder Sie gründen eine Firma, machen eine Traumreise? Denn Neptun wirkt günstig, inspiriert Sie zu Fortschritten: Arbeit mit Publikum? Auslandskontakte? Medien? Politik? **Mitte Februar** stimuliert Merkur Ihre Neuronen, Sie überzeugen bei Terminen, knüpfen wertvolle Kontakte. Neue Projekte bringen dann **Ende März/Anfang April** gute Ergebnisse. Und in der **1. Märzhälfte** setzen Sie Ihre Pläne durch, sind dabei aber ganz schön aggressiv. **Nach dem 7. Januar Geborene** haben **bis April** einen 6. Sinn, könnten schöne Treffer landen.

GESUNDHEIT/FITNESS: Herzlichen Glückwunsch zum Geburtstag, lieber STEINBOCK! Sie sind gut in Form, die Sonne in Ihrer Dekade steigert Ihre Vitalität. **In der 2. Januarhälfte** fühlen Sie sich rundum wohl, Venus verspricht positive Schwingungen. In den **ersten zwei Märzwochen** stattet Ihnen auch Mars einen Besuch ab und Sie sind kaum zu bremsen. Mehr Power, aber manchmal auch zu impulsiv. Oder Sie sind anfälliger (Erkältungen? Infektionen?), leichtsinniger auf den Pisten und Straßen? **Ab Mitte März (vom 14. bis 24.3.)** sind Sie seelisch ausgeglichen (dank Venus) und Ihre gute Laune wirkt ansteckend.

FRÜHLING (21/3 - 21/6)

Neptun wandert weiter und wirkt erst wieder im Herbst (nur für die **nach dem 7. Januar Geborenen**). Mars im Zeichen Fische verleiht zusätzliche Power **Ende Mai** und in den **ersten zwei Juniwochen**.

LIEBE/FREUNDSCHAFT: Vielleicht sind Sie mehr mit familiären oder beruflichen Fragen beschäftigt und Ihr Gefühlsleben ist in einer neutralen Phase? Aber nach einer turbulenten Periode **in der 1. Aprilhälfte**, finden Sie **in den ersten zwei Maiwochen** die richtigen Worte, überzeugen mit klaren Vorschlägen und Ihrem Humor. Exzellent für eine Reise mit Freunden, verbunden mit Bildung (Kurs, Seminar usw.), Kunst oder sportlichen Hobbys, die Ihren Horizont erweitern.

BERUF/GELD: Ihre kluge Taktik und Ihre Kontaktfreude zeigen Erfolg, **zwischen dem 28. März und dem 5. April, zwischen dem 3. und 11. Mai** sowie in den **ersten beiden Juniwochen** kommen Sie gut voran, speziell im „teamwork". Besonders **im Juni** lobt man Ihre Einsatzfreude, Ihr Schwung reisst andere (Kollegen, Mitarbeiter usw.) mit. Außerdem günstige Perioden für Weiterbildung, Kurse, schriftstellerische Tätigkeiten, Vertragsverhandlungen.

GESUNDHEIT/FITNESS: Nach einer angenehmen **letzten Märzwoche** sind Sie **in der 1. Aprilhälfte** nicht gerade in Hochform, aber **Anfang Mai (1. bis 10.5.)** sind Sie wieder gut in Form. Und **Ende Mai und in der 1. Junihälfte** geben Sie richtig Gas, Mars verdoppelt Ihre Power, Sie sind unermüdlich. Ideal für sportliche Aktivitäten, gute Aussichten, um für Ihre Traummaße der Bikinisaison zu trainieren! Bei eventuellen chronischen Beschwerden (Schwachstellen Ihres Sternzeichens sind häufig Rücken, Gelenke, Knie usw.) könnten Therapien gut anschlagen.

SOMMER (21/6 - 21/9)

Geduld gehört zu den typischen Tugenden des Steinbocks und nach einem relativ farblosen Sommeranfang werden Sie bis **Mitte August** Geduld brauchen: in der **2. Julihälfte** und der **1. Augustwoche** funkt Mars dazwischen, signalisiert Stress. Kaum hat sich die Lage beruhigt, bringt Jupiter einige Komplikationen (vorwiegend für die **nach dem 8. Geborenen**).

LIEBE/FREUNDSCHAFT: Auf dem Gefühlssektor sind Sie eher auf der Warteliste. Zumindest **Ende Juni** und in der **2. Julihälfte**. **Im Augus**t ziehen Wolken auf (**um den 4./5. August** hängt der Haussegen schief, **zwischen dem 18. und 27. August** könnten Sie zu sehr über die Stränge schlagen). Aber endlich, **in der letzten Augustwoche**, verziehen sich die Wolken. Sie können Missverständnisse aufklären und Jupiter signalisiert eine großzügige Haltung. Speziell **nach dem 8. Januar Geborene** kommen ihren Idealvorstellungen näher. Reizvolle Begegnungen (**letzte Augustwoche**) könnten später (**im Oktober**) romantische Folgen haben. Oder eine tolle Reise eröffnet neue Horizonte?

BERUF/GELD: Ende Juni und **in der 1. Juliwoche** können Sie punkten, wenn Sie mehr auf andere hören, nach dem Motto: gemeinsam sind wir stärker! Ab **Mitte Juli** kann Mars eine gewisse Aggressivität signalisieren oder Mehrarbeit steigert Ihren Stress? **Bis Ende Juli** sollten Sie Ihre Samthandschuhe anziehen! **Ab August** macht sich Jupiter wieder bemerkbar, Komplikationen von Februar können zur Sprache kommen. Davon sind vorwiegend die **Geburtstage nach dem 7. Januar** betroffen, die aber gleichzeitig durch den positiven Neptun gut inspiriert sind und eine Lösung finden. In der **letzten Augustwoche** und der **1. Septemberhälfte** regeln Sie Ihre Probleme, aber **zwischen dem 14. und 20. September** könnten Verspätungen oder Verzögerungen bremsen.

GESUNDHEIT/FITNESS: Störende Marseinflüsse bremsen in der **2. Julihälfte** und der **1. Augustwoche** oder Sie handeln zu impulsiv: Vorsicht am Steuer, beim Hantieren mit Feuer usw.! Beim Sport sollten Sie Ihre Kräfte nicht überschätzen! **In der 2. Augusthälfte (um den 25./26.8.)** lassen Sie sich gehen, sind zu exzessiv (zu viele Kalorien oder Alkohol?). Aber **ab 1. September** klappt alles besser (**bis 13.9.**): Sie sind vital, bei Krankheiten kann es zu einer rapiden Besserung kommen.

HERBST (21/9 - 21/12)

Nach dem 7. Januar Geborene gewinnen den Jackpot. Dank Jupiter/Neptun können Sie **im Oktober** das ernten, was Sie **im Februar und Juli** gesät haben. Andererseits nervt Mars (von **Mitte Oktober bis Anfang Dezember**) mit Hindernissen (Wohnung? Familie?), die Sie aber elegant und clever meistern sollten.

LIEBE/FREUNDSCHAFT: **Mitte Oktober** genießen Sie das Leben trotz Komplikationen, machen reizvolle Begegnungen. Nach einer Pause **in der 1. Novemberhälfte** (beruflich läuft es besser und private Dinge müssen warten) sind Sie **Ende November** und in der **1. Dezemberwoche** wieder im 7. Himmel. Besonders die **um den 7. Januar Geborenen** können **Ende des Jahres** eine gute Bilanz vorlegen. Begegnungen oder Entscheidungen **von Februar** könnten **Mitte Oktober** positive Folgen haben.

BERUF/GELD: Wenn der Mars **in der 2. Julihälfte und der 1. Augustwoche** Komplikationen gebracht hat, mit unangenehmen Rivalitäten oder Angriffen, könnten Sie von **Mitte Oktober bis Mitte Dezember** wieder unter Druck sein (speziell **nach dem 7. Januar Geborene**). Oder Partnerschaften, geplante Projekte vom Beginn des Jahres könnten scheitern. Aber **ab Mitte November** haben Sie mehr Luft und **Mitte Dezember** können Sie den Champagner öffnen!

GESUNDHEIT/FITNESS: Zuerst die gute Nachricht: **nach dem 8. Januar Geborene** könnten bei chronischen Beschwerden mit Besserung rechnen, speziell **Mitte Oktober**. Allerdings sollten Sie zwischen **Mitte Oktober und Mitte Dezember** vorsichtig sein: die **ganze Dekade** sollte versuchen, eventuellen Stress mit natürlichen Mitteln zu bekämpfen (Kräutertees oder Yoga usw.). **Ende November/Anfang Dezember** aber wirken Sonne, Merkur und Venus günstig, und Sie fühlen sich rundum wohler, schütten Glückshormone aus.

STEINBOCK 3. DEKADE (11.1. - 22.1.)

WINTER (21/12 - 21/3)

JAHRES-ÜBERBLICK:
2020 wird sicherlich ein außergewöhnliches Jahr werden, ein Wendepunkt für **die vor dem 16. Januar Geborenen**. Sie machen Ordnung in Ihrem Leben (Beziehungen, Finanzen?), ein ganz neues Kapitel beginnt, je nach Ihrem persönlichen Horoskop beruflich oder privat. Pluto, Jupiter und Saturn in Ihrer Dekade symbolisieren eine tiefgehende Wandlung.

LIEBE/FREUNDSCHAFT: Zwischen dem 10. und 20. Januar versammeln sich neben dem Duo Saturn/Pluto auch Sonne und Merkur in Ihrer Dekade und Sie bekommen einen Vorgeschmack auf 2020. Frühere Fehler beschäftigen Sie, Ihre Haltung wird falsch interpretiert, aber auch ein Neuanfang, eine zweite Chance sind möglich. **Ende Januar** und in der **1. Februarwoche** sowie der **letzten Märzwoche** aber verziehen sich die Wolken: Venus beschert Herzklopfen, Spaß mit Freunden und Familie. In der **1. Märzwoche** hingegen ziehen Sie sich zurück oder Sie vernachlässigen Ihre Gefühle durch zu viel Arbeit? **Um den 14./15. Januar Geborene** stellen Beziehungen in Frage, sehen vieles mit neuen Augen, eine größere Metamorphose zeichnet sich ab (neue Bindung, neue Regeln bei Paaren?).

BERUF/GELD: Machtkämpfe, eine Krise? Oder eine Konsolidierung? Je nach Ihrem eigenen Horoskop kann diese seltene Konstellation mehr Ehrgeiz und Ausdauer, aber auch harte Rivalitäten, Komplikationen mit der Hierarchie bedeuten. Pluto wirkt vorwiegend für die **um den 14./15. Januar Geborenen** und bringt tiefgehende Umwälzungen (Ende einer Periode, Restriktionen?), über die Sie nur wenig Kontrolle haben. **Mitte Januar** und **Ende März** haben Sie gute Karten, legen vielleicht den Grundstein für Ihre Zukunft, den Beginn einer neuen Lebensphase.

GESUNDHEIT/FITNESS: Saturn, der „Herrscherplanet" Ihres Zeichens, kann symbolisch sein für Karenzen, manchmal auch chronische Probleme, aber auch für mehr Ausdauer (eine Kur?) und ein starkes Immunsystem. In der **2. Märzhälfte** haben Sie einen Tiger im Motor. Exzellent für Sport oder Ihre guten Vorsätze. Venus verleitet **in der letzten Februar- und 1. Märzwoche** zu Exzessen (Alkohol?), um Stress abzubauen. Harmonie in Ihren Gefühlen wirken **in der 1. Februar- und letzten Märzwoche** positiv für Körper und Seele.

FRÜHLING (21/3 - 21/6)

Saturn lässt Sie den ganzen Frühling hindurch in Ruhe, aber Jupiter und Pluto sorgen weiterhin für größere Umwälzungen, speziell für die **zwischen dem 14. und 18. Januar Geborenen**, beruflich oder privat. Die **2. Aprilhälfte (10.-22.4.)** könnte holprig werden, neue Situationen zwingen zum Umdenken. Besser läuft es aber **zwischen dem 8. und 21. Mai**: Sie treffen kluge Entscheidungen, versuchen neue Wege, mit Konsequenzen bis **Ende des Jahres oder sogar Anfang 2021**.

LIEBE/FREUNDSCHAFT: Sie sind mit mehreren Projekten (beruflich, finanziell?) beschäftigt und Herzensangelegenheiten sind vorläufig auf der Warteliste. Ausnahme: in der

2. und 3. Maiwoche treffen Sie Freunde, gemeinsame Hobbys stimulieren, in der **2. Junihälfte** könnten gemeinsame sportliche Aktivitäten Ihren Freundeskreis erweitern. Etwas „haariger" aber die Periode **vom 10. April bis Ende April**: man versteht Ihre (neue?) Haltung nicht, familiäre Probleme nerven. Besonders die **zwischen dem 14. und 18. Januar Geborenen** beginnen ein neues Kapitel (schicksalhafte Begegnung, neue Regeln oder Neuanfang bei Paaren?).

BERUF/GELD: Größere Umwälzungen kündigen sich an, Sie handeln entschlossen, dabei kann es hart auf hart gehen. Vor allem, wenn Sie **zwischen dem 14. und 18. Januar geboren** wurden. Kritisch (z.B. durch finanzielle, administrative oder rechtliche Probleme) die Periode **vom 10. bis 30. April**: prüfen Sie Klauseln in Verträgen usw. genauer als sonst, um Missverständnisse oder Manipulationen zu vermeiden! Aber in der **2. Maihälfte** agieren Sie clever, ziehen an den richtigen Fäden und in der **2. Junihälfte** meistern Sie dank Ihrer Einsatzfreude alle Hürden.

GESUNDHEIT/FITNESS: In der **letzten Märzwoche** feiern Sie ausgelassen (den neuen Frühling?) und vergessen vorübergehend Ihre Sorgen. Auch **Mitte Mai (10. bis 21.5.)** sind Sie vitaler und **in der 2. Junihälfte** in Bestform, kaum zu bremsen. Ideal, um etwas für Ihr Wohlbefinden zu unternehmen! Lediglich **Mitte April (zwischen 10. und 20.4.)** sind Sie gestresst, Komplikationen (Angehörige?) belasten. Wenn Sie **zwischen dem 14. und 18. Januar geboren** sind, können psychosomatische Beschwerden auftauchen, gönnen Sie sich regelmäßige Ruhepausen! Beruhigende Disziplinen (u.a. Tai-Chi, Wandern, Radfahren usw.) können hilfreich sein!

SOMMER (21/6 - 21/9)

Das Trio Jupiter (**bis Ende Juli**), Saturn und Pluto könnte weiterhin grundlegende Dinge in Ihrem Leben verändern.

Wenn Sie **vor dem 15. Januar geboren** wurden, könnten rechtliche Fragen, finanzielle Änderungen zu einer neuen Situation führen und vor allem **im Juli** sehen Sie vieles mit neuen Augen. Je nach persönlichem Horoskop schwierige Entscheidungen oder ein Neuanfang?

LIEBE/FREUNDSCHAFT: Vor dem 15. Januar Geborene haben **im September** die besten Chancen, sich einer neuen Situation anzupassen. **Nach dem 16. Januar Geborene** könnten durch Saturn den Dingen auf den Grund gehen, eine chronische Krise beenden. Besonders **zwischen 5. August** und **Ende September** funkt Mars dazwischen, es kann zu hitzigen Differenzen kommen, familiär (Nachwuchs?) oder mit dem Partner, Sie sind ungeduldig oder zickig. Aber **in der letzten August- und 1. Septemberwoche** hat die **ganze Dekade** Möglichkeiten, mit Charme und Humor gewisse Dinge wieder zu kitten. Vielleicht auf einer Reise?

BERUF/GELD: Der Sommer wird nicht gerade ein langer, ruhiger Fluss, denn Pluto und Saturn verleihen zusätzliche Power, Sie wollen sich mit gewissen Neuerungen nicht einfach abfinden. Eine tiefgehende Wandlung könnte auch mit Restriktionen verbunden sein. **Ab 5. August** (und **bis Ende September**) kann der störende Mars eine schwelende Krise in Brand setzen, die Dinge auf die Spitze treiben. Geduld! Denn **Ende August** und **in der 1. Septemberwoche** unterstützt Sie Merkur und Sie machen kluge Schachzüge, u.a. dank guter Kontakte. Bleiben Sie auch in der **letzten Septemberwoche** objektiv und sachlich!

GESUNDHEIT/FITNESS: Pluto und die damit verbundene Metamorphose könnte dazu führen, dass Sie Ihre Emotionen oder berufliche Umstellungen somatisieren. Mein Rat: Wandern in freier Natur oder Yoga usw. könnten hilfreich sein. Sie kommen Ihrer wahren Natur näher, sollten sich so oft wie möglich entspannen. **Beste Phasen?** Erstaunliche

Vitalität in der **letzten Juniwoche** und kluge Aktionen in der **1. Septemberhälfte** können Ihre Abwehrkräfte stärken. **Ab 5. August** verleitet Mars zu überstürzten Gesten (vor allem **Anfang und Ende September**). Sie können anfälliger sein als sonst: Zerrungen, Stürze und Brüche, Infektionen oder Zahnprobleme (typisch für Dissonanzen von Mars/Saturn).

HERBST (2/9 - 21/12)

Rückblickend wird 2020 sicherlich ein Jahr mit großen Umwälzungen sein. In den **letzten drei Monaten** werden Jupiter und Saturn eine neue Situation schaffen und beim Hobeln fallen oft Späne. **Im Oktober** (**bis zum 15. Oktober** stört noch Mars) und dann **von Anfang November bis zum 20. Dezember** machen Jupiter und Saturn Nägel mit Köpfen. Danach können Sie aber ruhige Festtage genießen.

LIEBE/FREUNDSCHAFT: Mars war **seit Sommer** nicht immer der beste Ratgeber, konnte häufig familiäre Komplikationen auslösen, so auch jetzt, speziell **im September**, gleichzeitig mit Saturn, was häufig Enttäuschungen signalisiert. Ab **Mitte Oktober** lässt er Sie endlich wieder freier agieren. Und intensive Gefühle oder heiße Flirts verschönern die Phase **vom 19. bis 28. Oktober**, dank einer versöhnlichen Venus. Auch **in der 1. Dezemberhälfte** amüsieren Sie sich trotz gewisser Komplikationen und feiern ausgelassen. Nicht zu vergessen die durch Pluto ausgelöste Wandlung, die sich schon seit Jahresbeginn abgezeichnet hat (neue Verantwortung, Nachwuchs?).

BERUF/GELD: Sie werden sich nicht langweilen im **letzten Trimester**. Positiv sind mehr Macht und Einfluss, einige sichern Ihre Zukunft ab. Aber auch neue Situationen, mit Restriktionen verbunden, sind möglich. Durch den aggressiven Mars **im September** und der **1. Oktoberhälfte** kommen Rivalitäten wieder hoch, bringen Konfrontationen.

Auch die **ersten zwei Novemberwochen** können zweischneidig sein, Sie sollten Verzögerungen einkalkulieren. Besser aber die **2. Oktoberhälfte** und die **2. Novemberhälfte**: Sie taktieren geschickt, verzeichnen Fortschritte. Mein Rat: denken Sie positiv (obwohl das einem typischen Steinbock nicht leichtfällt), warten Sie **Mitte Dezember** ab!

GESUNDHEIT/FITNESS: Zuerst die gute Nachricht: der nervende Mars (**seit Mitte August**) lässt Sie ab **Mitte Oktober** in Frieden, Sie sind weniger hektisch und nervös. Aber gemeinsam mit Saturn kann er **Ende September** und in der **1. Oktoberhälfte** chronische Probleme akut werden lassen. Sie sollten vorsichtiger sein als sonst! Verstauchungen, Entzündungen, Hautprobleme, manchmal auch Zahnprobleme könnten verstärkt auftauchen. Glücklicherweise gibt es Lichtblicke: in der **2. Oktober- und 2. Novemberhälfte** sowie **in der 2. Dezemberwoche** können Sie sich erholen, sind seelisch ausgeglichener. Oft auch Besserung bei Krankheiten.

Wassermann

21.01. – 19.02.

WASSERMANN

1. DEKADE (21.1. - 30.1.)

JAHRES-ÜBERBLICK:
2020 steht für viele unter dem Zeichen einer unerwarteten Veränderung durch Uranus. Je nach persönlichem Horoskop kann dies ein Umzug, eine neue familiäre Situation usw. sein, ausgelöst durch unerwartete Ereignisse (obwohl diese Wende nicht unbedingt negativ ist). Powerplanet Mars wirkt länger als sonst günstig, auch Venus verwöhnt Sie mehrere Wochen lang, verspricht Highlights in Liebe und Freundschaft.

WINTER (21/12 - 21/3)

LIEBE/FREUNDSCHAFT: Herzlichen Glückwunsch zum Geburtstag, lieber WASSERMANN! Uranus kann der Auslöser einer großen Wende sein, vor allem für die **vor dem 26. Januar Geborenen**. Eine Begegnung oder ein überraschendes Wiedersehen? Oder neue Regeln in Ihren Beziehungen? Manchmal auch durch einen Ortswechsel eine neue Situation. Die **gesamte Dekade** wird **in der 1. Januarhälfte** feurig und leidenschaftlich sein, **zwischen dem 16. und 23. Januar** werden Sie erfolgreich flirten. Und **zwischen dem 8. und 17. Februar** beschert Venus positive Schwingungen und Herzklopfen, Ihr Charme bezaubert.

BERUF/GELD: Das Jahr beginnt flott, Sie sind unternehmungslustig und effizient (**bis zum 18.1.**). Und in der **2. Januarhälfte** und der **2. Märzhälfte** sind Sie ebenfalls gut in Fahrt, verhandeln sehr clever, knüpfen interessante Kontakte. Wenn Sie **vor dem 26. Januar geboren** sind, kann Uranus eine größere Wende bringen, die sich meistens schon **2019 (Mai und November?)** angekündigt hat. Eine Begegnung, ein überraschendes Angebot? Oder ein Ortswechsel, neue familiäre Verhältnisse, die zu beruflichen Veränderungen führen.

GESUNDHEIT/FITNESS: In den **ersten zwei Wochen des Jahres** sind Sie in Hochform, ideal für Sport oder um Ihre guten Vorsätze zu verwirklichen. Ob auf den Pisten oder im Fitnessstudio, Sie starten richtig durch. Und seelisch ausgeglichen sind Sie **in der 2. Februarwoche**, exzellent auch für eine (Wellness?) Kur. Nur **vor dem 26. Januar Geborene** sollten **Ende Januar** nicht zu sehr Gas geben (**um den 20./21. Januar**), ob auf den Skipisten oder im Straßenverkehr!

FRÜHLING (21/3 - 21/6)

Glückwunsch! Mit Mars in Ihrer Dekade und Venus in Harmonie starten Sie euphorisch in den Frühling, sind in der **1. Aprilhälfte** unwiderstehlich. **Mitte April (vom 11. bis 18.4.)** beschert Merkur wertvolle neue Kontakte, begünstig Reisen und geistige Arbeiten. Wenn Sie **vor dem 24. Januar geboren** sind, besucht Sie Saturn in diesem Frühjahr, könnte gewisse Restriktionen signalisieren. Oder Sie müssen Altlasten abbauen.

LIEBE/FREUNDSCHAFT: In der 1. Aprilhälfte sprühen Sie vor Charme, sind leidenschaftlich und stehen im Mittelpunkt. Super auch die **2. Junihälfte**: Romanze? Harmonie bei Paaren, neuer Freundeskreis? Mit Venus im Zeichen Zwillinge (**bis Mitte Juli**) amüsieren Sie sich glänzend, gewinnen alle Sympathien. **Vor dem 24. Januar Geborene** können sich auf Freunde verlassen, Beziehungen werden tiefer und fester. Exzellent für eine Reise mit Ihren(m) Liebsten ist **Mitte April** und M**itte Mai**. Missverständnisse (**letzte Aprilwoche**) können Sie elegant wieder regeln.

BERUF/GELD: Ende März haben Sie alles unter Kontrolle. **In der 1. Aprilhälfte** ist Ihre Einsatzfreude bewundernswert. Dazu haben Sie gute Karten für Kontakte, Reisen, Verhandlungen usw. In den **zehn letzten Apriltagen** drosseln Sie das Tempo und **nach dem 26. Januar Geborene** könnten durch unerwartete Ereignisse gezwungen sein, kurzfristig zu improvisieren (**um den 25./26.4.**). Besser dann die Phase **vom 10. bis Ende Mai**: für Verhandlungen, Kontakte, Studien oder Reisen. Künstlerische Ambitionen können in der **1. Aprilhälfte** und **zwischen dem 9. und 30. Juni** Fortschritte machen.

GESUNDHEIT/FITNESS: Mars verspricht zusätzliche Energien in der **1. Aprilhälfte** und gleichzeitig beschert Venus Highlights in Liebe und Freundschaft, stimuliert Sie. Sport mit Freunden und Partner (Sex?) stärkt Ihre Abwehrkräfte und ist gleichzeitig Balsam für die Seele. **Nach dem 26. Januar Geborene** sollten sich aber nicht zu weit aus dem Fenster lehnen (z.B. **um den 25./26. April**)! Sehr vital sind Sie auch **in der letzten Märzwoche** und in den **zehn letzten Maitagen**.

SOMMER (21/6 - 21/9)

LIEBE/FREUNDSCHAFT: In der **letzten Juni- und 1. Juliwoche** verwöhnt Sie Venus; man macht Ihnen eine Menge Komplimente, Sie sehen super aus. Mars entfacht in den **ersten drei Juliwochen** alte Leidenschaften, Sie sind unwiderstehlich. Heiße Liebesnächte? Unvergessliche Stunden mit Freunden? Traumreise? Oft auch Freude durch Kinder (oder Enkel?). Ähnlich reizvoll wird auch **die 1. Septemberhälfte** (unvergesslich **vom 7. bis 12.9.**): Neustart bei Paaren? Tolle neue Freunde? Interessante Kontakte auch in der **2. Augustwoche** (Ausland?): bei einem Seminar, Kochkurs, in einer Zeichengruppe usw.

BERUF/GELD: In der 1. Julihälfte sind Sie sehr effizient und mit Begeisterung bei der Sache, reißen mit Ihrem Schwung andere mit und gewinnen einen Vorsprung. Verhandlungen und Kontakte **von Mai** bringen gute Resultate **Ende Juli** und **in der 1. Augusthälfte** sowie der **2. Septemberwoche**. Exzellent u.a. für Termine (Ausland?), Verträge, berufliche Reisen sowie Weiterbildung. Bilanz: ein erfolgreicher Sommer, praktisch ohne Gegenwind.

GESUNDHEIT/FITNESS: Sie starten mit Vollgas in den Sommer: **bis Ende Juli** sind Sie in Hochform, ob am Strand, beim Tennis, Radtouren usw. Dazu kommt in der **1. Julihälfte** ein Liebeshoch, Spaß mit Freunden, eine Idylle. Ähnlich auch **zwischen dem 5. und 16. September**: Sie schweben eher, eine tolle Reise stimuliert Seele und Körper, Sie sind vital und treffen kluge Entscheidungen für Ihre Gesundheit (Kur, Diät, Abo im Fitnessclub?). Der Sommer endet mit einer positiven Phase **zwischen dem 23. und 30. September** ohne größere Komplikationen.

HERBST (21/9 - 21/12)

Nach einem guten Start **in der letzten Septemberwoche** könnte **im Oktober (bis zum 23.10.)** der störende Merkur Probleme in Ihren Kommunikationen bringen. **Ab Mitte November** aber haben Sie wieder die Kontrolle und in den **zehn ersten Dezembertagen** holen Sie Verspätungen auf, bekommen Schützenhilfe. **Nach dem 26. Januar Geborene** sehen sich einer ganz neuen Situation gegenüber (manchmal eine Folge **von Mai/Juni**?). Sie werden ein neues Kapitel beginnen, beruflich und/oder privat.

LIEBE/FREUNDSCHAFT: Venus beschert schöne Stunden in Liebe (auch Kinder) und Freundschaften, besonders **Ende Oktober/Anfang November** und **in der 2. Dezemberhälfte**. Flirtalarm? Singles finden Anschluss, Harmonie bei Paaren. Ansonsten eher Leerlauf, wie z.B. **in der letzten Novemberwoche**. **Nach dem 26. Januar Geborene** könnten einen neuen Abschnitt im Leben beginnen. Neue Regeln in Beziehungen oder Begegnungen? Die **1. Okto-**

berhälfte könnte turbulent werden, Missverständnisse am laufenden Band und **Mitte und Ende November** erleben einige eine Enttäuschung, die Stimmung zuhause ist angespannt.

BERUF/GELD: Ende September bis Ende Oktober könnten Termine verschoben oder abgesagt werden, Reisen sind komplizierter als sonst, bringen Ihre Planung ins Schlingern. Auch **Mitte November (11. bis 19.11.)** sind Ihre Kommunikationen holprig. Und das gilt umso mehr, wenn Sie **vom Ende der Dekade** sind (**nach dem 26. Januar geboren**). Uranus symbolisiert überraschende Ereignisse (neue Hierarchie? Umzug?) und Sie sind unter Druck. Geduld! **Zwischen dem 20. November und 13. Dezember** haben Sie wieder bessere Karten und können Fehler wiedergutmachen. Günstig für Verhandlungen, Meetings, Verträge, Reisen, Examen usw. Ihre Vorschläge und Ideen finden Anklang, man betraut Sie mit neuen Aufgaben.

GESUNDHEIT/FITNESS: In der **letzten Septemberwoche** und der **letzten Novemberwoche** sind Sie vital und dynamisch und **Ende Oktober/Anfang** November sowie in der **2. Dezemberhälfte** belebt Venus Ihr Gefühlsleben, Sie amüsieren sich blendend. Vielleicht tragen neue Hobbys, ein neuer Freundeskreis dazu bei, dass Sie sich physisch und psychisch besser fühlen? Weniger schwungvoll sind Sie in der **letzten Oktoberwoche**.

WASSERMANN 2. DEKADE (31.1. - 9.2.)

JAHRES ÜBERBLICK:
Die „langsamen" Planeten-Zyklen betreffen Sie 2020 nicht, aber zwei gute Überraschungen lassen ein abwechslungsreiches Jahr erwarten. Venus verspricht einen strahlenden Frühling, denn sie wirkt ausnahmsweise wochenlang, den **ganzen Frühling** (und **bis Mitte Juli**), und dazu bringt Mars im Widder **von Juli bis Dezember** mehr Power.

WINTER (21/12 - 21/3)

LIEBE/FREUNDSCHAFT: Eine Romanze, eine Traumreise oder Hobbys mit Freunden? Schon **in der 2. Januarhälfte und Anfang Februar** und dann **vom 17. bis 26. Februar** sind Sie unwiderstehlich, Liebe und Freundschaft werden großgeschrieben. Ideal für ein Fest, musische Aktivitäten, reizvolle Begegnungen. Venus schmollt aber **zwischen dem 14. und 24. März**, vielleicht durch familiäre Komplikationen oder eine vorübergehende Trennung von Freunden oder Kindern?

BERUF/GELD: In der **2. Januarhälfte** agieren Sie clever und haben Rückenwind, sichern sich einen schönen Vorsprung. Ihre guten Kontakte und Argumente aus Beton sind Ihre Wunderwaffen, Ihre Projekte werden unterstützt. **Mitte März (vom 14. bis 24.3.)** leichter Gegenwind, Absagen oder Verspätungen stören Ihre Pläne. Beachten Sie z.B. bei Verträgen oder AGBs alle Details, lassen Sie sich von einem Fachmann beraten! Und in der **letzten Märzwoche** haben Sie wieder alles gut im Griff.

GESUNDHEIT/FITNESS: Das Jahr beginnt mit Venus in Ihrer Dekade (**bis 6.1.**), Sie amüsieren sich blendend und fühlen sich rundum wohl. **In der 2. Januarhälfte** sind Sie körperlich und geistig fit, ideal für Sport und Hobbys. Auf den Pisten glänzen Sie, sind unermüdlich, und Venus verspricht die nötigen Streicheleinheiten. Ideal für Aktivitäten mit Freunden oder dem Nachwuchs oder um einige Ihrer brandneuen guten Vorsätze zu realisieren: Skikurs, Hantel-Kauf, Schikurs, Heimtrainer usw. Vielleicht auch eine Kur (Heilfasten?), Yoga-Seminar usw.

FRÜHLING (21/3 - 21/6)

Venus verspricht Herzklopfen, praktisch den ganzen Frühling hindurch. Besonders **im April** sind Sie unwiderstehlich, aber auch kreativ und inspiriert. Auch **von Mitte Mai bis Mitte Juni** wirkt Venus günstig, Sie feiern die Feste wie sie fallen.

LIEBE/FREUNDSCHAFT: Ein traumhafter Frühling. **In der 2. Aprilhälfte** sind Sie auf der Überholspur, der strahlende Mittelpunkt. Singles sind im Flirtmodus, alte (oder neue?) Leidenschaften werden wieder wach. Positive Aspekte von Sonne, Mars, Venus und Merkur versprechen, dass **April** wohl der beste Monat des Jahres wird. Reizvolle Begegnungen, manchmal besseres Verständnis für Kinder, herzliche Kontakte mit Freunden und Harmonie mit dem Partner. Oft mit erfreulichen Folgen **Ende Mai/Anfang Juni** und **bis Mitte Juli**. Leichter Gegenwind (familiäre Verpflichtungen?) lediglich in den **zehn ersten Maitagen**. Aber **zwischen dem 18. und 25. Mai** finden Sie den richtigen Ton und die Wolken verziehen sich wieder.

BERUF/GELD: April wird auch auf diesem Gebiet ein Supermonat. **Bis zum 10. April** sind Sie effizient, erledigen Ihr Pensum problemlos und **ab Mitte des Monats** legen Sie noch einen Zahn zu, agieren sehr clever und schlagfertig, sichern sich einen schönen Vorsprung. Auch **Anfang Mai** erreichen Sie trotz Hindernisse Ihre Ziele, falls Sie durch kurzfristige Änderungen Ihr Programm ändern müssen. Von **Mitte Mai bis 10. Juni** haben Sie bei Verhandlungen gute Karten, finden genau den richtigen Ton. Wenn Sie künstlerisch tätig sind oder als Kunsthandwerker können Sie ebenfalls schöne Fortschritte machen.

GESUNDHEIT/FITNESS: Im April sind Sie sehr vital. In den **ersten zwei Wochen** sind Sie aktiv und effizient und in der **2. Aprilhälfte** sind Sie in Superform, körperlich und seelisch. Vermeiden Sie aber übermütige Aktionen, die zu sehr Knöchel und Gelenke belasten, speziell **Anfang Mai!** Glanzform, auch seelisch, dann in der Zeit von **Mitte Mai bis Mitte Juni**.

SOMMER (21/6 - 21/9)

Sie schalten den Turbo ein, es sollte ein (fast) wolkenloser und schöner Sommer werden.

LIEBE/FREUNDSCHAFT: Ein Sommer der Liebe? Juli wird ein **Supermonat: ab dem 10. Juli** amüsieren Sie sich glänzend, strahlen intensive Gefühle aus. Harmonie zu zweit, mit Freunden oder Familie, bessere Kontakte zum Nachwuchs. Begegnungen oder Entscheidungen **von April** machen Freude, Beziehungen (auch mit Kindern) sind harmonisch (auf Reisen?). Gott Amor behält Sie weiter im Auge, eine Romanze, eine Versöhnung lässt Sie träumen. Nächste erfreuliche Etappe zwischen **Mitte Oktober** und **Mitte Dezember**. Auch **in der 1. Augusthälfte** und **zwischen dem 5. und 25. September** klappt alles, eine exzellente Phase für ein Fest, ein Wiedersehen, eine tolle Reise. Bilanz: ein Traumsommer.

BERUF/GELD: Mars (**in Ihrer Dekade**) steigert Ihre Energiereserven und in Harmonie zu Venus könnte das auch Erfolg durch Frauen bedeuten oder in Ihrem Job gibt es Erleichterungen? **Zwischen dem 6. Juli und 5. August** sind Sie auf der Überholspur, bei Projekten sind Sie die treibende Kraft. Kluge Schachzüge, erfolgreiche Verhandlungen oder Examen (Ausland?) auch **in den ersten drei Augustwochen**. Bleiben Sie aber **zwischen dem 10. und 16. August** sachlich, gehen Sie Hand in Hand mit Ihrem(n) Partner(n) vor!

GESUNDHEIT/FITNESS: Daumen nach Oben! Schon **im Juli** und **bis Mitte August** sind Sie vitaler als sonst (günstig auch bei Krankheit, da die Heilungschancen besser stehen). Ideal für eine neue Lebenshaltung, da Sie richtig motiviert sind. Der **ganze Juli, die 1. Augusthälfte** und dann wieder **Mitte September** werden exzellent für Geist und Seele, Sie fühlen sich rundum wohl. Oft sind Freunde aktiv und reißen Sie mit. Auch künstlerische Arbeiten machen Freude und stärken Ihr Selbstvertrauen.

HERBST (21/9 - 21/12)

Wie schon im Sommer haben Sie auch im Herbst Power-planet Mars an Ihrer Seite, lieber WASSERMANN, und von **Mitte Oktober bis Mitte Dezember** sind Sie unermüdlich, voller Tatendrang.

LIEBE/FREUNDSCHAFT: Die 1. Novemberhälfte und die **letzte Dezemberwoche** werden unvergesslich, Sie feiern ausgiebig, sind der strahlende Mittelpunkt und beenden 2020 mit einem Feuerwerk. **Ende November /Anfang November** leichter Gegenwind, Verspätungen (Reisen?), es kann zu Verzögerungen kommen. Aber mit Charme und Witz können Sie immer wieder die Spannungen auflösen. Sie werden trotz allem feiern was das Zeug hält und das Jahr glanz- und stilvoll beenden.

BERUF/GELD: Sie erreichen alles dank Ihrer Tatkraft und Ihrer entschlossenen Haltung. **Von Mitte Oktober bis Mitte Dezember** zeigt dies Erfolg. Pläne und Projekte (Reisen, Investitionen?) von **Ende September** bringen **Mitte Dezember (14. bis 21.12.)** gute Resultate. Missverständnisse und Verzögerungen aber **Ende November/Anfang Dezember**. Aber **ab Mitte Dezember** haben Sie wieder alles unter Kontrolle, sind kreativ und handeln klug. Das Jahr endet mit einem Gewinn (vielleicht auch im Spiel?), und die Bilanz 2020 sollte eindeutig positiv ausfallen: Aufstieg? Eigene Firma?

GESUNDHEIT/FITNESS: Von **Mitte Oktober bis Mitte November** sind Sie in olympiareifer Verfassung: ideal u.a. für Reisen, Abenteuerreisen oder sportliche Aktivitäten (auch zuhause). Mars bringt mehr Power, Sie kümmern sich intensiver um Ihre Gesundheit. **In der 1. Dezemberhälfte** sind Sie unermüdlich, können schöne Fortschritte verzeichnen.

WASSERMANN 3. DEKADE (10.2. - 19.2.)

JAHRES-ÜBERBLICK:

Sie sind ein Glückskind. Sie kommen trotz heftiger Konstellationen in diesem „intensiven" Jahr recht gut über die Runden. Dank guter Einflüsse von Venus und Mars (beide Planeten wirken länger als sonst positiv).

WINTER (21/12 - 21/3)

LIEBE/FREUNDSCHAFT: Sie starten mit Venus an Ihrer Seite ins neue Jahr, **bis Mitte Januar** sind Sie unwiderstehlich, im Flirtmodus, machen reizvolle Begegnungen. Auch **Ende Februar/Anfang März** schweben Sie auf rosa Wolken, u.a. auf einer Reise (zu zweit oder mit Freunden). Neben leidenschaftlichen Momenten können auch künstlerische Highlights Beziehungen bereichern. Nur **in der letzten Märzwoche** könnten berufliche Pflichten belasten und Sie müssen Ihre Gefühle neutralisieren.

BERUF/GELD: In der 1. Februarhälfte sind Sie kaum zu bremsen, dynamisch, voller Tatendrang. Freunde könnten eine tragende Rolle bei Projekten spielen. Was Sie jetzt starten, kann dann im Sommer (**August**) schöne Resultate bringen! Ihrer Energie und Ihrer Kreativität sind keine Grenzen gesetzt. Exzellent u.a. für Heimarbeit, kreative Aktivitäten. Vielleicht könnten Sie Hobbys (von Dekoration bis Kochkünste) in klingende Münze verwandeln? **Im März** sollten Sie familiäre Komplikationen nicht auf Ihre Arbeit abfärben lassen!

GESUNDHEIT/FITNESS: In den ersten zwei Februarwochen sind Sie unschlagbar, mit Mars im Rücken als Erster im Ziel (nicht nur symbolisch, auch auf Skipisten usw.). Wohl die beste Phase, um etwas für Körper und Seele zu tun. Aber auch **Ende Februar** und **in der 1. Märzwoche** fühlen Sie sich euphorisch, seelisch ausgeglichen. Traumreise? Heißer Flirt? Freude durch Kinder (oder Enkel?). Mögliche Schwächen **zwischen dem 10. und 20. Februar**, vielleicht sollten Sie ausspannen?

FRÜHLING (21/3 - 21/6)

Vorwiegend positive Einflüsse: exzellente Kontakte, Spaß auf Reisen in der **2. Aprilhälfte** und in der **letzten Maiwoche**, mehr Energie durch Mars in Ihrer Dekade in der **1. Maihälfte**.

LIEBE/FREUNDSCHAFT: Mars und Venus bringen Ihre Gefühle auf Touren, entfachen alte und neue Leidenschaften. In der **1. Maihälfte** wirkt Ihr Charisma Wunder oder ein Wiedersehen rührt Sie, eine unerwartete Begegnung steigert Ihr Herzklopfen. Nur **in der 2. Maiwoche** könnte Ihre Haltung falsch interpretiert werden, Sie sind zerstreut. Aber **in der letzten Maiwoche** haben Sie alles unter Kontrolle, bügeln frühere Fehler aus, handeln klug und diplomatisch.

BERUF/GELD: Ihre Kreativität wird gelobt, Ihre Projekte (auch künstlerisch) machen Fortschritte. **Im Mai** und **vom 10. bis 23. April** sind Verhandlungen (Auslandsgeschäfte?), Meetings, Geschäftsreisen usw. erfolgreich. Verspätungen oder Missverständnisse **in der 2. Maiwoche**, die Sie aber diplomatisch und elegant meistern. Exzellent für Kontakte wird dann wieder die Periode **vom 10. bis 21. Juni**, oft durch Hilfe von Freunden (Auslandskontakte?).

GESUNDHEIT/FITNESS: In den ersten zwei Maiwochen sind Sie unermüdlich. Ideal, um mehr Sport aufs Programm zu setzen oder um endlich die Kur zu wagen, die überflüssige Kalorien purzeln lässt. **Mitte April (vom 10. bis 20.4.)** und **Mitte Juni (11. bis 21.6.)** sind Sie ebenfalls sehr aktiv und dynamisch. In der **letzten Aprilwoche** und der **letzten Maiwoche** geistig rege, kontaktfreudig und offen für die Probleme anderer.

SOMMER (21/6 - 21/9)

Ein super Sommer. In der **letzten Juli-** und **1. Augustwoche** Spaß durch Familie, Partner und Freunde, **ab Anfang August** (und **bis Mitte Oktober**) verdoppelt Mars Ihre Energien. Sie könnten Bäume ausreißen, besonders **Mitte August (zwischen dem 12. und 23.8.)**. Der Sommer endet mit einem Liebeshoch in der **letzten Septemberwoche**.

LIEBE/FREUNDSCHAFT: In der **letzten Juli-** und **1. Augustwoche** sind Sie unwiderstehlich, der strahlende Mittelpunkt. Traumreise mit Freunden oder Ihrem(n) Liebsten? Berührendes Wiedersehen? Oder Riesenfest? Oft auch Freude durch Kinder. Der Sommer endet mit einem weiteren Hoch: in der **letzten Septemberwoche** sind Sie im Flirtmodus, Mars und Venus bringen Ihre Hormone auf Touren, Sie erleben Sternstunden, sind in Feierlaune. Dazu könnten die Tage **vom 13. bis 23. August** interessante Begegnungen bringen, neue Horizonte, eine tolle Reise mit Ihren Liebsten.

BERUF/GELD: Mars stimuliert Ihre Tatkraft und Entschlossenheit, **vom 5. August bis Ende September** haben Sie die Nase vorn. **Ende Juli und Anfang August** gehen Sie diplomatisch vor. Zusätzlich ist Merkur Ihr Verbündeter. **Mitte August (15. bis 21.8.)** und in den **zehn letzten Septembertagen**: günstig für geschäftliche Termine, Auslandsreisen sowie Studium oder schriftliche Arbeiten (Ansuchen usw.). Bilanz: ein wolkenloser Sommer.

GESUNDHEIT/FITNESS: Ab **Anfang August** (und bis **Ende September**) signalisiert Mars mehr Energie, im Falle einer Krankheit gute Chancen für Besserung. Es wird ein idealer Sommer, um sich in ein Fitnessstudio einzuschreiben oder um sich Geräte für zuhause anzuschaffen. Wanderungen, Abenteuerurlaub, neue Horizonte stärken Ihre Abwehrkräfte. Kurz: ein sehr anregender Sommer. Noch eine gute Nachricht: Sie sind in euphorischer Stimmung, speziell **Ende Juli und Anfang August** sowie **in der letzten Septemberwoche**, fühlen sich wohl und geborgen, neue Freunde, eine neue Liebe lassen Sie in höheren Sphären schweben.

HERBST (21/9 - 21/12)

Mars hilft **im Oktober und im Dezember** über die Runden, signalisiert mehr Tatkraft und Vitalität. Nur in der **2. Novemberhälfte** ein kleiner Durchhänger.

LIEBE/FREUNDSCHAFT: Ende September und in der **3. Novemberwoche** fliegen Ihnen die Sympathien regelrecht zu, Venus verspricht Sternstunden. Harmonische Zweierbeziehung, neue Freunde, guter Kontakt zu Kindern. Es sei denn, dass Venus Sie auch künstlerisch inspiriert (Dekoration, Musik usw.). Oder Sie sehen (nach einer Kur?) einfach blendend aus. Manchmal Freude über ein Treffen, ein Wiedersehen. Nur **Mitte Dezember (8. bis 16.12.)** sind Sie im Schmollwinkel: Venus im Skorpion kann Probleme mit Kolleginnen bedeuten oder berufliche Dinge lassen Sie Ihre Gefühle vernachlässigen.

BERUF/GELD: Projekte **von Ende September** (Ausland, Verträge?) bringen erfreuliche Ergebnisse **zwischen dem 13. und 22. Dezember**. Sie verhandeln clever, gute Kontakte oder Hilfe von Freunden sind eine große Hilfe. Außerdem schalten Sie bis **Mitte Oktober** den Turbo ein, lassen nicht locker. Bleiben Sie aber **Ende November/Anfang Dezember** aufmerksam, bevor Sie Verträge usw. unterschreiben! Oder Missverständnisse, Verzögerungen bremsen ein Projekt?

GESUNDHEIT/FITNESS: Mars garantiert weiterhin mehr Energie und Vitalität **bis Mitte Oktober** und dann wieder in der **2. Dezemberhälfte**. Sie können Berge versetzen,

Ihr Immunsystem funktioniert bestens. Oder Sie reißen das Ruder herum, erinnern sich an Ihre guten Vorsätze vom Jahresanfang? Vielleicht endet das Jahr als Mitglied in einem Fitnessclub oder Sportverein? Oder Sie kaufen sich einen Hometrainer? Oder man schenkt Ihnen ein Abo für Yoga, Chi Gong oder ähnliche Aktivitäten, die eine Wohltat für Körper und Seele sind? Bilanz: ein exzellentes Jahr.

Fische

FISCHE

1. DEKADE (20.2. - 1.3.)

JAHRES-ÜBERBLICK:
Sie schlagen 2020 eine ganz neue Richtung ein, gewinnen dadurch mehr Freiheit. Der positive Einfluss von Uranus bringt **im Laufe des Jahres** Neues, je nach Ihrem persönlichen Horoskop, im Job oder privat. Und ein erfolgreicher Jahresanfang mit Jupiter, seit Ende 2019 positiv für Ihre Dekade bis **Mitte Januar**.

WINTER (21/12 - 21/3)

LIEBE/FREUNDSCHAFT: Bis **Mitte Januar** bringt Jupiter gute Nachrichten, Sie machen aufregende Begegnungen, aber Mars verleitet zu turbulenten Debatten. Ab Monatsmitte verspricht dann Venus Harmonie mit Partner oder Kindern, manchmal ein berührendes Ereignis, oder interessante Kontakte und Flirts. **Die 1. Märzhälfte** bringt Abwechslung: erfreuliches Wiedersehen? Gute Kontakte mit dem Nachwuchs? Reise zu zweit oder mit Freunden? Oder musische Aktivitäten erweitern Ihren Freundeskreis? **Im Februar und der 1. Märzwoche** erleichtert Merkur Kontakte, Sie treffen interessante Leute.

BERUF/GELD: Mars kann **in den ersten zwei Wochen des Jahres** Komplikationen (Rivalitäten?) signalisieren, aber gleichzeitig sorgt der positive Jupiter für gute Karten, serviert Lösungen: kluge Investitionen, Fortschritte in rechtlichen Angelegenheiten usw. **Im Februar** und der **1. Märzwoche** hilft der positive Merkur, fördert Kontakte, Verhandlungen verlaufen nach Wunsch. **In der 2. Februarhälfte** sind Sie kaum zu bremsen, gewinnen Vorsprung. Besonders **vom 4. bis 12. Februar** kommen Sie schnell an Ihr Ziel, können einen schönen Vertrag abschließen oder neue Vorhaben starten (mit guten Resultaten **Ende Februar/Anfang März** sowie der **2. Märzhälfte**); exzellent auch für Reisen und kreative Arbeiten.

GESUNDHEIT/FITNESS: Der positive Jupiter hilft in der **1. Januarhälfte**, speziell **zwischen dem 3. und 18. Januar**, wenn Sie Mars zu voreiligen Gesten verleitet (z.B. auf den Pisten, im Verkehr, Umgang mit Feuer?) Mehr Vitalität verspricht Mars dann **in der 2. Februarhälfte**: ideal für (neue?) sportliche Aktivitäten, aber auch für eine Kur, die viel Einsatz und Ausdauer verlangt (z.B. Fasten oder eine Schönheitsfarm). Gleichzeitig sind Sie mit sich und Ihrer Umwelt im vollen Einklang.

FRÜHLING (21/3 - 21/6)

Eine größere Wende in Ihrem Leben, die sich schon im letzten Sommer angekündigt hat, nimmt jetzt Form an. Oft verbunden mit einer neuen Umgebung, neuen Horizonten.

LIEBE/FREUNDSCHAFT. Der Frühling beginnt mit wertvollen neuen Kontakten, vielleicht einer schicksalhaften Begegnung **(letzte Märzwoche)**. **Ende April** wird sich zeigen, welcher Art eine einschneidende Wende ist. Häufig kann ein Ortswechsel, eine neue Freundschaft usw. der Auslöser sein. Nur Venus im Zeichen Zwillinge könnte (kleine) Spannungen bedeuten, besonders in der **1. Aprilhälfte** und der **letzten Juniwoche**. In der **2. Maihälfte** eine latente Aggressivität in Beziehungen, nur wenig Toleranz. Oder Sie wollen unbedingt das letzte Wort haben? **In der letzten Aprilwoche** sind Sie sehr kontaktfreudig, man schätzt Ihren Humor. Oder Gott Amor macht sich auf einer Reise bemerkbar, die bis Sommer so manche Herzen schneller schlagen lässt?

BERUF/GELD: Die **Geburtstage von Ende Februar** könnten ganz neue Wege einschlagen, dabei spielen Ihre guten

Kontakte eine tragende Rolle. Eine Reise, Auslandskontakte, ein Vertrag, ein neuer Job? Jedenfalls kann sich Ihre Position verändern, zum Besseren, mit mehr Unabhängigkeit. Die stärksten Phasen dafür sind die **letzte Aprilwoche** und **die 1. Junihälfte**. Alles ist möglich, da man weiß, dass Uranus der Planet der Überraschungen ist. Die **ganze Dekade** ist **im Juni** am Drücker, verhandelt clever und diplomatisch.

GESUNDHEIT/FITNESS: In der 2. Maihälfte sind Sie kaum zu bremsen. Mars stärkt Ihre Power, aber Sie sind häufig zu impulsiv. Beruhigende Aktivitäten (wie Meditation, Tai -Chi usw.) helfen, um die Dinge mit mehr Abstand zu sehen, bremsen Ihre hypochondrischen Befürchtungen. Dank guter Kontakte treffen Sie auch die richtigen Leute **(Ende Mai und erste drei Juniwochen)**. **Nach dem 25. Februar Geborene** könnten in der **letzten Juniwoche** eine schicksalhafte Entscheidung treffen, die zu einer Besserung bei Krankheiten führt.

SOMMER (21/6 – 21/9)

LIEBE/FREUNDSCHAFT: Ein fast wolkenloser Sommer. In den **ersten drei Juliwochen** treffen Sie interessante Leute, entdecken neue Horizonte, erleben Sternstunden (**Mitte Juli**): ideal für Reisen, Hobbys mit Kindern oder Partner. Und Liebesplanet Venus meldet sich **ab Anfang August** und **bis zum 19./20. August** bezaubert Ihr Charme. Sie sehen blendend aus, freuen sich über Einladungen, manchmal wird aus Freundschaft eine tiefere Bindung. Andererseits ziehen Sie sich **Ende Juni/Anfang Juli (bis 12.7.)** etwas zurück.

BERUF/GELD: Uranus ist im Sommer neutral, kehrt **ab September** wieder zurück, aber der Sommer beginnt erfolgreich. **Ende Juni** sind Sie fit und effizient, **im Juli** verhandeln Sie elegant und diplomatisch, freuen sich über gute Nachrichten, die Ergebnisse Ihrer Projekte **von An-fang Juni bis 20. Juli**. Fortschritte auch in den **zehn letz-ten Augusttagen**.

GESUNDHEIT/FITNESS: In der letzten Juni- und letzten Augustwoche sind Sie gut in Form. Und harmonische Be-ziehungen und gute Stimmung steigern Ihr Wohlbefinden **in der 2. Augustwoche**. Sie vergessen Ihre Sorgen und verbreiten positive Schwingungen. Ansonsten verläuft alles eher ruhig. Ausnahme: **in der letzten Juni- und 1. August-woche** lassen Sie sich ein wenig gehen (zu viel Alkohol?).

HERBST (21/9 - 21/12)

Im Oktober alles unter Kontrolle, u.a. exzellent für eine Reise. Auch der **November** wird günstig für Kontakte, zu-mindest **bis zum 21. November**. Danach sind Sie weniger vital, aber Venus verwöhnt Sie in der letzten Woche. Und Neuigkeiten von Uranus, wenn Sie **nach dem 26. Februar geboren** sind.

LIEBE/FREUNDSCHAFT: Zahlreiche und reizvolle Begeg-nungen **in der 1. Oktoberhälfte**, Sie treffen Freunde und Verwandte, sind im Flirtmodus. Oder eine Romanze (im Aus-land?) verursacht Herzklopfen, eine große Reise bringt Ihre Gefühle in Schwung. Ähnlich auch **Ende November**: gute Beziehungen, besonders mit Kindern, Eltern, Geschwistern oder Freunden. **In der 3. Dezemberwoche** ziehen Sie sich ein wenig zurück, müssen sich mehr um familiäre Fragen kümmern. Aber das Jahr endet mit einem Feuerwerk, in der **letzten Dezemberwoche** sind Sie unwiderstehlich. Für **nach dem 27. Februar Geborene** kann **Ende November** ein neuer Lebensabschnitt beginnen, vorteilhaft für Ihre Zu-kunft. Oder ein Knalleffekt **am 31.Dezember**?

BERUF/GELD: Merkur im Skorpion begünstig häufig Kom-munikationen, speziell im Ausland, eine tolle Reiseperiode.

Fast den **ganzen Oktober und November** hindurch ziehen Sie clever die richtigen Fäden, überzeugen mit Ihren Projekten. Für **die nach dem 26. Geborenen** eröffnen sich neue Möglichkeiten, u.a. durch unerwartete Veränderungen (neuer Chef? neue Umgebung?). Uranus ist auf Ihrer Seite, bringt mehr Freiheiten. Ähnlich auch **Ende Dezember**: Sie sind effizient, und Ihre Bilanz für dieses sicherlich sehr bewegte Jahr sollte eindeutig positiv ausfallen.

GESUNDHEIT/FITNESS: Im **Oktober** sind Sie geistig rege und vital, besonders in der **2. Oktoberhälfte. Ende November/Anfang Dezember (bis zum 9.12.)** sind Sie happy (Kinder, Enkel?) und glänzender Laune. Nur **zwischen dem 14. und 23. Dezember** müssen Sie sich Verpflichtungen (familiär, freundschaftlich?) widmen und ziehen sich zurück. Aber das Jahr endet optimal (**letzte Dezemberwoche**) u.a. für eine Traumreise. Neue Horizonte (Buch, Musik, Freunde usw.) regen Ihre Kreativität an.

FISCHE 2. DEKADE (2.3. - 10.3.)

JAHRES-ÜBERBLICK:

Fortschritte im Job, Ihren Finanzen und/oder auch privat verspricht Jupiter **im Februar/März**, dann wieder **zwischen Anfang August und Ende Oktober**. Neptun, Planet der Fische, erweitert Ihren Horizont, begünstigt auch musische Aktivitäten. Durch den positiven Jupiter kann dies **im März** oder **im August** echte Highlights versprechen (besonders für die **nach dem 7. März Geborenen**). Manchmal eine Art Erleuchtung, größere Sensibilität.

WINTER (21/12 - 21/3)

LIEBE/FREUNDSCHAFT: Mit Jupiter (von **Mitte Januar bis Anfang März**) schweben Sie über den Dingen und für einige geht ein Wunschtraum in Erfüllung. Ideal für eine Traumreise, ein großes Fest oder eine schicksalhafte Begegnung, Versöhnung, neue (oft einflussreiche) Freunde: die **1. Januarhälfte, Mitte Februar** und die **1. Märzhälfte**. In der **2. Januarhälfte** könnten berufliche Komplikationen Ihr Gefühlsleben neutralisieren. Zwischen **dem 18. Januar** und **2. Februar** sollten Sie nicht noch Öl ins Feuer gießen! Warten Sie **März** ab, um sich offen auszusprechen!

BERUF/GELD: Herzlichen Glückwunsch zum Geburtstag, liebe Fische! Mit Glücksplanet Jupiter auf Ihrer Seite von **Mitte Januar** bis **Anfang März** sollte das Jahr bestens beginnen. Günstig u.a., um finanzielle und rechtliche Fragen zu klären, für Kontakte zu Ihrem Chef. Sie können Vorhaben (eigene Firma, neue Ausbildung?) starten, die zwischen **Anfang August und Mitte Oktober** gute Resultate versprechen. Vielleicht das Ende eines finanziellen Engpasses (z.B. durch Erbschaft, Investitionen?). Beste Perioden sind **Mitte Januar, Februar** und **1. Märzhälfte** (dank Ihrer Einsatzfreude). Kurz: ein super Jahresbeginn. Manchmal auch Erfolge mit Kunsthandwerk und schöpferischen Arbeiten.

GESUNDHEIT/FITNESS: Ab Anfang Januar sind Sie gut in Form, und **ab dem 16. Januar** verdanken Sie Jupiter mehr Selbstvertrauen und Optimismus (**bis Anfang März**). Allerdings neigen Sie i**n der 2. Januarhälfte** zu leichtsinnigen Aktionen (Sport?), sind zu impulsiv. Aber in der **1. Märzhälfte** liefern Sie olympiareife Leistungen, sind kaum zu bremsen. Vielleicht die beste Phase, um etwas für Ihr Wohlbefinden zu unternehmen, u.a. gegen chronische Probleme! **In der 2. Märzhälfte** strahlen Sie regelrecht, fühlen sich rundum wohl.

FRÜHLING (21/3 - 21/6)

LIEBE/FREUNDSCHAFT: Venus schmollt von **Mitte April bis Mitte Juni**, bringt manchmal den Haussegen zum Wackeln. Oder Sie sind zu sehr mit anderen Dingen beschäftig, vernachlässigen Ihr Gefühlsleben? **Ende Mai/Anfang Juni** ist

Sand im Getriebe, **bis 12. Juni** könnte man Ihnen Vorwürfe machen oder Ihre Haltung falsch verstehen. Besser klappt es in der **1. Maihälfte und der 2. Junihälfte**: Sie finden die richtigen Worte, können sich aussprechen. Oder eine Reise mit Freunden, Familie, Kindern verbessert Ihre Beziehungen?

BERUF/GELD: Ende März/Anfang April agieren Sie klug, analysieren die Lage richtig, interessante Kontakte bringen Erfolg in der **1. Maihälfte**. Nützen Sie diese günstige Phase für Besprechungen, Ansuchen, Abmachungen, Verträge usw.! Auch **vom 7. bis Ende Juni** haben Sie gute Karten. Und in der **1. Junihälfte** sind Sie unermüdlich, lassen nicht locker.

GESUNDHEIT/FITNESS: In der **1. Maihälfte** sind Sie aktiv und dynamisch, können Ihre Batterien wieder aufladen. Ende **Mai** und in **der 1. Junihälfte** wandert Mars durch Ihre Dekade, verspricht mehr Power, kann aber auch zu ungestümen Reaktionen verleiten (z.B. **um den 3./4. oder 7./8. 6.**). Oder Sie sind anfälliger (Gelenke, Knöchel usw.), überschätzen Ihre Kräfte, z.B. beim Sport. Aber kluge Schritte **in der 2. Junihälfte** (Mitglied eines Fitnessclubs usw.) können nützlich sein.

SOMMER (21/6 - 21/9)

Jupiter verspricht Erfolg **im August und im September (bis Ende Oktober).** Sternstunden **in der 2. Augusthälfte**, unterstützt von Liebesplanet Venus: ein Liebeshoch, neue Freunde, ein Wiedersehen, manchmal auch Versöhnung. Oft übrigens eine Folge von Frühling.

LIEBE/FREUNDSCHAFT: Der Sommer beginnt mittelmässig, **Ende Juni und in der 1. Julihälfte** sind Sie nachdenklich, Probleme mit Angehörigen belasten. Aber **ab Mitte Juli** geht es bergauf: Sie sind kontaktfreudiger, ziehen an den richtigen Fäden. Und **ab Mitte August** bringt Sie Jupiter zum Strahlen, unterstützt von Venus (**2. Augusthälfte**): Harmonie bei Paaren, schicksalhafte Begegnungen (Folge von **Februar/März**?), manchmal auch Hochzeit oder Riesenfest? Oder tolle neue Freunde? In der **letzten Juliwoche und Anfang September** ebenfalls exzellent, um legale Dinge erfolgreich zu lösen.

BERUF/GELD: Erfolge oder Gewinne **im August und September**. Jupiter erleichtert finanzielle Projekte, beschert (**bis Oktober**) mehr Selbstvertrauen, oft sind Freunde eine echte Hilfe. Ideal, um größere Vorhaben zu realisieren. Oft übrigens eine Folge **von Februar/März**. Einige werden selbstständig, andere freuen sich über erfolgreiche Investitionen, eine Beförderung, einen neuen Investor. Dazu kommt **im Juli** mehr Tatkraft und kluge Schachzüge bei Verhandlungen eröffnen neue Chancen.

GESUNDHEIT/FITNESS: Ein Sommer nach Ihrem Geschmack. In der **1. Julihälfte** sind Sie vital, fühlen sich wohl mit Ihren(m) Liebsten. **Ab Anfang August** nimmt Sie Jupiter unter seine Fittiche. Bei eventuellen (chronischen?) Beschwerden gute Chancen auf Besserung, u.a. durch neue Therapien. Dazu kommt in der **1. Septemberhälfte** ein positiver Merkur, der interessante Kontakte verspricht. Oder neue Hobbys (Sport, Kunstgenuss?) und musische Aktivitäten sind gut für Ihre Seele, neue Freunde stimulieren Sie.

HERBST (21/9 - 21/12)

Glückwunsch, jetzt kommt die Erntezeit. Jupiter bringt gute Resultate (oft gehen die Wurzeln auf Jahresanfang zurück), beruflich oder privat (**bis Ende Oktober**). Neptun vollendet die seltene und positive Konstellation. Für viele geht im letzten Quartal ein Wunschtraum in Erfüllung (speziell für **nach dem 6. März Geborene**), u.a. Erfolg mit musischen Aktivitäten.

LIEBE/FREUNDSCHAFT: Ende September und im **Oktober verspricht Jupiter (seit Februar)** schöne Ergebnisse Ihrer Entscheidungen: Familienfest? Baby? **Zwischen dem 10. und 20. Oktober** wird Jupiter von Venus unterstützt und es sollte eine der **besten Perioden des Jahres** werden. Großartige neue Freunde? Traumreise? Versöhnung? Alles ist möglich (besonders, wenn Sie **nach dem 6. März geboren sind**), mit Highlights **um den 12./13. Oktober.** Auch die **1. Dezemberwoche** wird romantisch, Sie feiern ausgelassen. Nur in **der letzten Woche des Jahres** stören Verpflichtungen oder Verspätungen (Reise?), aber Sie schweben ohnehin über den Dingen.

BERUF/GELD: Jupiter steht Ihnen noch **bis Ende Oktober** zur Seite, serviert schöne Resultate Ihrer Projekte (**von Februar**). Gewinn durch Investitionen, Aufstieg, Erbschaft usw. sind gut für Ihr Konto, oft auch künstlerische Erfolge. Und Neptun erweitert Ihren Horizont, kann im Job neue Aufgaben bedeuten, Sie sind bestens inspiriert (Aktivitäten in Kunst und Kultur?). Vorwiegend für **nach dem 6. März Geborene.** Besonders **Oktober** wird ein fruchtbarer Monat, aber auch **die 2. Novemberhälfte**, die l**etzte November- und letzte Dezemberwoche**: u.a. wertvolle neue Kontakte, erfolgreich für Ihre Termine, Diskussionen und Verhandlungen sowie Reisen. Eine erfreuliche Jahresbilanz.

GESUNDHEIT/FITNESS: Bis Mitte Oktober beschützt Sie Jupiter, Sie sind mit sich und der Welt im Einklang. Auch **im November** sind Sie gut drauf, speziell in der **1. Monatshälfte.** Kleiner Leerlauf dann **in der 2. Dezemberwoche**, aber **in der 1. Dezemberwoche** beschert Venus Harmonie und gute Stimmung, Sie schweben auf Wolken. Oft durch eine Romanze oder (neue?) Hobbys, eine tolle Reise. Bei Krankheit optimale Chancen für neue Therapien.

FISCHE 3.DEKADE (11.3. - 20.3.)

JAHRES-ÜBERBLICK:

Glückwunsch! Sie gehören zu den Gewinnern des Jahres, haben Jupiter, Saturn und Pluto auf Ihrer Seite. Vielleicht eines der besten Jahre seit langem. Für manche ein ganz neuer Lebensabschnitt, eine positive Wandlung, gleichzeitig mehr Sicherheit, nicht nur materiell. Mehr Einfluss und Verantwortung, eine Anerkennung usw.

WINTER (21/12 - 21/3)

LIEBE/FREUNDSCHAFT: Pluto ist für Sie ein Erneuerer, positive Umwälzungen sind ganz in Ihrem Sinn, speziell, wenn Sie **vor dem 17. März geboren wurden**. Und Saturn symbolisiert eine Stabilisierung, Beziehungen werden tiefer und fester. Diesmal betrifft es die **gesamte Dekade**, mit einer vielversprechenden Ernte im Herbst. Auch kreative Arbeiten, künstlerische Ambitionen könnten Fortschritte machen. In diesem ersten Trimester schweben Sie **Ende Januar** und **in der 1. Februarwoche** sowie **in der 2. Märzhälfte** auf Wolken, denn zusätzlich versprechen Mars und Venus leidenschaftliche Gefühle, Sie sind unwiderstehlich. Ideal für eine Traumreise, ein großes (Familien-)Fest oder ein Liebeshoch.

BERUF/GELD: Alle Ampeln auf Grün für **die ersten Wochen des Jahres**. Sie können mehr Macht gewinnen, werden selbstständiger, langfristige Projekte versprechen Erfolg. Was Sie jetzt beginnen, hat positive Folgen **in den letzten Monaten des Jahres**. Dazu steht Ihnen **ab Anfang März** Jupiter zur Seite und bringt schöne Fortschritte. Besonders **in der 2. Märzhälfte** sind Sie kaum zu bremsen, da dann auch Mars positiv wirkt, Ihre Karriere anschiebt. (Neue?) Freunde könnten eine große Hilfe sein. Schon **im Januar** bekommen Sie einen Vorgeschmack, **zwischen dem 10. und 20. Januar** haben Sie die Nase vorn. Nur **in**

der 1. Februarhälfte sollten Sie kürzertreten, Ihre sprichwörtliche Toleranz nicht vergessen.

GESUNDHEIT/FITNESS: Mit drei der insgesamt fünf „langsamen" Planeten auf Ihrer Seite haben Sie gute Chancen, eine Reihe Ihrer guten Vorsätze zu realisieren. Holen Sie Ihren Hometrainer aus dem Keller, wandern Sie (in netter Begleitung) usw.! Und **ab Anfang März** verleihen Jupiter und Mars zusätzliche Energien, stimulieren Sie zu Glanzleistungen. Bei (chronischen?) Beschwerden schlagen neue Heilverfahren oder Medikamente gut an. Dazu seelische Streicheleinheiten, mehr Optimismus und Selbstvertrauen.

FRÜHLING (21/3 - 21/6)

Jupiter und Pluto können symbolisch sein für eine tiefgehende und vorteilhafte Wandlung, privat und/oder im Job. **Zwischen dem 7. und 20. Mai** und in der **2. Junihälfte** haben Sie starken Rückenwind.

LIEBE/FREUNDSCHAFT: Die Periode **vom 7. bis 20. Mai** könnte Sternstunden versprechen. Ausland und Reisen werden dabei eine wichtige Rolle spielen, neue Horizonte eröffnen sich, Sie kommen Ihrer wahren Natur näher. Neue Freundschaften, eine neue (und bessere) Basis in Beziehungen, für Singles kündigen schicksalhafte Begegnungen ein neues Kapitel an. **Ab dem 12. Juni** können Partnerschaften neue Formen annehmen, oft auch Ihre Kontakte zu Kindern (oder Enkeln?). Auch Heirat, ein Baby nicht ausgeschlossen (Folgen **bis Jahresende**).

BERUF/GELD: Fortschritte vor allem **zwischen dem 8. und 20. Mai** oder in der **2. Junihälfte**, mit guten Resultaten **in den letzten drei Monaten des Jahres**. Einige machen sich selbstständig, andere beginnen eine neue Tätigkeit, die neue Horizonte eröffnet, Ihren wahren Zielen und Ihrer Begabung entspricht. Auch künstlerische Aktivitäten brin gen Erfolge, Partnerschaften können sehr profitabel sein. Investitionen können ein schönes Plus auf dem Konto bringen (oder eine Erbschaft, eine Nachzahlung?). Manchmal ein positiver Bescheid in administrativen und rechtlichen Angelegenheiten (Prozesse?) sowie Beförderung. Interessante Kontakte auch **Ende März und Anfang April**.

GESUNDHEIT/FITNESS: Pluto und Jupiter stärken Ihre Abwehrkräfte, Ihren Optimismus, Ihr Selbstvertrauen; Sie sind vital und ausgeglichen, senden positive Schwingungen aus. Vielleicht ändern Sie Ihre Lebensweise grundlegend, in einigen Fällen kündigt sich eine wahre Renaissance an. Bei Krankheit können neue Therapien gut anschlagen. Optimal werden **Ende März und Anfang April, der 8. bis 20. Mai**. Die einzigen Phasen, in denen Sie nervös oder unsicher sind, sich mehr entspannen sollten (Musik, Meditation, Hobbys?), sind die **letzte Maiwoche** und **Mitte Juni**!

SOMMER (21/6 - 21/9)

Bis Ende Juli steht Ihnen Jupiter zur Seite (mit positiven Folgen **ab Ende Oktober und bis Jahresende**), was im Job oder auch privat Fortschritte bringt. Und Saturn verspricht eine Konsolidierung (**bis Jahresende**), allerdings vorwiegend für die **nach dem 15. März Geborenen**. Dazu wirkt auch Pluto positiv, signalisiert eine Metamorphose, manchmal einen Neuanfang. Dieses Trio gibt Ihnen Möglichkeiten, Ihr Leben neu zu gestalten. Und Neptun symbolisiert ein neues Niveau, steigert Ihre Kreativität.

LIEBE/FREUNDSCHAFT: Ein traumhafter Sommer. **Bis Ende Juli** verwöhnt Sie Jupiter, für einige geht ein alter Wunschtraum in Erfüllung. Und gleichzeitig werden Beziehungen tiefer und fester, aus Freundschaft können zärtliche Gefühle entstehen. **Ende August/Anfang September** kommt noch Venus dazu, Sie erleben Sternstunden, gewinnen alle Sympathien. In der **1. Septemberwoche** Romanzen, Flirts, oft auf Reisen, Partner und Freunde zeigen, dass sie verlässlich sind.

BERUF/GELD: Sie haben echte Chancen, etwas Neues zu beginnen, das mehr Ihren Fähigkeiten und Zielen entspricht. Alle Ampeln auf Grün **im Juli und der 1. Augustwoche**: wichtige Entscheidungen oder Projekte haben positive Folgen bis 2021. Neue Methoden, eine neue Sichtweise? Vorwiegend für die **vor dem 16. Geborenen**. Wenn Sie **nach dem 16. geboren** sind, signalisiert Saturn Unterstützung, Sie können langfristig die Weichen stellen. Wollen Sie selbstständig werden, ein eigenes Unternehmen gründen? Bilanz: eine Neuausrichtung verspricht Erfolg, sichert außerdem Ihre Zukunft ab.

GESUNDHEIT/FITNESS: Superform **im Juli bis Anfang August**. Unterstützt von Pluto, Jupiter und Sonne schalten Sie auf Turbo, Ihr Schwung reißt andere mit! Und **Ende August bis Anfang September** mit der Sonne und dann Venus im Krebs, werden Sie Körper und Seele streicheln, fühlen sich locker und oft freier. Segeln, Tauchen, Fischen, Kreuzfahrten usw. begeistern. **Ende Juli** sollten Sie aber vorsichtiger sein, z.B. bei Wassersport! Außerdem sollten Sie sich in der Zeit **vom 26. Juli bis 8. August** möglichst gesund ernähren, um Ihren Verdauungstrakt zu schützen! Aber die positiven Einflüsse sind stärker, für einige kommt es zu einer wahren Neugeburt.

HERBST (21/9 - 21/12)

Jupiter, Saturn und Pluto beenden ihre positive Wirkung **in den letzten Wochen des Jahres**. Ihnen stehen alle Türen offen, eine Metamorphose ist positiv für Sie. Und wirkt noch **bis Mitte 2021**.

LIEBE/FREUNDSCHAFT: Positive Umwälzungen bringen Bewegung in Ihr Gefühlsleben, für viele geht ein Wunschtraum in Erfüllung. Bei Singles eine schicksalhafte Begegnung, tolle neue Freunde, bei Paaren tieferes Verständnis. Optimal sollte **die 2. Oktoberhälfte** werden, vielleicht planen Sie ohnehin ein Riesenfest? Bindungen erreichen ein höheres Niveau. Heirat oder ein Baby nicht ausgeschlossen. Manchmal sind neue Regeln, neue Gesetze ein Plus für Sie, bringen Sie Ihren Wurzeln näher, Ihrer wahren Natur. In der **2. Dezemberwoche** verspricht Venus Sternstunden, Sie schweben in höheren Sphären.

BERUF/GELD: Jupiter kehrt an die Stelle zurück, wo er schon **im Mai/Juni** war und sollte eine Erfolgsgarantie sein: ein Plus auf dem Konto? Aufstieg? Und Saturn signalisiert neue Verantwortung, mehr Anerkennung, oft eine Auszeichnung? Optimal werden speziell **die letzte Oktoberwoche** und **die 2. Novemberhälfte**. Der Dritte im Bunde ist Pluto (vorwiegend für die **vor dem 15. März Geborenen**), oft verbunden mit mehr Macht, mehr Power. **Ende November/Anfang Dezember** ist exzellent für Verhandlungen, Verträge und Reisen. Kleiner Leerlauf (Verspätungen? Absagen?) hingegen **Mitte Dezember (12. bis 22.12.)**. Aber mit Charme und Humor regeln Sie auch diese Probleme (**um den 13./14.12.**).

GESUNDHEIT/FITNESS: Ich hoffe, dass die positiven Einflüsse mehr Vitalität (durch neue Aktivitäten oder Gewohnheiten?) versprechen. Jupiter steigert Ihr Selbstvertrauen, Sie sehen alles positiver, stärken damit auch Ihr Immunsystem. Kurz: Sie sollten physisch und psychisch in einer Topverfassung sein. **Beste Phasen**: die **2. Oktoberhälfte** und die **2. Novemberhälfte**, und die Woche **vom 7. bis 17. Dezember**. Bei Krankheit ist Besserung möglich, u.a. durch neue Heilmethoden. Ich wünsche Ihnen ein schönes Jahresende und einen guten Rutsch ins Jahr 2021!

EPILOG

„Ändere Dein Gewissen und Du wirst die Welt ver-
ändern." **(Fritjof Capra „Das Tao der Physik")**

„Löscht den Geist nicht aus! Verachtet prophetische
Reden nicht! Prüft alles und behaltet das Gute!"
(Paulus, 1. Thessalonicher 5:19-21)

„Die Welt ist in größerer Gefahr für diejenigen, die
das Böse tolerieren oder ermutigen, als für diejeni-
gen, die es tatsächlich begehen." **(Albert Einstein)**

Was erwartet uns nach 2020?
Wird 2026 ein „goldenes Jahr"?

Trotz der heftigen Konstellationen 2020 geht das Leben
weiter. Besonders 2026 lässt hoffen, dass eine neue Ära
beginnen kann.

2021: Ein Krisenjahr. Die (extreme) Rechte an der Macht,
Polizeieinsätze verschärfen sich (Saturn/Uranus-Zyklus);
Russland in Schwierigkeiten (Saturn/Neptun-Zyklus); Auf-
stände und Naturkatastrophen (Jupiter/Uranus-Zyklus).

2022: Die Messlatte wird höher gelegt - steigende Wirtschaft, gerechtere Gesetze (Jupiter/Pluto)?

2023: Ein Übergangsjahr. Inflation? Währungskrise (Ju-
piter/Pluto-Zyklus)? Aber eine konstruktive Phase für die
Europäische Union (Jupiter/Saturn-Zyklus positiv).

2024: Dunkle Phasen wechseln mit hellen Flecken: Auswirkungen der Probleme 2020 (Saturn/Pluto-Zyklus); Krise
der Europäischen Union (Jupiter/Saturn-Zyklus); Aufstände und Naturkatastrophen (Jupiter/Uran-Zyklus), aber die

Wirtschaft hält sich mehr oder weniger selbst (Jupiter/Pluto-Zyklus); Fortschritte für unsere Umwelt (Jupiter/Neptun-Zyklus positiv).

2025: Das Jahr endet besser, als es beginnt. Nach einer Phase der Rezession, des Fanatismus und aufsehenerregender Anschläge (Saturn/Pluto-Zyklus wie schon 2024) wird das Internet besser organisiert (Uranus/Neptun). Aber auch verstärkt Überschwemmungen, Probleme des Trinkwassers und der allgemeinen Wasserknappheit, mögliche Epidemien, stärkere Flüchtlingsströme (Jupiter/Neptun-Zyklus). Aber schon ab Sommer vorwiegend positive Zyklen.

2026: Wahrscheinlich eines der besten Jahre seit langem. Die Welt wird auf neuen Grundlagen wiederaufgebaut, auch die EU findet einen Ausweg aus dem Tunnel. Entscheidungen für unsere Umwelt bringen Fortschritte. Vielleicht sind außergewöhnliche Ereignisse Auslöser positiver Schritte, ein Start in eine neue und gerechtere Welt? Diese hoffnungsvolle Phase, die schon im Sommer 2025 beginnen sollte, dauert bis Mitte 2027.

Wohin geht das Abendland?

MEIN ASTRO-SOZIOLOGISCHES TESTAMENT

Als realistischer (pessimistischer?) Steinbock mache ich mir natürlich Sorgen über die nahe Zukunft. Um keine offenen Türen einzurennen, wie es die Franzosen sagen, kann ich nur unterstreichen, dass die Zerstörung unseres Planeten eine Schande ist. Die ungerechte Verteilung von Reichtum und die Ausbeutung ebenfalls, aber auch die mehr und mehr sich abzeichnende kulturelle Wüste. Würde man die ganze Liste dieser hässlichen Entwicklung aufzählen, hat man Lust, sich einen soliden Strick und Balken zu suchen. Aber mein Aszendent im optimistischen Zeichen Schütze bremst suizidäre Ideen. Bloß: wie können wir wirklich etwas ändern? Solange unser gesamtes System daran hängt, immer wieder Wachstum zu fördern, da dies unsere Welt zusammenhält, sind wir in einer Sackgasse. Steigern wir weiter unser Wachstum, beschleunigen wir das Ende unserer Umwelt, bremsen wir aber das Wachstum, so beschleunigen wir das soziale Chaos. Kein Ausweg?

Eine bessere Zukunft dank der Frauen? Sind dann Gier und Dominanz, zwei der größten Laster der Menschheit, weniger präsent?

Vielleicht können wir zumindest im täglichen Leben agieren, wenn es auch nur ein Tropfen auf dem heißen Stein ist. Bringt uns das Verbot von Plastikhalmen auch nur einen Schritt weiter? Ich muss dabei an die Bibel und den Vergleich denken: man sieht den Strohhalm beim anderen, den Balken im eigenen Auge aber nicht. Denn schließlich ist unsere gesamte Welt, in der wir Alle brave Konsumenten sind, ein Meer von Plastik.

Hier einige meiner Gedanken dazu. Werden unsere europäischen Kulturen offen sein für fremde Einflüsse? In den USA haben sich verschiedene Gesellschaften gut angepasst. Selbst wenn Italiener, Iren oder andere Europäer und auch Asiaten oft in ihren Stadtvierteln weiterhin ihre Bräuche beibehalten, so fühlen sie sich alle als Amerikaner. Hier in Europa bleibt es vorerst dabei, dass wir uns als Deutsche, Franzosen, Italiener fühlen, aber nicht sagen: Ich bin ein Europäer. Ohne weiter darüber zu philosophieren, denke ich, dass alle unsere Kulturen wichtig sind, sie sind unsere Wurzeln. Und zu unseren Wurzeln gehören Religion, Philosophie und viele Traditionen, die Jahrhunderte überdauert haben. Dies alles kann man nicht so einfach auslöschen oder durch Neues ersetzen. Umso mehr als die wichtigste Konstellation 2020 im Steinbock stattfindet, was eher ein Festhalten symbolisiert. Obwohl Pluto vieles zerstört, um es dann in einer Art Renaissance, aber verändert, wieder auferstehen zu lassen. Trotzdem stört mich die immer größer werdende Zahl von materialistisch eingestellten Atheisten. Eine Welt ohne Spiritualität, ohne Transzendenz erscheint mir auf dem Weg zu ihrem Untergang.

Wird die Globalisierung einer der Totengräber des Abendlandes sein? Aber da liegt das Problem: Können wir so tun, als ob? In einer globalisierungsoffenen Welt, in dieser Zeit des „radikalen Wandels, in der die eine Welt zusammenbricht, während die andere noch nicht geboren ist", wie der französische Politiker Jean-Pierre Chevènement es treffend ausdrückt? In diesem Buch schreibe ich wiederholt, dass 2020, das Jahr, in dem Diktaturen, Extreme und Autokraten gedeihen werden, eine neue Ära einläuten wird, einschließlich des wilden globalen Finanzkapitalismus der multinationalen Konzerne. Die Globalisierung könnte das unvermeidliche Ende des Westens und seiner Zivilisation bedeuten. Meiner Meinung nach wird eine langsame und unterirdische Islamisierung Europas ebenfalls dazu beitragen. Aber: „Werden westliche Völker in der Lage sein, ihre kurzsichtigen Eliten loszuwerden, solange noch Zeit ist?" fragt J.-P. Chevènement in seinem Vorwort zu Elie Ariés Buch „Globalisierung - der Niedergang des Westens". Letzterer stellt u.a. die interessante Frage: „Was ist, wenn diese Neue Welt, die nicht zu uns passt, tatsächlich zu der Mehrheit der Länder auf dem Planeten viel besser passt als die alte?"

Wir wurden gewarnt. Boote voller Migranten sind ein erbärmliches und beunruhigendes Beispiel dafür. Eine Situation, die richtige Entscheidungen erfordert - aber welche? Dostojewski sagte, dass wir alle füreinander verantwortlich sind, und das glaube ich persönlich auch. Aber das ist ein sehr komplexes Problem, ein Phänomen, das Missbrauch und Ausbeutung bedeutet. Es ist ein Universum großen Leidens. Aber die verborgene Seite des Problems ist, dass sich unter diesen entwurzelten Migranten die Spreu mit dem Weizen vermischt -

in diesem Fall mit jihadistischen Terroristen. Kurz gesagt, wir sind dazu verdammt, die Welt neu zu erfinden!

Zur Globalisierung kommt das Gespenst der globalen Erwärmung mit ihren dramatischen Folgen, der schrecklichen Aussicht auf Wasserknappheit und dem alarmierenden Rückgang von Fauna und Flora. Aber wenn wir mit der Idee von Fortschritt und Wachstum als unserer einzigen Religion fortfahren, wird ein Crash zum Untergang führen. Und unser schöner blauer Planet mit uns. Kurz gesagt: wir befinden uns in einem großen Dilemma. Eine Frage von Leben und Tod für unsere Nachkommen und vielleicht für uns...

In anderer Hinsicht stellen wir fest, dass die stolze Hoffnung des Widders René Descartes, dem Begründer des Rationalismus, dass „die Wissenschaft uns zu Meistern und Besitzern der Natur machen würde, sobald sie einmal gezähmt ist", scheinbar verwirklicht werden konnte. Aber gegen einen exorbitanten Preis: vielleicht der Preis der zukünftigen Menschheit, die ihrer natürlichen Umwelt beraubt ist. So mancher sogenannte Fortschritt unserer Wissenschaft macht mir Angst. Zum Beispiel das Züchten von Chimären, halb Mensch halb Tier, in mehreren Labors, oft aber sehr diskret.

Neben einer Reihe von ernsten Problemen unserer Zeit ist auch unser Verhalten zu Tieren einer der vielen Skandale: die industrielle Zucht von Kälbern und Schweinen und ebenso von Millionen von Hühnern, die keinen Platz für einen noch so kleinen Lebensraum lässt. Ist es unmöglich, allen diesen Kreaturen ein besseres Leben zu ermöglichen? Sehen wir nicht das Leiden dieser Geschöpfe, die „Tiere" genannt werden? Die von der Hand des Menschen nur zum Zwecke der industriellen Leistung und des Gewinns misshandelt werden? Ist der Gewinn das einzige Kriterium? Warum gehen wir nicht alle auf die Barrikaden, um gegen diese unvertretbaren Verbrechen zu protestieren? Lasst uns nicht länger die Augen verschließen! Wir sind alle Komplizen!

Der deutsche Theologe und Psychoanalytiker Eugen Drewermann schreibt in seinem Buch „Über die Unsterblichkeit der Tiere" mit dem Untertitel „Hoffnung für die leidende Kreatur", dass Tiere eine Seele haben, und schafft es, das zu beweisen. „Sehen Sie einem Tier, sei es ein Hund oder ein Gorilla in seinem Käfig in die Augen und Sie verstehen, dass alle diese Wesen eine geheimnisvolle Seele haben, leiden und trauern können". Blicke ich in die smaragdgrünen Augen meines Katers Neptun, so sehe und fühle ich eine mysteriöse Energie, eine unergründliche Tiefe.

Lieber Leser, wir haben unsere Arbeit vor uns, lassen Sie uns die Ärmel hochkrempeln! Neben einigen dunklen und beunruhigenden Energien, verspricht glücklicherweise 2020 der schöne Aspekt zwischen Jupiter (Freude, Großzügigkeit, Gerechtigkeit, Humor) und Neptun (Offenheit für das Unsichtbare, für Empathie, Spiritualität und Kreativität), der sich dreimal in diesem Jahr wiederholt, ein besseres Verständnis und mehr Solidarität. Jupiter/Neptun wird mehr Gerechtigkeit, nachsichtigere Gesetze, Fortschritte für Ökologie und Naturschutz, aber auch eine gewisse Rückkehr zum Spirituellen, Religiösen fördern. Gute Gegenmittel gegen die eher saturnische Dunkelheit.

Schließen wir mit dem weisen französischen Soziologen Gilbert Durand, der uns auffordert, „die Lebenskräfte der Zukunft zu erfassen, die mörderischen Götzen von Kronos zu exorzieren, sie in nützliche Talismane zu verwandeln." (vgl. „Die anthropologischen Strukturen des Imaginären", S. 220).

Ich wünsche Ihnen ein von den Göttern gesegnetes Jahr 2020!

A shalement Vote

Elizabeth Teissier *

Dr. Elizabeth Teissier

Nach einer Karriere als Model und Star-Mannequin (u.a. bei Coco Chanel) und Schauspielerin in mehr als 20 Filmen und Fernseh-Serien wendet sich Elizabeth Teissier Ende der 70er-Jahre der Astrologie zu. Sicher kein Zufall, da sie wie Johannes Kepler, der große Astronom und Astrologe des 17. Jahrhunderts, auch am 6. Januar geboren ist (als Germaine Elizabeth Hanselmann 1938 in Algier).

Auf der Reise zu Dreharbeiten für einen Film von Sidney Pollack trifft Elizabeth Teissier – kurz nur E.T. genannt – in Rom Fellini, der ihr dazu rät, sich intensiv mit Astrologie zu beschäftigen: „Astrologie ist die Königin aller Wissenschaften", sagt er.

Zurück in Paris wird sie Schülerin des damals berühmtesten französischen Astrologen Henri Gouchon.1976 erregt ihre Fernsehsendung - ein Mini-Horoskop um 20 Uhr nach den Abendnachrichten - ein ungeheuerliches Aufsehen. Eine Premiere im europäischen Fernsehen.

Astrologie neben dem Wetterbericht für Millionen Franzosen. Ein Riesenerfolg für die einen, aber eine „große Schande für die ganze Nation", eine „Rückkehr ins Mittelalter" für die anderen. Die Konsequenz: die Sendung muss nach einigen Monaten abgesetzt werden. Tausende Briefe verlangen tagelang, dass E.T. wieder ihre Sendung machen darf, aber die Staatsräson siegt.

Für Elizabeth Teissier hingegen ist es trotzdem ein gigantischer Erfolg. Praktisch über Nacht ist sie jedem Franzosen ein Begriff und schafft es 1988-1989 ins Guinness-Buch der Rekorde (französische und deutsche Ausgaben), als die meistgelesene Astrologin Europas mit mehr als 60 Millionen Lesern jeden Monat (Rubriken und Bücher).

In Deutschland wird sie ebenfalls schnell ein Star, u.a. eine der wenigen Frauen auf einem Spiegeltitel: Ihre Samstag-abend-Sendung „Astro-Show", die von März 1981 bis Februar 1983 (jeweils eine Sendung pro Sternzeichen) läuft, sorgt ebenfalls für Schlagzeilen. Auch in der Bundesrepublik stellt man sich die Frage (speziell die Kirche), ob Astrologie im Fernsehen ausgestrahlt werden darf.

Trotz des großen Erfolgs beim Publikum, finden Astrologie-Sendungen ab 1983 praktisch nicht mehr statt. Interessant im Hinblick auf die zahlreichen Druckmedien, die regelmäßig Horoskope veröffentlichen.

E.T. hat Rubriken in sechs Ländern geschrieben und mehr als 40 Bücher. Ihre Bücher sind teilweise in 14 Sprachen übersetzt (darunter als einzige westliche Astrologin auch in China). Sie ist regelmäßig Gast in Talkshows, speziell in Frankreich und der Schweiz, aber auch ab und zu in Deutschland, Kanada und Holland.

Aber ihr Hauptaugenmerk gilt der Soziologie: nach einem abgeschlossenen Studium der französischen Grammatik und der Sprachwissenschaften in den 60er-Jahren promoviert sie an der Sorbonne im April 2001 zum Doktor der Soziologie. Titel der Doktorthese: „Astrologie als Faszination und Ablehnung in unseren postmodernen Gesellschaften". Ihre Doktorarbeit löst eine turbulente Polemik aus: Le Monde berichtete auf der Titelseite vom Doktorat der berühmten Astrologin, die New York Times titelte auf der ersten Seite der Beilage Arts + Sciences: „Star wars at Sorbonne!". Die Polemik gipfelt in einem offenen Brief von vier französischen Nobel-Preisträgern an den Unterrichtsminister J. Lang, mit der Forderung, Madame Teissier das Doktorat nicht anzuerkennen. Der Minister lehnt ab, mit dem Hinweis, dass selbst Nobelpreisträger in Physik nicht in der Lage seien, die Arbeit einer Soziologin zu beurteilen, nachdem eine exzellente Jury von 6 Philosophie- und Soziologie-Professoren die Bestnote „très honorable" verliehen hat. Die vier Wissenschaftler haben diesen Brief übrigens abgeschickt, bevor die Doktorarbeit überhaupt zugänglich war, das heißt, sie haben keine einzige Zeile davon gelesen. Ein weiterer Beweis für die enormen Vorurteile gegenüber der Astrologie. Und Dr. Elizabeth Teissier ist weiterhin so manchen engstirnigen Wissenschaftlern ein Dorn im Auge. Wie der große belgische Soziologe Marcel Bolle de Bal in einem Kommentar zu diesem Doktorat unterstreicht, hat Elizabeth Teissier drei „Brandmale": erstens ist sie eine schöne und gescheite Frau, zweitens hat sie jahrelang Präsident Mitterrand beraten, und drittens ist sie in den Medien fast jedermann bekannt. Diese drei Fehler können ihr anonyme Wissenschaftler und Professoren eben nicht verzeihen.

Madame Teissier lebt in Genf und Paris. Neben Büchern, wie z.B. eine Encyclopedia (Astrologie Passion, Hachette 1992), veröffentlichte sie 23 Jahre lang ihr Prognosen-Buch „Ihr Horoskop". Ihr Buch „Weltkrise und Neubeginn, 2012-2016" (mvgVerlag) schreibt sie mit ihrem Ehemann, dem Journalisten und Autor Gerhard Hynek, der auch die Übersetzung aus dem Französischen zu ihrem aktuellen Buch **„2020 - Die große Veränderung"** gemacht hat. 2013 erscheint ihr Liebesbrevier „Ist er dein Mars? Ist sie deine Venus?" (mvgVerlag).

Seit 2014 hat sie ihre Rubriken in französischer Sprache eingestellt, das Wochenhoroskop auf Deutsch erscheint in der Frauenzeitschrift tina in Deutschland, in Die ganze Woche in Österreich und in der Schweizer Illustrierten sowie der deutschsprachigen Seite auf ihrer Webseite *(www.eteissier.com)*.